# 法律信任

的

## 基本原理

THE FUNDAMENTALS

OF

# TRUST

## IN LAW

伍德志　著

社会科学文献出版社
SOCIAL SCIENCES ACADEMIC PRESS (CHINA)

# 目　录

# 导　论

　　信任对于任何一个国家法律制度的有效运转都有着根本的重要性。现代法律制度已经变得高度的复杂化、专业化与抽象化，严重脱离了人们的日常生活常识与道德直觉，大多数公民已经很难基于自己有限的知识建立对于法律制度的准确、合理认知了。由于人们对法律的无知，人们在和法律打交道的过程中不可避免地会产生失望风险，因为法律不再能够为大多数人所有效预测与控制。尽管如此，法律制度又和人们的日常生活密切相关，人们很多情况下又不得不与法律打交道。但我们也不可能通过学习充分的法律知识与监控所有的法律过程，来建立对法律完全的理性认知。为了克服这种困境，我们需要建立对于法律的信任，从而实现与法律的有效合作。信任是一种促进冒险行动的机制，只有通过信任，我们才能使大多数公民在即使缺乏对于法律制度的充分认知与理解的情况下，也能够实现与法律有风险但也可能有益的合作。

　　由于大多数公民对法律制度存在认知上的隔阂，如果缺乏特殊的制度保障，高度专业、抽象的法律制度便更容易使人们产生不信任的倾向，而不信任意味着：即使法律制度在实质上是公正合理的，人们也可能拒绝与其进行合作。正如中国的情况所表明的，即便司法是一种更有效的维权手段，很多人也不是通过司法而是通过上访或体制外抗争去实现自己的权利主张；即使司法机构比行政机构更加专业、公正，人们在面对非法律手段很难解决的纠纷时首先想到的不是法院而是政府；即使大多数人在社会舆论争议案件中对何谓事实与法律不甚了解，往往也会不自觉地根据自己的道德偏见对执法者与法官表现出"鸡蛋里挑骨头"式的盲目质疑。不仅如此，不信任还导致人们对法律采取一种机会主义或功利主义的态度：有利可图时就守法，无利可图时就拒绝守法。这就使法律制度的运转失去了可持续性与稳定性，因为法律制度很多情况下并不能保证每一个人都能获得满意的结果。

法律信任不仅对法律制度本身的有效运转是必要的，其对提升整个社会的信任水平也是至关重要的。法律制度很大程度上也构成了其他社会领域行为可信性的担保机制，其他社会领域的信任在相当大程度上都依赖于法律信任的有效性。例如，在经济领域，市场上假冒伪劣产品与坑蒙拐骗的泛滥意味着市场诚信的缺失，而法律作为一种普遍性的信任保障机制，则可以通过对诚信行为的制度激励以及对背信行为的预防与惩戒来维护市场交易的诚信。在政治领域，很多政治决策与政治行为的合理性实际也超出大多数人的理解范围，但政府官员是否廉洁构成了人们判断政治决策与行为是否合理的关键依据，而通过法律，我们能够建立制度化不信任机制来约束政府权力，打击官员腐败，从而使公民建立对政府更深层次的专业决策与行为合理性的信任。整体上来看，法律作为一套普遍化的符号体系，构成了政治、经济、道德等领域制度与行为可信性的重要制度标志。当下中国，各个社会领域多多少少都存在着某种程度的信任危机。法律是维护社会信任的一种重要制度体系。由于信任危机的泛化特征，要提升社会信任的整体水平，我们首先必须实现对法律的信任。

鉴于法律信任在社会信任结构中的重要性，本书将主要参照社会学理论，并适当借鉴社会心理学、法哲学、政治学、符号学的相关理论，来对法律信任的运作逻辑及其内在结构进行深入分析。不同于国内其他大多数学者对法律信任或司法公信力所做的带有强烈理性主义色彩的研究，本书的研究采取了一种全新的理论框架，这种框架能够对守法、法治与法律信任等问题做出更准确的理论解释，也能够为当下的法律信任危机提供更加务实的改革建议。

本书认为，由西美尔、卢曼、吉登斯等学者所阐述的信任社会学理论，能够帮助我们更好地理解公民在认知与遵守法律过程中采取的特殊态度与行为模式。根据上述学者阐述的信任社会学理论，信任是一种特殊的社会现实，是根据有限的信息符号来潜在地推断未来的可靠性。信任虽然有一定的信息基础，却超越这个有限的信息基础，去冒险地界定未来，而未来始终是不可能完全准确预测的。在理性有限的前提下，信任在一定程度上通过情感上的盲目性化解了现实当中难以克服的客观风险。信任的功能不仅仅在于能够降低外在的客观风险，而且还能够在客观风险未必实际降低的情况下，也降低人们的主观风险。信任社会学理论能够比较好地解释作为外行的民众在面对现代社会已经"脱域化"的法律系统时所采取的特殊态度与行为模式。面对高度抽象化与专业化的现代法律系统，全盘的认知与掌控已经变得不可能，这意味着我们在和法律打交道时已经不可能完全消除法律系统的客观风险了，作为个体的公民只能从主观或情感的层面对法律的客观风险进行内在的消化。这就是对于法律的信任或不信任。

本书认为，法律信任就是公民根据认知成本较低的信息符号来推断法律系统的内在可靠性。这是一种不完善的推断，因此也不可避免地残留了巨大的风险。但其之所以被人们所接受，是因为法律信任通过对法律风险的内部心理消化替代了对法律风险的客观降低，用内在的情感保证替代了外在秩序的原生保证。因此，法律信任只能根据信任的逻辑来理解，我们不能简单地将其归入理性或非理性的范畴。法律信任介于知与无知、理性与非理性之间，是认知与情感的有条件的结合。法律信任是为适应法律系统的客观风险而形成的一种特殊态度与行动模式，有其特殊的认知特征与行为表现。

人们对于法律的认知与态度只能以信任或不信任来概括。之所以如此，一方面是因为法律系统本身就内含大量的不确定性风险。现代法律系统是一个自我决定、自我生成的系统，这使得实证法失去了确定的外在支点，变成了一种偶然性与风险性的存在。现代社会的法律基本是实证法，实证法的根本性特征就在于其可变性，法律不再被认为是传统或神定的结果，而是来源于法律程序本身。法律因此变成了一个自我循环的系统。不论是法律规范本身，还是对法律规范的解释，都与法律行为与法律过程处于相互循环决定的关系当中，这使得法律也不可避免地隐含着各种不确定性。这也意味着法律制度不可避免地含有大量自由裁量权。同时，为了适应社会的复杂化，法律决定过程也相应地变得复杂化，法律决定过程必须在多元化的利益与价值之间进行大量的选择，法律很多情况下开始并不对实体正义做出确定的承诺，而只能将最终的决定交付由多方利益与价值进行博弈的形式化程序。由于中国正处于社会转型时期，无论是价值观还是社会结构都远未定型，这使得法律决定结果很难满足所有方面的期待，而必须有所取舍。外部的复杂社会压力必然也会提升法律自身的复杂性，这种复杂性有可能会失控，从而给法律自身带来不确定性。不论是因为法律外在支点的丧失，还是因为现代社会的多元化，法律决定过程都无法再保证绝对的确定性了。与法律决定过程的不确定性相应的就是，法律决定结果的不确定性。法律决定过程本身就是一个缺乏确定性实体规范指导的不确定过程，也就很难保证法律决定结果的确定性。因此，人们与法律打交道是一件极为冒险的事情。

另一方面，从守法者的角度来看，由于现代法律系统的高度专业化、抽象化与复杂化，大多数普通公民已经不可能基于充分的信息与知识去理性判断法律制度所产生的利弊了。现代社会是一个高度功能分化的社会，在不同行业之间造就了高墙壁垒，这使得作为法律外行的大多数人，已经很难实现对法律运作合理性的专业理解以及对法律运作的完全掌控。其一方面导致了外行公民与现代法律系统之间严重的信息不对称。法律制度的运作变得如此复杂，以至于很多法律过程都是现有规范与程序扫描不到的"死角"，因此，外行的公民已经不可能基于充分的信息去判断法律决定的内在合理性与公正性。另一方面，这也导致外行公民与现代法律系统之间的知识不对称，这使得大多数公民不可能通过专业学习去了解现代法律制度的运作原理、内在构造与决策依据了。也许各种法律制度背后都有各种深厚的法理基础，但对于没有学过法律的人来说，是不可能深切体会这种法理的，这必然会造成外行公民与法律系统之间在认知上的隔阂，容易导致公民对法律运作合理性的误解。

基于以上两点原因，大多数公民很难去理性计算法律制度所产生的成本与回报。因此，法学界主流的关于守法的理性主义解释在很大程度上是错误的。我们很难根据自己的传统道德直觉或日常生活中的常识来计算法律系统的内在可靠性，我们只能有风险地信任或不信任。

另外，法律信仰理论也是当前学界对法律认知与守法的一种重要解释。法律信仰理论偏重于从道德情感或宗教情感的角度来解释人们的法律认知与守法行为，其认为人们的法律认知与守法行为是基于难以追溯其具体来源或无法进行理性计算的道德、宗教或文化传统或心理。法律信仰理论实际是对伯尔曼法律思想的一种袭用。但本书认为，这种对伯尔曼法律思想的借鉴并对宗教信仰与法律信仰所进行的类比，从法社会学的角度来看是错误的。如果我们坚持信仰的基本语义，公民在守法时所采取的态度就不可能是信仰。现实当中，我们对法律更多地采取的是一种有条件的信任态度，而不是一种无条件的信仰。由于我们在大多数情况下是实用主义者，我们不可能冒着巨大的风险将自己重大权益与身家性命托付给盲目性的信仰，我们能够盲目信仰的东西多是一些抽象的神灵与理念，这些神灵与理念往往并不关涉现实的行为选择。而对于现实当中的人和制度，我们是不可能付出盲目的信仰的，而只能是有条件的信任。对于法律制度来说也是如此，因为现实的法律人与法律运作是有可能犯错误的，是存在各种不确定风险的，对于这样一种不可能做到完美无缺的人或制度，我们当然不会赋予无条件的信仰。

我们对于法律的态度既不是建立在充分信息与知识基础上的理性认知，也不是出于无条件的信仰，我们只有通过信任理论才能有效地解释大多数公民面对法律时的行为选择与主观态度。现代法律系统只能被有风险地信任或不信任，而无法进行全盘的认知与掌控，而且只有通过信任，我们才能使法律系统内部的自由裁量权及其不可避免的风险被公民默认和接受。法律信任根据有限的外在信息潜在地推断法律系统的内在可靠性，放弃了对法律运作的深层次信息的考察与追问，从而实现了一种谨慎的不介意与泛化态度。法律信任使人们在信息与知识不对称的前提下也能够接受法律运作可能产生的不利结果，实现与法律系统有风险但也可能有益的合作，从而不会陷入对法律风险的过分忧虑与担忧当中。为了获得与法律进行普遍合作带来的好处，法律信任中的冒险是必要的。如果没有法律信任那种不计较法律固有风险的泛化态度，即便法律制度整体上有利于整个社会，也可能无法得到人们的认同与接受。

　　法律信任之所以能够成为一种促进风险行动的机制，是源于法律信任的特殊运作逻辑。法律信任介于知与无知之间。我们不可能做到对法律系统专业原理与内部运作的完全了解与掌控，因为现代法律系统已经变得高度抽象化与专业化。但我们对法律系统也并非完全一无所知，我们总能够获知一些易于理解的肤浅信息，如我们在和法律打交道过程中所接触到的各色各样并且认知成本较低的人、物、事件与行为等。由于我们对现代法律系统的无知，这些认知成本比较低的信息即便并不准确，也可能被当成法律制度内在可靠性的关键象征，例如，一个私生活混乱的法官，也足以让我们怀疑其在职务行为中的廉洁性。法律信任由于是根据有限的知推断无限的未知，因此其在某种意义上是一种认知冒险，因为可利用的信息少于能够保证成功的信息。法律信任的实质就是透支比较有限的信息，去冒险地推断法律结构与过程的深层次合理性。因此，当我们信任法律时，这不意味着我们能够完全理解法律结构的内在合理性，也不意味着我们能够完全掌控法律运作的全部过程，更不意味着能够获得我们所期待的结果，而是意味着：不论法律运作存在何种风险，最终的结果是正面的还是负面的，我们都能够采取一种不介意的正面态度。在法律信任关系中，更重要的其实不在于法律是否能够满足人们的所有愿望，而在于当法律系统并没有满足人们的愿望的情况下，还能够让人们坚持对法律采取一种积极的正面态度，在未来发生纠纷时还能够继续参与法律的运作，与法律系统继续保持有风险的合作。

法律信任能够成为一种风险化解机制，还和法律信任中风险计算的潜在性与盲目性有关。法律信任是由知推断无知，由小见大，以微见著，但这种有风险的推断之所以被接受，很大程度上是因为法律信任中的风险计算已经被内化，变成了一种不假思索的盲目情感与泛化态度。通过法律信任，我们能够在主观上实现对法律系统风险的不介意与漠视，从而降低我们在面对难以完全理解与控制的事务时所产生的认知负担与心理负担。法律信任正是通过内在的情感机制与风险消化来代替外在世界秩序的原生保证与客观风险的实际减少。正由于法律信任的盲目性，为了使这种盲目性不会被随意扩大，从而导致严重脱离现实经验，法律信任也必须表现出极大的敏感性，在某个符号界限，我们对法律的信任必须表现出激烈的否定。法律信任是通过符号得到控制的，因为无知，我们不得不将认知成本比较低但也未必准确的信息符号化与象征化，但符号在简化问题判断的同时，也保留了认知上的高度敏感性。符号易于辨识与控制，但也正由于此，超越符号的界限也很容易被发现，这导致了法律信任特有的敏感性。法律信任中的各种符号信息，如有着特殊背景的行为与事件、程序规范中的节点、判决书中的文字与修辞、某个标志性的公共法律案件，等等，一方面构成了人们判断法律决定内在可靠性的关键依据；另一方面，人们一旦发现这些信息符号显露出也许微不足道的瑕疵，也足以导致对有着内在合理性的法律决定的全盘否定，如判决中的文字错误，即便和实际的判决结果没有关系，也足以让人们整体性地否定司法的公信力，因为从大多数人的道德直觉来看，一个判决书错字连篇的法官怎么能够实现司法公正呢？法律信任在认知上所固有的局限性导致了其在运作上对法律符号信息的天生敏感性，这主要不是因为法律制度自身的不完善，而是由于人类理性的有限性，我们只能通过符号化的信息来认知法律系统的内在可靠性，符号虽然简化了认知，但也残留了以偏概全的认知风险。为了避免在符号的掩饰下风险的过分累积，法律信任在某个符号节点必须表现出激烈否定的态度，从而使法律信任在面对法律系统的复杂运作时具备一定的可变性与适应性，但这可能就使法律信任变得非常敏感与脆弱。

法律信任是一种特殊的社会现实，法律信任既不能等同于有意识的理性计算，也不能等同于情感化的信仰，法律信任有其自身的逻辑，我们只有通过信任才能理解法律信任。法律信任是理性与情感有条件的结合，法律信任以其特殊的逻辑适应了现代社会的人们在面对早已脱离直觉认知的抽象法律系统时所形成的不可避免的无知。法律信任有一定的理性选择成分，并不是任何法律制度都值得信任，只有那些具备特定符号特征的法律制度才会被信任。与此同时，法律信任在情感上也有一定的盲目性，其能够使人们对法律系统的固有风险保持一种谨慎的不介意态度，从而最终实现外行民众与法律系统有益但也可能有风险的合作。法律信任也是现代社会的人们面对高度抽象、专业的现代法律系统时所采取的一种实用主义态度，其比理性计算能够更好地克服功能分化社会不同行业之间在信息与知识上的不对称，也能够在一定程度上消除现代社会因为"脱域化"所产生的不安全感。

法律信任无疑是有制度条件要求的，但这些制度条件必须从符号的角度进行解释。由于信任是一种能够包容不确定性风险并通过符号得到控制的泛化态度，法律信任必须防止任何象征性的信息符号对法律系统正当性的整体性破坏。因此，法律信任所有的制度条件都必须能够以一种易于被公众理解的符号化方式展示出来，公众正是从这些认知成本较低的符号化制度条件来推断法律系统的内在可靠性的。这意味着要建构法律信任，法律系统必须建立完善的符号表象体系，从而使法律系统的固有风险能够以一种易于接受的方式被人们所认可。本书所提到的法律信任的制度前提、形象条件、意识形态基础、社会心理基础、稳定机制，都是通过一些外行公众可以理解的符号标志来构成信任推断的信息来源。这些制度条件及其符号表象体系构成了一种相互协作的整体性结构。法律系统的自治性构成了法律信任的制度前提，法律系统的形象条件则降低了法律信任推断的认知成本与信息成本，法律系统中的法条主义意识形态与暴力制裁机制构成了法律系统在符号上的普遍效力保证，而制度化不信任则帮助有着高度符号敏感性的法律信任能够实现动态的稳定。通过多重机制的维护与保障，法律系统能够以一种也许是"虚幻"的方式，向公众传达出专业上合理、道德上公正、执行上有力、运行上稳定的外在形象，从而使公众在法律制度并不完美的情况下也能建立对法律结构与运作的正面期待，并愿意自觉遵守法律，在发生纠纷时愿意将自己的重大权益托付给法律。

法律系统的自治性构成了法律信任的制度前提。没有法律系统的自治性，我们就不能确定我们到底信任的是法律，还是政治权力、金钱，或裙带关系。但法律系统的自治性还必须通过简明的制度符号展示出来。从实质的角度来看，法律系统的自治性在于能够实现"合法/非法"之间的无限接续能力，只有当法律可以对一切行为提出合法与非法的评判时，我们才可说法律系统享有自治性。但这种自治性还必须通过更加直观的符号展示出来，这其中最重要的就是确立司法机构对于非法律因素的独立性。就此而言，权力分立是极为重要的制度安排，其为司法与其他权力之间设立了可视化的符号界限，并且能够假定：只要不逾越这些界限，审判机构的独立性及其法条主义承诺就是可信的。对于我国来说重要的就是：只有确立政治机构与司法机构之间可见的制度界限，审判的独立才具有可信性。否则，不论我们如何强调司法不受政治干预、不受裙带关系的腐化，对于大多数在信息与知识上和司法系统存在高度不对称的公众来说，这种强调都不是直观上能够看得出来的。

法律系统如想获得公众的信任，还必须建立一定的外在形象，从而将某些不可直接观察的内在品质与决定过程以一种直观的方式展现出来。现代法律系统不论如何专业与抽象，其制度承诺不论如何高远，都必须落实为与公民之间的面对面互动，在互动过程中，外行的公民能够理解的并不是任何专业信息，而是那些认知成本比较低或符合道德直觉的信息，大多数公民正是根据这些看似比较肤浅的信息来推断法律系统的内在可靠性的。如，法律职业外在的职业形象与道德形象有助于公众对法律的可靠性做出快速的直觉性判断，法律过程中的司法仪式与程序正义能够将法律权威以一种可见而又生动的方式彰显出来，法律决定的论证过程与修辞表达能够使复杂而又难以理解的法律决策过程清晰化与条理化。总之，通过为法律系统塑造一种直觉上可以接受的外在形象，让人们也不自觉地顺带接受法律系统固有的风险。

法律系统和任何其他社会制度一样，都有其意识形态基础。意识形态是法律系统的一种自我思想防护，防止因为系统内部的不一致和争议而破坏系统的社会公信力与正常功能运作。法条主义作为法律系统的意识形态构成了法律系统的整体性正当基础，因为社会对法律系统的功能期待就是通过制定与执行明确的规范来保障人们的规范性期望。但法律系统不可避免地存在各种不确定性风险，实际的法律适用与法律行为都远远达不到社会对法律确定性的理想要求。为了克服这种无可避免的风险，法律系统必须使用带有一定"欺骗性"的意识形态策略来使人们即使在遭遇非法条主义的法律实践时还保持对法律系统的正面期待。法条主义构成了法律系统的"官方"话语与自我描述，不论是在法律解释还是在事实判断中，也不论是严格执行法律条文，还是根据价值偏见与政治权衡对法律条文的变通，法官与执法者都会声称自己是在依法办事。法条主义掩盖了法律适用过程中种种非法条主义的实践，维护了法律规范意义的象征性稳定，使法律规范的适用能够以一种貌似确定的"虚幻"方式展示给不明就里的外行公众，而外行公众也正是从法官与执法者的法条主义宣称当中获得某种"虚幻"的确定感与安全感。

在法律信任的基础性结构体系当中，暴力制裁是长久以来为人们所忽视的一个重要的因素。基于物理暴力的法律制裁更大的意义不在于其对行为的控制功能，而在于其符号与象征性意义。在法律系统中，物理暴力作为一种和人的生理与心理反应有关的信息符号机制同样也能够为法律普遍效力提供支持，也构成了人们推断法律的内在可靠性的重要依据。任何社会制度都必须考虑人作为一种生物在生理与心理上的特征，制度既不能突破人的生理特征所划定的界限，也无法忽视人的生理特征所能够提供的支持。法律制度同样也不会例外，基于物理暴力的法律制裁作为一种激发人类普遍生理与心理反应的机制，构成了一种任何人既能够理解也难以忽视的信息符号，也构成了人们决定是否信任法律的普遍效力的重要依据。物理暴力作为一种重要的法律制裁机制，在结构上有着高度的独立性，物理暴力的实施能够仅仅依赖于力量优势，并不受等级秩序、角色语境、群体身份、信息分配以及价值判断的约束。因此，物理暴力几乎在任何情境中以及在针对任何人时都能够达到相同或类似的震慑效果，因此具有高度可预见的成功确定性，几乎可以被普遍使用。任何法律制度如果不能提供普遍有效的制裁，特别是暴力制裁，那么很多社会结构上占有优势的个体或组织就可能凌驾于法律之上，从而导致对法律平等性的破坏，最终使人们对法律丧失信心。

由于法律信任是通过符号得以控制的，法律信任在利用符号的便利的同时，也获得了符号特有的敏感性。为了使法律信任能够稳定下来，我们必须通过制度化不信任机制将对法律的不信任表达与处理纳入预先安排的制度化轨道当中，从而使负面符号对法律信任不再具有颠覆性意义。而在高度反思性的现代社会，以抽象化与专业化为特征的现代法律系统也大大脱离了人们的正义直觉，作为日常生活基础的面对面互动模式已经难以掌握现代法律系统抽象能力的内在可靠性了，看似"先进"的现代法律制度也可能难逃人们的盲目质疑与不信任，再加上中国的法治建设也远未达至完善的状态，因此在高度反思的思想氛围中，法律信任就不可避免地带有强烈的不稳定性与波动性。面对这种局面，我们必须全面引入制度化不信任，制度化不信任以不信任为前提预设，通过界定信任与不信任之间的制度界限、对不信任的表达进行规范化以及建立对背信行为进行监控的常规化程序，从而通过对不信任的制度化排除实现制度化的信任。制度化不信任通过将不信任的表达与处理纳入制度化的轨道，使人们对法律制度即使有不满意之处，也不会危及对法律的整体性信任，并最终使法律信任维持在动态的稳定当中。

本书对法律信任的研究与分析，很大程度上是一种客观化的社会学研究。本书并没有因法律人所普遍持有的职业意识形态而否认法律系统固有的风险，而是认为风险内在于法律系统的所有运作当中，风险构成了法律信任的基本前提。并不是因为法律制度是完美的，我们才有必要信任法律，而恰恰是因为法律制度是不完美的，我们才有必要信任法律。法律信任不可避免地残留各种不确定性风险。法律信任作为公民认知与判断法律系统内在可靠性的一种认知态度与行为模式，也有其内在的缺陷。人们对于法律信任的表达、付出与收回也有着极大的盲目性与敏感性。法律信任也绝不是我们大多数情况下所想象的一种理性化的态度与行为模式。大多数人由于对现代法律制度的高度无知，也不可能建立对法律的理性认知。法律信任有其自身的逻辑，这种逻辑无论是根据理性主义，还是根据法律信仰理论，都是无法得到准确解释的。法律信任介于知与无知、理性与非理性之间，是认知与情感的有条件结合，法律信任对于作为外行的大多数公民更大的意义不在于降低了法律运作的客观风险，而是在于在难以降低客观风险的情况下，通过内在的心理消化增加了对客观风险的主观承受力。为了获得普遍遵守法律带来的好处，通过信任这种独特的机制，我们才能使外行公民"放心"地与法律系统建立有益但也有可能有风险的合作。

# 第一章

# 信任的基本理论

信任是一种促进风险行动的机制，对于我们积极参与社会交往极为重要，信任也是一种非常普遍的社会现象。朋友之间、夫妻之间、父母子女之间、宗教教徒之间、政府与公民之间、制度与个体之间，甚至陌生人之间，都存在着某种信任关系。没有信任，人类将根本无法进行任何冒险行动，而生活中的冒险行动对于人类来说是必不可少的，因为人们的生活总是可能遭遇各种无知、不确定性或者危险。为了获得冒险可能带来的收益，人们需要信任来促进冒险行动。信任不仅在客观上对风险发生的可能性进行潜在的考虑，而且也在主观上视风险为已经得到克服。不信任与信任是一种孪生现象，存在信任的地方就可能存在不信任，不信任是信任的功能等价物，信任是对风险视而不见，而不信任是拒绝任何风险。任何一种信任现象都可能伴随各种不信任现象。

## 第一节　信任的概念

首先我们需要给信任下一个简单的社会学定义，有了这样一个前提性认识，我们就能够更容易理解后文的细致分析。信任（trust）是人们根据可以获知的有限信息潜在地推断未来的可靠性。这里面有几个要素要拆开来分析一下，"可以获知的有限信息"是指人们对于过去的认识。由于人类理性能力的局限性，人们无法完全控制未来的一切，人们所能做的就是由过去推断未来。这一点区别于各种计划控制。"潜在地"意指人们由过去对未来的这种推断是潜意识的或者是无意识的，这一点使信任不同于理性计算，理性计算是有意识的，是明确意识到风险与未来的不确定性的，并对此进行成本收益上的计算。"推断"的意思是将现在的经验扩展到未来，由于现在可用的信息少于能够保证正确预期未来的信息，因此推断始终是有风险的。"未来的可靠性"是指对于未来的各种正面性期待，这是一种泛化、弥散的期待：哪怕不能完全肯定未来是否一定会实现最初的愿望，但也是可以期待其大致是正面的，而不是负面的。

## 一 信任与熟悉

信任是以对过去的熟悉为前提的。熟悉（familiarity）既是信任的前提，也是不信任的前提，熟悉是"自明"的，[①] 熟悉让人们不用思考未来的种种不确定与复杂性，"在熟悉的世界中，过去胜过现在和未来"，[②] 在一个由传统主导的社会中，过去如此，将来也会如此，人们的行动一如既往，未来没有风险，过去发生过的事情，我们就可以期待明天继续发生。熟悉是对过去的熟悉，但是对于过去，这也是经过简化之后的熟悉，而不是对于过去的完全认知与理解，这种观点已经成为历史学家的通说。史家一般认为，由于对过去的信息匮乏或者诠释学背景的不同，我们对于历史的叙述也是经过价值选择与简化处理的。[③] 历史在某种程度上也是根据我们的需要裁剪而成的，其目的是更好地指导未来。"一切历史都是

---

① 参见〔德〕尼克拉斯·卢曼《信任》，瞿铁鹏、李强译，上海世纪出版集团，2005，第24页。

② 参见〔德〕尼克拉斯·卢曼《信任》，瞿铁鹏、李强译，上海世纪出版集团，2005，第26页。

③ 参见李剑鸣《历史学家的修养和技艺》，上海三联书店，2007，第77～83、103页。

当代史"，人们往往就把历史理所当然地当成现在。"以史为鉴"是人类行为的基本模式，即便在日新月异的现代社会同样也是如此。对于未来的期待，我们所能凭借的只能是过去。

　　熟悉是一种常规（routine）意识。常规意识是一种"理所当然"（taken-for-grantedness）的态度：行为动机与规范已经得到客观化，无需特别的个人知识，行动时不用质疑潜在的假设与根据，也不用不断地评估替代选择或者为行为提供正当化理由。[①] 常规意识是人们通过长期的社会实践将外在的行为期待内化而成，由于外在社会秩序的高度稳定与可预期，人们就形成了一种高度稳定化的内在心理态度，对于其他人的各种行动采取一种不介意、不质疑的坦然态度。"常规"的世界非常类似于胡塞尔的"生活世界"：一种相当稳定的主观现实，在这种主观现实当中，人们没有质疑地处理他们的日常事务，而且，人们知道其他人对于现实也持有相同的观点，因此这是共享常识的世界。[②] 熟悉不可能只是一个行动主体单方面的熟悉，而是主体间性的，在一个特定的社会领域内，大家互相熟悉，任何人的质疑都会带来其他人的不熟悉。熟悉仅仅限于社会结构非常简单并由传统主导的世界，人们之间存在着面对面的互动，容易获取彼此的个人信息，有利于彼此之间的监督，能够保证行为方式的稳定性。在熟悉的世界中，生活方式没有风险，或者风险很低，人们无须为未来会产生的过大波动与不确定性而忧虑。费孝通的"乡土社会"就是这样一个熟悉的世界：农民黏在土地上，流动性低，大多数人"生于斯、死于斯"，"终老是乡"，人与人之间从小就"看惯的"，在这样一种特殊的环境中，人们"对一种行为的规矩熟悉到不假思索时的可靠性"。[③] 这样一个"熟人社会"也是一个低风险与高度常规的社会，农民世代累居，对彼此知根知底，违规行为容易受监督，人们的行为模式高度稳定，通过长期的演化，就对相互之间的行为期待形成了不加质疑、无须正当化、

①　See Guido Mollering, *Trust: Reason, Routine, Reflexivity*, Elsevier, 2006, pp. 51-52.
②　See Guido Mollering, *Trust: Reason, Routine, Reflexivity*, Elsevier, 2006, p. 56.
③　参见费孝通《乡土中国　生育制度》，北京大学出版社，1998，第7~11页。

无须解释的自然态度。

尽管如此，我们的行动仅仅依赖于熟悉是远远不够的。"当一种社会秩序变得更加复杂多变时，整体上讲，它趋于失去其理所当然的品性，及众所周知的熟悉。"① 当世代累居的"乡下人"到了城里，一切都变得不熟悉了，语言不通，情感不通，人与环境都变得陌生了，他们就无法用乡下那一套毋庸置疑的为人处世的态度去对待城里陌生的人与环境了。因此，如果他们想在城市这个陌生的环境生存，与陌生人交往，那么就需要进行冒险，信任在这时就成为促进人们进行冒险活动的一种重要机制。

信任只有在一个熟悉的世界中才能实现。熟悉既是信任的前提，也是不信任的前提。熟悉是对过去的熟悉，具有过去指向，但熟悉既有可能导致有利的期望，也有可能导致不利的期望，这是对未来的特定态度做任何承诺的先决条件。② 唐太宗说，"以古为镜，可以知兴替"，司马光也说，"鉴前世之兴衰，考当今之得失"，这是关于熟悉可能导致的有利与不利期望的精练表达。俗语说"无知者无畏"，"初生牛犊不怕虎"，这也是熟悉所导致的有利期望，我们实际上也可以用这里的理论来解释："无知者"并非什么都不知道，而只是说他们对一种新的环境不熟悉，但是他会从其原有熟悉的环境去期待新的环境，他们所熟悉的是原有环境中的安全，但他们是用这种原有环境中的安全性期待去推断新环境中的安全。"人自识字忧患始"则是古人因为熟悉所产生的一种不利期望，人们对于过去了解得越多，就越会对未来忧心忡忡，历史上的朝纲败坏、兵荒马乱、满目疮痍、白骨露野、成王败寇不绝于书，对历史有一定了解的人也很容易对当下产生危机感。纵观中国近代史，各种变革、革命

---

① 〔德〕尼克拉斯·卢曼《信任》，瞿铁鹏、李强译，上海世纪出版集团，2005，第 27 页。

② 参见〔德〕尼克拉斯·卢曼《信任》，瞿铁鹏、李强译，上海世纪出版集团，2005，第25 页，以及 Niklas Luhmann, "Familiarity, Confidence, Trust: Problems and Alternatives", in Gambetta, Diego（ed.）, *Trust: Making and Breaking Cooperative Relations*, electronic edition, Department of Sociology, University of Oxford, 2000, chapter 6, pp. 94 – 107。

大多数是由知识分子领导的，这正源于他们对过去的了解而产生的对于未来的忧患意识。这些知识分子要么留过洋、对西方有一定了解，要么接受过新式学堂教育，他们通过对比世界历史与中国历史，对中国的未来前途产生了强烈的忧患意识，因此，他们也成为重要的时代推手与改革推手，他们是对中国未来最有影响力的人。余英时认为"人自识字忧患始"是中国知识分子的宿命，① 相信会引起很多知识分子的共鸣。

　　尽管没有一定程度的熟悉，没有一定程度对历史背景的了解，我们不可能付出信任，但信任并不等同于熟悉。熟悉具有过去指向，而信任具有未来指向，"信任决不只是来自过去的推断，它超越它所收到的信息，冒险地去界定未来"。② 信任建立在有限信息的基础上，是一种冒险的推断，因为未来并不是可以完全被预知与控制的，"人们不可能抢在未来的前头，以便在现下的决定本身里限定住未来的潜在危害"。③ 人们只能根据过去的有限信息对未来做出基本的判断与预期，人们需要通过信任来"勇敢"地面对未来的不确定性。熟悉不可能构成日常生活的全部，熟悉总是潜在地预示着不熟悉的可能性，在宗教领域我们曾以一种熟悉的态度对待不熟悉，把生活风险当成神意或者宇宙的命定安排。可是当我们意识到风险源于人为决定之后，信任就成了必需品。④ 信任是一种勇于面对风险的态度。现实生活当中，我们能够很明显地看到信任的这个特点，如朋友之间借款不打借条，这本身就是在冒险。从客观的角度来说，出于对朋友的信任，你借钱给朋友时未能打欠条，但由于缺少证据，你是难以通过法律手段去索取债务的，但是你会根据你们之间的多年友

---

　　① 参见余英时《代序：人生识字忧患始——中国知识人的现代宿命》，载康正果《我的反动自述》，明报出版社有限公司，2005，第1页。

　　② 〔德〕尼克拉斯·卢曼：《信任》，瞿铁鹏、李强译，上海世纪出版集团，2005，第26页。

　　③ Georg Kneer/Armin Nassehi：《卢曼社会系统理论导引》，鲁显贵译，台湾巨流图书公司，1998，第223页。

　　④ See Niklas Luhmann, "Familiarity, Confidence, Trust: Problems and Alternatives", in Gambetta, Diego (ed.), *Trust: Making and Breaking Cooperative Relations*, electronic edition, Department of Sociology, University of Oxford, 2000, chapter 6, pp. 94 – 107.

谊、对你朋友为人的长期了解，在主观上断定你朋友不会有欠钱不还的风险，并由此放心地将钱借给他。又如，在夫妻之间，在没有发现任何致使感情破裂的出轨事件之前，一方对于另一方有着高度的信任，这种信任是长期亲密交往形成的一种默契，但默契也是一种冒险推断，因为夫妻一方并没有绝对确实的证据能够证明：另一方的任何一次外出，任何一次应酬，任何一次与其他异性的交往，完全没有出轨的可能。在法律领域也是如此，尽管我们可能会基于某些制度符号，如程序正义，建立对法律的信任，但这种"熟悉"是有限的，根本无法保证程序正义能够涵盖每一个法律过程，也无法保证法律决定结果就必然符合最初的期待。

## 二　信任与风险

熟悉是没有风险的自然态度，信任是根据过去的有限信息对未来进行的冒险推断。因此信任与风险密切相关，"信任建立在幻觉之上"，因为"可利用的信息少于保证成功的信息"。[①] 当你信任别人时，实际上是将自己的利益委托给他人的自由裁量权，而他人则有着滥用自由裁量权的风险，[②] 并且这种风险还是你无法完全控制与消除的，如果你能够完全监控到别人的一言一行，或者你完全能够通过法律手段或者其他救济手段弥补因他人背叛而使你遭受的损失，或者你能够完全预测未来，那么信任就完全没有必要了。

为了观察风险，卢曼认为需要区分风险（risk）和危险（danger）：如果危害是人类决定的结果，那么这就是风险；如果危害是由外在不可控制的环境引起的，那么这就是危险。[③] 在前现代社会，人类将生活中的

---

① 〔德〕尼克拉斯·卢曼：《信任》，瞿铁鹏、李强译，上海世纪出版集团，2005，第41页。

② See Russell Hardin, *Trust and Trustworthiness*, Russell Sage Foundation, 2002, pp. 11 – 12.

③ See Niklas Luhmann, *Risk: A Sociological Theory*, translated by Rhodes Barrett, Transaction Publisher, 2002, pp. xxx、16; Georg Kneer/Armin Nassehi：《卢曼社会系统理论导引》，鲁显贵译，台湾巨流图书公司，1998，第226～227页。

很多风险都当成神灵、自然或传统的命数或惩罚，这被人类认为是不可控制的，只是一种无须去做出人为努力的危险。而在现代社会，经过"去魅"，神灵不再主宰世界，人类变成了世界的主宰者。贝克认为，"在自然和传统失去它们的无限效力并依赖于人的决定的地方，才谈得上风险"。① 经过理性启蒙以后，自然与传统则不再主宰世界，人类的理性成了世界的主宰。因此，风险被认为源自人类的选择，生活也因此变成了冒险。② 人们开始意识到大多数危险是人类可选择的问题，这意味着危险变成了风险，需要人类通过自己的决定去积极预防。现代社会很少有什么危害被认为和人类的决定没有关系，因此风险就变得不可避免了。

人类决定之所以存在风险又有以下几个具体的原因。首先，风险可能源于人类的信息局限性。这一点特别见于哈耶克的知识理论中，哈耶克认为，政府官僚无法充分掌握公民日常经济生活中大量的个殊化信息，因此无法对经济生活实施有效的预先计划安排。③ 其实政府官僚固然在信息上存在局限性，普通公民何尝不是如此。普通公民也无法达到政府对于自身行为的认知水准，对于政府的复杂运作过程，政府决策的专业合理性，政府官僚的内在可靠性，我们同样缺乏必要的信息与知识以做出准确的判断。不仅政治领域如此，法律领域也存在各种信息不对称，我们不可能知道法官与执法者心里实际在想什么，我们也不能百分百地确定法官与执法者未来会做什么，我们也缺乏必要的知识去判断我们所必需的法律专业服务的内在可靠性。其次，风险可能源于卢曼所说的"剩余不确定性"："不管组织与理性计划怎样努力，人们不可能根据对行动后果的可靠预测来指导所有的行动"，因此，"仍有剩余的不确定性待处

---

① 参见〔德〕乌尔里希·贝克、约翰内斯·威尔姆斯《自由与资本主义——与著名社会学家乌尔里希·贝克对话》，路国林译，浙江人民出版社，2001，第118~119页。

② See Ulrich Beck and Elisabeth Beck-Gernsheim, *Individualization: Institutionalized Individualism and its Social and Political Consequences*, Sage, 2002, p. 47.

③ 参见〔英〕弗里德里希·奥古斯特·哈耶克《通向奴役之路》，中国社会科学出版社，1997，第61页；以及〔英〕弗里德里希·奥古斯特·冯·哈耶克《致命的自负》，中国社会科学出版社，2000，第96~100页。

理"。① 组织与理性计划越复杂，风险就越大，因为涉及的行动与复杂因素越多，结果的变数也就越大，当初的设想与最后的结果差距也就越大。在组织管理与国家治理中，计划越庞大，就越不容易控制，个体搭便车的现象就越普遍。对于法律来说也是如此，法律规范与法律程序越复杂，后果越不可控制与不可预测。再次，风险还有可能源于人类的高度自我反思性。在一个受自然主宰的社会，人们将自己的命运与自然的反复无常等同起来，悲也好，喜也好，都是人们无法摆脱的宿命，都是神或宇宙的命定安排。而在一个受传统主宰的社会，正如前文所述，人们用一种不假思索的常规性态度来对待世界，没有让人不安的风险意识。当人类开始反思自然与社会的时候，人类就开始摆脱自然的摆布与传统的主宰，以自我为中心建立起行动的主体性，由此带来的一个必然结果就是原有的无法预测、无法控制的危险变成了主体有意识选择的风险。正是因为风险是人类有意识选择的结果，人类也就承担着消除风险的巨大压力。由于人类社会变得更具自我反思性，现代社会经由自主性现代化达至"自反性现代化"，也即对现代化的现代化，或贝克与吉登斯所谓的"反思现代化"。② 反思现代化使得现代化本身成了风险的来源。在反思现代化中，我们开始反思性地应用知识。知识并非作为一种客观不变、高高在上的外部存在，而是重新进入知识的对象当中，这又会导致对象被改变，最终对知识的反思性应用使社会生活从传统的恒定性束缚中游离出来。③ 人类因此可能陷入无法摆脱的焦虑当中，因为人类再也无法相信知识能够为我们理解世界提供一个确定性的基础，知识一定会造福世界这样一类断言开始被普遍怀疑。例如，随着人们教育程度的提高，人们不再抱着古人"万般皆下品、唯有读书高"的既定态度，而开始反思教

---

① 〔德〕尼克拉斯·卢曼：《信任》，瞿铁鹏、李强译，上海世纪出版集团，2005，第21、33页。

② 关于"反思现代化"的概念，请参见〔德〕乌尔里希·贝克《风险社会》，何博闻译，译林出版社，2003，第190页；〔英〕安东尼·吉登斯《超越左与右：激进政治的未来》，李慧斌等译，社会科学文献出版社，2000，第84页。

③ 参见〔英〕安东尼·吉登斯《现代性的后果》，田禾译，译林出版社，2000，第47页。

育本身，于是在一个大家的自我反思水平都受惠于教育普及的时代，开始普遍出现"读书无用论"的论调。人类的自我反思性不仅使生活失去了恒定性，而且还使现代化本身在现代性的自我审视性下被"去魅化"，现代化也变得风险丛生。现代化本身被发现缺乏自我控制与自我限制的能力，这就引发了"难以界定的深层不安全感"。① 因为现代化的自我反思精神使现代化本身成为问题与风险，人类突然遇到了它自己所制造的无法解决的问题。例如，科学的自我反思将科学怀疑论扩展到科学自身的固有基础和外在结果上，导致科学系统发现了来源于自身的谬误与过失。② 尽管我们有关于地球变暖、环境污染、核电危害等风险的科学标准，但这些科学标准现在被发现都存在着政治妥协与权衡，而不是纯粹的科学计算。由于信息局限性，科学也无法准确评估这些全球性风险，而风险也在这些貌似合理的科学标准下滋生蔓延。

　　现代社会的高度反思精神也在中国发扬光大起来，从"五四"时代起，知识分子就开始反思传统礼教的合理性，直至今天，理性主义以及理性的高级阶段也即后现代主义思潮，作为一种普遍性的思维渗透进现代各种知识体系中，其对现有的社会体制提出了一系列的质疑，以前理所当然的东西，现在都变得问题化与非正当化了。即便法治在法学家眼中代表了现代文明，但在中国大多数公民看来，可能只是一种可选择、可利用的制度体系，并不必然比道德或权力更加实用。总体上来看，不论是政府、知识精英，还是普通民众，都形成了较强的风险意识，对于法律制度本身也形成了各种怀疑，法律并不必然就被认为是神圣的，值得所有人毫无保留地去遵守，法律制度的各种风险，如程序正义与实体正义之间的冲突，法律与道德之间的冲突，很多时候成为社会舆论的争议焦点，表明人们对于法律决定的风险是有着基本敏感性的，也强烈地

---

① 参见〔德〕乌尔里希·贝克《再造政治：自反性现代化理论初探》，载〔德〕乌尔里希·贝克、〔英〕安东尼·吉登斯、斯科特·拉什《自反性现代化：现代社会秩序中的政治、传统与美学》，赵文书译，商务印书馆，2001，第5~9页。

② 参见〔德〕乌尔里希·贝克《风险社会》，何博闻译，译林出版社，2003，第190页。

希望通过自己的表达与行为克服这些风险。风险成为现代社会人类行为的压力与动力，人类必须找到一些机制来克服人为决定的风险。

信任就是风险的一种应付机制。莫勒林认为，信任"暂时中止了对于不可化约的社会脆弱性与不确定的考虑，似乎它们已经得到积极的解决，因此对于或多或少的特殊他人的行为与动机维持一种积极的态度"。① 信任在某种程度上是对风险的视而不见，风险也许实际上并没有被消除，但是信任却能够让人们在风险未必消除的情况下勇敢地跳入风险。信任是悖论性的："因为其在解决社会关系的基本问题时，却没有消除问题。"② 信任建立在风险的不可避免上。由于人类理性的有限性，人类不可能完全获知他人未来的一切信息，或者通过理性手段控制一切，人类也不可能完全预知未来。很简单的事实是，你不知道别人脑子里实际在想什么，而且在多数情况下，由于你在信息与知识上的局限性，你也难以判断一个职业人士的实际专业能力、某种产品的内在构造、某项制度的内在可靠性。你对于你的朋友、家人，或者医生、律师、法官、政治家，或者某个商品品牌，只能信任或者不信任。如果客观上你没有能力去消除一切风险，那么主观上你只能对风险视而不见，因为你不可能不出门，不结交朋友，没有家庭，你也不可能完全杜绝对于法律的诉求，或者生病而不求助于医生，你不可能不去商店购买日常生活所必需但不懂得其内在原理的工业品。因此，我们需要通过信任来克服对风险的恐惧感。

信任与风险在内在原理上是非常对称的，信任与风险之间存在着一种镜像的关系。③ 与卢曼关于信任是一种冒险推断的观点类似，西美尔也认为，"信赖作为未来行为举止的假设，这种假设是足以保障把实际的行

---

① See Guido Mollering, *Trust: Reason, Routine, Reflexivity*, Elsevier, 2006, p. 111.

② See Guido Mollering, *Trust: Reason, Routine, Reflexivity*, Elsevier, 2006, p. 6.

③ 有学者系统分析了信任与风险在概念上的对应关系，See T. K. Das and Bing-Sheng Teng, "The Risk-Bases View of Trust: A Conceptual Framework", *Journal of Business and Psychology*, Vol. 19, No. 1 (Fall, 2004), pp. 85−116。

动建立在此基础之上的，信赖作为假设是对一个人的知与不知的状态。彻底知晓的人就不需要信赖（他人），根本不知晓的人，从理智上来讲根本不可能信赖（他人）"。① 在西美尔看来，信任介于知与无知，也具有未来指向。信任不完全脱离客观事实，你不可能去信任一个完全陌生的人，大多数情况下你信任的是朋友、家人、同学，或者是带有某些专业系统标志的专业人士。但信任也包含规范的部分，因为你是在根据知的部分冒险地推断不可知的部分，你常常根据某个人的身份、交往历史或者一些微不足道的信息符号，如谈吐、面相、着装等，来对这个人的未来行动或者其不可直观的整体性品质做出推断。信任在这个特点上正好与风险对应起来。贝克认为："有关风险的陈述从来没有简化为仅仅是关于事实的陈述。它包括理论的和规范的内容。"② 与信任的未来指向类似，"风险意识的核心不在于现在，而在于未来，在风险社会中，过去失去了它决定现在的权力。它的位置被未来取代了，因而，不存在的、想象的和虚拟的东西成为现在的经验和行动的'原因'"。③ 人们对于风险的认知，并不仅仅是纯粹客观的，因为风险难以预测，难以控制，风险认知掺杂着强烈的主观色彩。风险可以说是在与将来的关系中被评价的危险程度。④ 正由于风险是评价出来的，而不是原生的，所以风险带有主观判断的成分。风险既具有现实性，也具有非现实性。风险就是知识中的风险，风险感知与风险不是不同的东西，而就是相同的东西。⑤ 为了克服风险，人们需要信任，信任恰好能够保证在主观上对风险持一种视而不见的漠然态度。由于对未来的无知以及风险的不可避免，人们要么对未来持一种主观不确定的风险意识，要么对未来持一种主观确定性的信任态度。如果缺乏信任，人们就会表现出强烈的风险意识，例如，当人们不

---

① 〔德〕盖奥尔格·西美尔：《社会学：关于社会化形式的研究》，林荣远译，华夏出版社，2002，第251页。

② 〔德〕乌尔里希·贝克：《风险社会》，何博闻译，译林出版社，2003，第26页。

③ 〔德〕乌尔里希·贝克：《风险社会》，何博闻译，译林出版社，2003，第35页。

④ 〔英〕安东尼·吉登斯：《失控的世界》，周红云译，江西人民出版社，2001，第18页。

⑤ 〔德〕乌尔里希·贝克：《风险社会》，何博闻译，译林出版社，2003，第64页。

信任动车技术系统时，人们会隐隐担忧列车的安全性，并拒绝乘坐列车，尽管人们不能完全确定动车安全系数的实际数字，也缺乏动车技术的安全知识，但是人们在动车事故之后形成了一种未必符合事实的关于动车危险性的风险意识。而信任恰恰相反，如果乘客信任动车技术系统，即使乘客缺乏相关的安全信息与知识，信任也能够促使他们对动车安全性持一种积极的期待，并愿意继续乘坐动车。对于法律的信任也是如此，公众在很多公共法律案件中所表达出的不信任就体现出高度的风险意识。当人们不信任法律，就会对一切法律过程表现出"鸡蛋里挑骨头"的盲目质疑，并担心徇私枉法存在于一切法律行为当中，尽管事后来看，很多质疑都没有确切的根据。如果人们对法律的态度是信任，那么即便法律运作实际上是不可靠的，人们也会采取一种漠视的态度，并安心地参与到法律过程当中。

风险具有反事实性特征，[①] 对于未来不确定性的恐惧决定现在的决策；信任也具有反事实性特征，即使在没有充分掌握未来的信息的情况下，就开展冒险行动，并假定其是安全的。反事实的风险，恰恰需要反事实的信任来平衡。

由于风险的反事实特征，风险意识不能通过事实认知来消除，因为风险在现代社会恰恰源于不可避免的无知。例如，人们因全球温室效应、环境污染、核灾难产生的风险意识，很多情况下是因为在信息匮乏的情况下对生态危险夸大或者保守估计的结果。这种风险难以被量化计算，普通人甚至科学家，对于当前的工业发展模式与人类生活模式，到底会产生什么样的长远后果，都缺乏明确的估计。法律的风险也难以通过事实认知来消除，法律也已经变得高度的专业化与复杂化，大多数人已经不可能去准确地判断法律制度的风险，预测法律可能给自己带来的有利与不利后果。

---

① 参见〔英〕安东尼·吉登斯《现代性的后果》，田禾译，译林出版社，2000，第117～118页。

尽管信任是风险的一种应付机制，但不是所有现代风险意识都能通过信任来平衡。相比于过去，人们也许已经进入了一个更加依赖于冷冰冰的风险收益计算的时代。在高度反思的现代性意识下，风险与信任的主观性成分也被人们清醒认识到了，但是人类仍然需要继续行动。因此，人类在面对不确定的风险时，似乎形成了一种习惯性的不安全期待。很多情况下，虽然有风险，但我们仍然要冒险，即使信任还没来得及建立。例如，政府虽然难以解决所有问题，我们仍然要和它打交道，有些公共服务还是少不了政府的支持的。食品虽然可能有毒有害，但是我们仍然要吃，否则会饿死。这种态度清醒地意识到不安全，但行动却不是出于信任，而是一种实用主义态度。这实际是理性主义自我循环的结果，人们试图通过理性来克服理性的缺陷，试图将不可控的风险都纳入理性计算当中，即便如此，其仍然存在问题：这种风险意识则会转化成心理上的焦虑。剩余不确定性仍然存在，我们仍然需要信任来避免因不确定性所产生的心理焦虑。信任的产生并不完全遵循理性计算的逻辑，人们会在紧急情况下抓住一切可利用的线索，并在情感的催化下，快速建立信任，从而缓解心理上的焦虑。

## 三 信任推断的潜在性

戈夫曼认为，由于信息局限性，我们不可能精确地安排生活，多数情况下只能根据推论而行动。[①] 这一点极富洞见。由于人与人之间存在不可避免的信息不对称，我们始终无法准确把握他人未来行动的走向；而由于信息局限性，我们也无法准确掌握绝对的事实与真理。因此我们只能依赖于推断，推断是由微知著，由小见大，由可知的过去预测不可知的未来。信任也是一种推断，信任是根据知推断无知，根据有限的信息推断无限的未来。例如，对于初次见面的人，我们往往会从其衣着、外

---

① 参见〔美〕欧文·戈夫曼《日常生活中的自我呈现》，冯钢译，北京大学出版社，2008，第2～3页。

貌、谈吐这些外在的粗浅信息去判断是可信还是不可信。由于缺乏深层次信息，第一印象对于人际交往的顺利进行往往具有一种超出其本身实际重要性的意义。在法律领域，推断相当普遍。演绎推理、归纳推理、类比推理，以及法官对事实的判断，都是建立在不充分信息基础上的推断。因此，法律推理始终是有风险的，因为可用的信息少于保证成功的信息。法学理论中关于形式正义与实质正义的长期争论就反映了这样一种风险意识。

但信任中的推断并不是一种理性化与有意识的风险计算，信任中的推断是潜在的。所谓"潜在的"，是指信任的风险与收益计算并不是以一种有意识的方式表现出来，而是被付出信任者所内化，也即通过长期的交往实践、对传统的学习、对社会氛围的亲身感受或对日常生活常识的不自觉接受，形成了一种无须理性计算的泛化态度。拉格斯佩茨认为，信任是一种心照不宣的要求。① 信任如果要实现其功能，只能以非反思性的方式存在，一旦信任被反思，信任就失去了在降低心理负担与认知负担上的功效。信任的这种特征在日常生活中很容易发现。例如，男孩子要博得女孩子的信任，不能以理性化与公开化的方式来让女孩子计算和男孩子相处与结婚的风险与收益，如展示有多少存款，住多大房子，从事什么工作，收入增长的可能性有多大，这种对风险与收益的公开计算只会让女孩子更加担忧与不信任。因此，正确的策略是，男孩子应回避这种对风险的公开计算，并以非功利化且迂回的方式展现出自己的可靠性，如贴心的照顾、诚实的态度、勤奋的品质、正派的言行等。只有当我们以一种不让人感觉是谋求信任的方式去谋求信任时，信任才能建立。在法律领域也是如此，法律信任的形成绝不在于关于法律公信力与司法公信力的各种公开强调，不在于关于上诉率、调解率、再审率的各种统计数字，也不在于各种关于"人民满意法官"的各种评比与宣传，而是人们基于各种制度实践的长期潜移默化的培育，如司法与政治能够保持

---

① See Olli Lagerspetz, *Trust: The Tacit Demand*, KLuwer Academic Publishers, 1998, p. 5.

可见的制度界限，真正有效且可信的反腐败机构，对于舆论批评的开放性态度，法律的制定基于得到普遍认可的民主程序；等等。因此，信任无法被故意选择或强求，[①] 我们不能有意识地决定是信任还是不信任，我们也无法强求自己信任他人或者强求他人信任自己。同时，付出信任的个体往往并不能意识到自己是在付出信任，正如维特根斯坦所说："人们可以不信任自己的感觉，他不能不信任自己的相信，在'第一人称现在时直陈式'的意义上，不存在'错误的相信'。"[②] 信任具有一定的盲目性，付出信任者不会意识到自己是在错误相信，当然也不会意识到自己是在正确相信，信任是一种没有意识到理性计算的弥散态度。如朋友亲情可信，陌生人不可信；单纯的学生可信，老道油滑的生意人不可信；大医院的医疗水平比小诊所的医疗水平更可信；科学院院士的言论比一般人的言论更可信；法学教授的法律判断比一般人的判断更可信。特别是道德伦理关系中的信任模式，都是出自个体的长期学习与社会的长期演化，而不是理性选择。如孩子选择信任父母、妻子选择信任丈夫都不是风险收益计算的结果，而是通过人类的长期学习与社会的长期演化所形成的想当然的不假思索的态度。这种信任从经验的角度来看是相当理性的，很少有父母不疼爱自己的孩子，大多数丈夫会忠诚于自己的妻子。对于法律的信任同样也很难说是理性选择，因为人们已经不可能掌握关于法律制度的专业知识了，法律信任的形成与特殊的制度构造和法律传统密切相关，是在长期的社会实践与文化演化中不自觉地形成的，人们可能基于某种根深蒂固的道德文化知识与常识来建立对法律的信任。当然，这些信任也是有风险的，父母也有可能是自私的；丈夫在妻子不知情的情况也是有可能出轨的；任何完善的法律制度都无法绝对保证实现当事人所满意的结果。对于信任的这种特征，我们也可以这样说，信任

---

①　See Doran Smolkin, "Puzzles about Trust", *The Southern Journal of Philosophy*, 2008, Vol. XLVI, pp. 431 – 449.

②　〔奥〕维特根斯坦：《哲学研究》，李步楼译，商务印书馆，1996，第 289 页。

推断在个人层面上可能是盲目的，在系统层面上则可能是理性的。[1] 在个人层面上，我们往往不自觉地漠视信任他人所产生的风险，但从整体上来看，选择信任自己的亲人是一种理性选择，因为亲人从经验角度来看比其他人更诚实；而选择信任带有特定制度符号特征的法律制度在个人层面可能是非理性的，因为法律制度并不能保证其运作结果必然符合个人利益，但这种信任在系统层面是一种理性选择，因为遵守法律不论对个人是否有利，其对整个社会来说却符合公共利益。

在信任关系中，任何对风险收益的公开考虑都会破坏信任计算的潜在性。信任当中的理性计算只能是潜在的，任何对是信任还是不信任的公开考虑，都会破坏信任。[2] 俗话说，"用人不疑，疑人不用"，当你将某种重要事务委托他人时，不应公开表达惩罚与奖励的可能性，公开性的风险收益计算对于被信任者来说是一种暗示，暗示信任关系并不单纯，而需要重新定位。这种怀疑会破坏被信任者对信任中所产生的义务与责任性质的判断，将原本无条件、不具有可选择性的伦理义务转变为有条件、可选择性的契约义务，引发被信任者对于委托事务的利害计算，从而失去信任当中的盲目性忠诚。这种盲目性的忠诚很多情况下对于委托关系是必不可少的，因为付出信任者有时并不能完全控制事务的一切细节，也不可能就所有细节达成协议，如果没有这种缺乏监督的忠诚，付出信任者就无法确定被信任者是否尽职尽责了。关于公开性的理性计算对信任关系的破坏，本书将在后面章节进行详细讨论。

不仅公开性的理性计算会破坏被信任对象的忠诚，而且公开性的理性计算本身就是不信任的表现。当信任的相关事务被议题化时，就已经说明信任不存在了，[3] 当夫妻一方要求另一方报告行踪、要求财产分账的时候，大多数情况下已经是不信任的一种标志了。当你向朋友要求还钱

---

[1] See Guido Mollering, *Trust: Reason, Routine, Reflexivity*, Elsevier, 2006, pp. 82 – 83.

[2] 参见〔德〕尼克拉斯·卢曼《信任》，瞿铁鹏、李强译，上海世纪出版集团，2005，第47页。

[3] See Olli Lagerspetz, *Trust: The Tacit Demand*, Kluwer Academic Publishers, 1998, p. 32.

的时候，实际上已经在向你的朋友表示你对他的诚信或者偿债能力产生了怀疑。

信任只能是潜移默化、水到渠成的，"信任是命令不来的，它源自我们内心深处"。[①] 当我对你说"你应该信任我"，这已经是在暗示不信任，并且这种要求只会强化你的不信任。谋求他人的信任只能以一种无法让人察觉是在谋求信任的方式才能成功。

# 第二节　信任的谨慎性与盲目性

由于信任以熟悉为前提，是在有限信息基础上进行的潜在推断，因此信任表现出一种悖论性的特征：谨慎性与盲目性。过于强调其中的任何一方面都会有失偏颇，而没有把握住信任的内在特质。因此，本书认为信任既具有谨慎性，也具有盲目性，信任是一种"谨慎的不介意"。

## 一　信任的理性解释及其有限的谨慎性

很多学者将信任当成一种基于风险与收益计算的理性选择，但这种理性解释过于强调信任的谨慎性。如科尔曼虽然认为信任有利于克服交易中的时间差所产生的风险，但他对信任现象的理解仍然是一种理性模型：根据信任的损失与收益，以及信任成功的概率，行为人决定是否需要付出信任。[②] 信任在这里是一种有意识的理性选择。又如哈丁认为，信任是一种利益内含（encapsulated interest）关系，意指被信任者有兴趣实现信任者的信任，这种兴趣主要在于被信任者希望维持与信任者之间的关系，信任不仅仅是对被信任者行为规律的纯粹理性预期，还基于责任：

---

① 〔法〕阿兰·佩雷菲特：《信任社会——论发展之缘起》，邱海婴译，商务印书馆，2005，第551页。

② 参见〔美〕詹姆斯·S. 科尔曼《社会理论的基础》（上），邓方译，社会科学文献出版社，1999，第108、117～118页。

被信任者在做决定时将信任者的利益放在心上。[①] 哈丁对于信任的定义主要也是一种理性解释，因为他把信任建立在纯粹的利益关系之上。什托姆普卡在卢曼信任理论的基础上，认为在不确定和不可控制的条件下，信任就是"相信他人未来的可能行动的赌博"，[②] 什托姆普卡正确地强调了信任中的冒险成分，但他关于"赌博"的隐喻却将信任当成了一种有意识的冒险，而且什托姆普卡还过于强调了信任的不确定性。信任固然是在冒险，但信任也有一定的经验基础，信任是以熟悉为前提的，我们不可能无缘无故地信任。还有尤斯拉纳的策略信任也是对信任的理性解释，策略信任以经验为基础，是对他人行为的预测。[③] 策略信任忽视了信任作为一种普泛化态度的内在情感特质。

由于经济学理论中博弈论的发展，很多学者都试图通过博弈论来分析信任现象，将信任现象当成一种客观性的理性计算。如果我们根据博弈论中的囚徒困境来分析人们的信任选择，那么可以假设最典型的三种情况：第一种情况就是 T：T (4，4)，T：DT (0，2)，DT：T (2，0)，DT：DT (2，2)；第二种情况就是 T：T (4，4)，T：DT (−2，6)，DT：T (6，−2)，DT：DT (2，2)。前两种情况都假定了彼此都能掌握关于风险与收益的充分信息，但由于实际中的信息不对称，第三种是大多数情况：T：T (4，4)，T：DT $[p \times 0 + (1-p) \times -2, p \times 2 + (1-p) \times 6]$，DT：T $[p \times 2 + (1-p) \times 6, P \times 0 + (1-p) \times (-2)]$，DT：DT (2，2)。其中 T 代表信任（trust），DT 代表不信任（distrust），p

---

① 哈丁的解释也有令人费解的地方，尽管哈丁似乎看到了信任中的伦理性特征，但是我们不知道付出信任者对责任的期望态度如何与纯粹的理性预期区分开来。See Russell Hardin, *Trust and Trustworthiness*, Russell Sage Foundation, 2002, pp. 3 – 4. 吉本斯也持有类似观点，See Robert Gibbons, "Trust in Structure: Hobbes and Coase Meat repeated Games", in *Trust in Society*, edited by Karen S. Cook, Russell Sage Foundation, 2002, pp. 332 – 349。

② 参见〔波兰〕彼得·什托姆普卡《信任：一种社会学理论》，程胜利译，中华书局，2005，第 33 页。

③ 参见〔美〕埃里克·尤斯拉纳《信任的道德基础》，张敦敏译，中国社会科学出版社，2006，第 27 ~ 29 页。关于信任作为一种行为预测的极端观点，也可参见 Andrew J. I. Jones, "On the Concept of Trust," *Decision Support Systems*, 2002, Vol. 33, pp. 225 – 232。

代表当信任的收益为 0 时与不信任的收益为 2 时的概率。① 在第一种情况下，当双方都信任时，则都能获得 4 的最高收益；如果一方信任，另一方不信任，则信任一方没有任何收益，但不信任一方则不论对方是否信任，都能获得至少 2 的收益。由于不确定对方是信任还是不信任，出于人的风险规避特点，不信任是一种较优的选择，不信任没有任何损失，起码还有一定的收益 2。尽管信任具有较高的收益 4，但信任要冒险。在第二种情况下，当双方都信任时，双方都能获得 4 的收益；当一方信任而另一方不信任，信任一方则受 −2 的损失，另一方则会得到 6 的收益。第二种情况最终达成的纳什均衡必然就是不信任，信任要冒巨大的风险，而对方则有积极的理由不信任，因为当一方信任另一方不信任时，不信任一方会获得远高于信任的收益 6，不信任一方存在剥削信任一方的可能。这两种情况在一次性交易的条件下双方都会选择不信任。在第三种情况下，由于不确定信任与不信任的收益和损失是上述哪一种情况，则需要进行概率估计，最终的平衡则需要视概率估计的结果而定。如果交易是一次性的，那么在第三种情况下，双方也会选择不信任。如果交易是无限重复的，那么不论是哪一种情况，信任都是最优选择。但如果交易有一定重复次数，则存在逆向推导的问题：最后一次交易成为类似于一次性交易的情形，如果双方都意识到这一点，反向类推，倒数第二次交易也会成为类似于一次性交易的情形，最终无限回归，博弈论分析的结果就是交易双方都将根本不会选择信任。

对照现实，我们不难发现上述模型存在以下问题。第一，尽管信任一方不知道另一方是信任还是不信任以及相关风险大小，但是很多学者通过经验研究发现，信任可以通过沟通实现。② 通过沟通，双方形成一定的信任，为双方交往提供启发性的开端，而不至于一开始就互不信任。

---

① 相关模型可以参见 Edna Ullmann-Margalt, "Trust of Distrust", *Journal of Philosophy*, Vol. 99, No. 10（Oct., 2002），pp. 532 –548。

② 相关的实验研究，See Teck-Hua Ho, "Trust Building Among Strangers", *Management Science*, Vol. 51, No. 4, April 2005, pp. 519 –530。

如在出售商品前进行宣传、送一些小礼品、进行一些无关痛痒的交流等，这些微弱的低成本信息可以提供付出信任的正当依据。因为当人们非常无知时，往往会根据一些即使非常有限，甚至微不足道的信息进行信任推断。第二，现实生活中的交易大多数是重复的，而且未来的交易前景是无限的，鉴于未来可能遭受的长远损失，贪图一时的暴利是不明智的，① 在上述的所有情况中，信任将是最优选择。付出信任者在对方背叛后会永远拒绝再次付出信任，特别是在市场交易中，如果背叛者一方的替代者很多的话，一次背叛就足以导致永远的拒绝，因为付出信任者并不是非得和背叛者继续交易不可。不仅如此，背叛的信息在一个固定的交易圈子内很容易扩散开来，这最终导致其他全部不相关的市场主体对背叛者的拒绝。第三，在第三种模型下，逆向推导导致信任根本不会发生的结论不符合现实，因为人们要生存，人们不可能完全不与他人交往，为了打破逆向推导，很多人在第一次交易时愿意冒一定的风险，这是一种实用主义的非信任策略，② 这个策略在信息不对称下也能够建立起长期的信任。在交往的开端，由于彼此无法确定对方的准确信息，我们可以"假装"（as if）信任，这种"盲目性的信任"（blind trust）可以作为一种有意识冒险的心理策略，向对方展示自己的坦诚，目的在于赢得对方的信任，使信任能够初步建立起来。③ 这一点在生活当中也是相当常见的，据我所了解的一些经验，当批发商向门面店主推销产品的时候，在第一次交易时，会免费向店主提供商品，如果店主对销售情况满意或者产品质量没有问题，下一次交易时才付款。批发商第一次很愿意冒风险，

---

① See Russell Hardin, *Trust and Trustworthiness*, Russell Sage Foundation, 2002, p. 18.

② See Russell Hardin, *Trust and Trustworthiness*, Russell Sage Foundation, 2002, pp. 20 – 23. 还有学者通过对重复博弈的研究发现，在博弈的第一局，大多数人选择付出信任与守信，即便后来遭遇欺骗，在重新进入另一场博弈局面时，大多数人在第一局还会选择付出信任与守信。而博弈是属于无限次数，还是有限次数，对于博弈中双方信任行为有着显著的影响。See J. Engle-Warnick, Robert L. Slonim, "Learning to Trust in Indefinitely Repeated Games", *Games and Economic Behavior*, 2006, Vol. 54, pp. 95 – 114.

③ See Guido Mollering, *Trust: Reason, Routine, Reflexivity*, Elsevier, 2006, pp. 80 – 82.

因为没有这第一次的冒风险，就不会有下一次的交易机会，为了长远的收益，第一次的冒险是值得的。第四，在有限重复次数的交易当中，还有一些偶然性因素，如信仰、信念或者善意，也会打破逆向推导，[①] 在交往开端时建立信任。第五，即便是在一锤子买卖或者有限重复次数的交易中发生背叛行为，我们还可以依赖于制度与规范来改变潜在背叛者的预期成本与收益，因为人具有主观能动力，能够通过学习、反馈、试验来改变博弈结构。[②]

整体上说来，关于信任的理性分析都将信任当成一种建立在风险收益计算基础上的纯粹理性期待。但在现实当中，这不仅因为信息匮乏而难以实现，而且完全没有把握信任的内在特质。这使信任变得过于谨慎，而失去了冒险性的优势。信任是根据有限信息进行的潜在性推断，而不是有意识进行的风险计算。不仅如此，信任的理性解释假设了我们可以对风险做出概率上的评估与预测，这一点也使信任变得没有必要。[③] 信任以风险的不可避免性为前提，当风险可以被评估与预测的时候，信任对于决策的意义就显得多余了。如果从理性的角度来解释信任，信任会变得自相矛盾，因为"一方面，信任关系在增加合作效用的同时降低信息成本。另一方面，因为个人是自私的，那些信任的人似乎非理性地选择增加他们受他人伤害的可能性"。[④]

信任是一种特殊的社会现实，信任无疑含有一定的理性计算的成分。我们不可能信任任何人与任何事，我们信任的是朋友、家人或同学，因

---

① See Edna Ullmann-Margalt, "Trust of Distrust", *Journal of Philosophy*, Vol. 99, No. 10 (Oct., 2002), pp. 532 - 548.

② Elinor Ostrom, "Toward a Behavioral Theory, Linking Trust, Reciprocity and Reputation", in *Trust and Reciprocity: Interdisciplinary Lessons for Experimental Research*, edited by Elinor Ostrom, and James Walker, Russell Sage Foundation, 2002, p. 25.

③ See Guido Mollering, *Trust: Reason, Routine, Reflexivity*, Elsevier, 2006, p. 43.

④ 〔美〕马克·E. 沃伦：《民主理论与信任》，载〔美〕马克·E. 沃伦编《民主与信任》，吴辉译，华夏出版社，2004，第308页。

为我们对他们的性格与过去有着更多的了解，在此基础上，我们也能够大致预期他们未来会做什么；我们信任的是民主、廉洁的执法机关，因为民主、廉洁的执法机关能够被假定在做出法律决定时没有太多的私心。信任的理性计算成分在下述情况下特别突出：在家庭关系中，我们能够看到的大多是兄弟友爱，姐妹和睦，但一旦出现较大利益纠纷，如对父辈留下的巨额遗产的争夺，甚至如中国历史中我们所熟知的皇位争夺，这时兄弟关系反而成了不信任的来源，这往往导致的是兄弟反目、骨肉相残，因为此时对自己威胁最大的恰恰是自己的兄弟，而不是陌生人。因此，信任无疑是有理性考虑的，其选择是有一定程度谨慎性的，而不是完全任意的。尽管如此，信任中的理性考虑与谨慎选择却是十分有限的。虽然我们在很多事情当中更加信任家人与朋友，但在家族企业中，家人和朋友往往由于没有经过市场竞争的历练，并不具备职业经理人的能力，从而给企业带来风险。

在政治与法律领域，信任中的理性计算同样也是有限的。虽然我们从道德直觉出发更加信任民主和廉洁的政府，但这种政府也完全可能受民粹所支配，或者虽然廉洁但也可能过于守成。信任推理虽然有一定的理性计算成分，但这种理性计算往往是基于非常有限的知识与信息，是非常不充分和不准确的。因此，信任只是一种有限的谨慎性，其在人类不可能做到全知全能的情况下，不得不抓住一切比较肤浅的信息对未来进行有风险的推断。

尽管信任存在一定的经验基础与理性成分，但信任与理性计算的根本性差异在于，信任在一种风险未必减少的情况下增加了对风险的心理承受力。这在某种程度上也是一种优势。下面我们就来阐明这一点。

## 二 信任的盲目性

人类的很多行为都不一定是符合逻辑与理性的，这一点我们都很熟悉。帕累托就是这样认为的：当客观目的与主观目的相异时，人类行为就是非逻辑的。① 巫术与祭祀在帕累托看来就是一种非逻辑行为，因为巫术与祭祀尽管有着良好的主观目的，却缺乏客观目的。尽管如此，我们还可以从斯特劳斯的结构人类学中看到，某些治病的巫术甚至能够产生心理上的实际效果，鉴于巫术治病与现代心理学分析的类似性，我们甚至可以对此做出科学上的解释。② 今天我们所谴责的很多无用的非逻辑行为，都源于信息与知识的匮乏以及由此而来的恐惧。对于使用巫术与祭祀的古人来说，巫术与祭祀就是一套能够有效克服对自然的恐惧的知识体系与世界观，他们对于他们所履行的那一套象征仪式是深信不疑的，而这就会在某种程度上降低人们内心的恐惧感。即使在今天，我们对于科学无所不能的信奉也存在着某种非理性的成分，因为正如前文所言，科学已经发现了一些其自身无法解决的问题。而巫术与祭祀作为一种非逻辑行为如果还是一种有意义的社会建构的话，那么其运作原理就在于从心理上增加了人们对风险的内在承受能力。与此类似，信任的价值就在于风险未必实际减少的情况下增加了对风险的内在承受力。就此而言，信任在某种程度上是非理性的，或者说盲目的。

福山将信任与法律、契约、理性经济区分开来，认为信任建立在习俗而不是理性计算之上，因此是由文化决定的。③ 文化是一个类似于帕森斯的"剩余范畴"的概念，理性解释不了的现象都被归因于文化，文化就变成了一种非理性的存在物。相比于福山对信任非理性特征的强调，卢曼关于信任的观点更为全面。卢曼认为，在信任关系中，"复杂性不仅被外在结构与过程简化，也被内在结构过程简化"，"系统用内在的确定

<hr />

① 参见〔意〕V. 帕累托《普通社会学纲要》，田时刚译，生活·读书·新知三联书店，2001，第18~19页。

② 参见〔法〕克劳德·列维－斯特劳斯《结构人类学》，陆晓禾等译，文化艺术出版社，1989，第15、35~37页。

③ 参见〔美〕弗朗西斯·福山《信任：社会美德与创造经济繁荣》，彭志华译，海南出版社，2001，第14、29页。

性代替外在的确定性，因而提升它对外部关系中不确定性的耐受性"。①
这一点给信任打上了主观色彩与情感色彩，当外在的不确定性难以减少
而冒险又是必需时，人们就只能从心理素质上提高自己，使自己在一种
不安全的环境中能够做到处变不惊。这种态度虽然缺乏坚实的经验基础，
却是必要的。对于生活中风险的无处不在与难以避免，人们"与其说学
会安全的期待，还不如说更加稳固地学会不安全的期待"，信任"并不在
于安全的增加及不安全相应的减少；相反，它在于以安全为代价的可承
受的不安全的增加"。② 古人说"胜败乃兵家常事"，今天我们也说"失
败是成功之母"，这些格言与警句不在于保证绝对的成功，其目的都在于
安慰自己或者他人，使他们坚定信心，以一种稳定化的不介意态度对待
失败，为将来的东山再起提供心理动力，而不至于信心顿失，一蹶不振。
如果能够预先对失败做好心理准备，那么失败的事实就不会影响当下的
行动。由于信任在心理上的风险消化功能，我们可以认为信任也是一种
特殊的情感，而情感是盲目的。具体说来，信任在情感上的盲目性体现
于以下几个方面。

　　第一，信任以一种泛化的态度对待外界的变幻莫测。卢曼认为，"信
任判断将经验泛化，使它们延伸到其他'类似的'的案例，而且在它们
经受得住检验的范围内，它们使对区别的不介意稳定化"。③ 信任以对历
史的一定熟悉为前提，因此有着一定的经验基础，但信任将期待从原有
的经验延伸到未来的其他"类似"经验上，放弃了对未来行动深层次信
息的仔细考察与对未来不确定性的深层次忧虑。因此，那些付出信任的
人对自己所不熟悉的新经验也能保持不介意的态度，而这对于缺乏信任
的人来说，是难以做到的。用吉登斯的话来说，就是信任能够使人们保
持"必要的沉默，使个人或团体在社会联系中与他人或者其他团体继续

---

①　〔德〕尼克拉斯·卢曼：《信任》，瞿铁鹏、李强译，上海世纪出版集团，2005，第35、
103 页。
②　〔德〕尼克拉斯·卢曼：《信任》，瞿铁鹏、李强译，上海世纪出版集团，2005，第104 页。
③　〔德〕尼克拉斯·卢曼：《信任》，瞿铁鹏、李强译，上海世纪出版集团，2005，第34 页。

共存"。① 从心理学的角度来看，信任能够在心理上做到感觉的稳定化："它们确立非常广泛的对环境与时间影响的暂时不在乎，对其他事务的不敏感，而这些事务对于不分享这种情绪的所有目击者来说仍然是触目惊心的。"② 我们常说"情人眼里出西施"，这就是一种感觉的稳定化，热恋中的情侣对于彼此总会有一种积极的情感关注，在爱你的人眼中，缺点也是优点，而在恨你的人眼中，优点也是缺点。爱恨令人盲目。在爱与恨中，人们对于对象的差异化表现与特征都能表现出一种持续、稳定的包容或不包容态度，"恃宠骄纵"就是被信任对象基于信任的逻辑所产生的一种无所顾忌的态度，因为他知道，信任者会包容他的一切。心理学研究也认为，情感是整体、弥散性的，几乎从反射性的状态变化发展到反映出细微差别的特别的感情表露。③ 信任在某种程度上就是一种弥散的情感，我们信任某人，还是不信任某人，我们往往并不进行具体的事实划分，如果信任某人，那么我们在信任情感所允许的范围内对于对方的一切都是可以接受的。例如，我们借钱给朋友，借多借少，归还日期，钱款用途，在相当大程度上，我们都会持一种不在乎的态度，而并不实际考察风险的大小。这种对个人的情感态度同样也可以被沿用至对制度的态度上。因为世界太复杂了，我们同样也需要以情感来消解制度给个人带来的风险。对于法律的信任在某种意义上也是一种情感，信任法律就意味着以一种不分青红皂白的正面态度来对待所有的法律经验，不论这种经验是正面的，还是负面的。这正是法律制度的正常运转所需要的，因为任何法律制度为了赢得人们的合作，都不可能保证绝对正面的后果。

　　但情感也不是纯粹盲目性的，情感也有着独特的敏感性，情感实际上还包含有认知的成分。情感受人们对内在条件与外在条件的认知与学

---

　　① 参见〔英〕安东尼·吉登斯《超越左与右：激进政治的未来》，李惠斌等译，社会科学文献出版社，2000，第120页。

　　② 〔德〕尼克拉斯·卢曼：《信任》，瞿铁鹏、李强译，上海世纪出版集团，2005，第106页。

　　③ 参见〔美〕詹姆斯·O.卢格《人生发展心理学》，陈德民等译，译林出版社，1996，第209页。

习的影响，随着生理条件、社会环境的变化，或者与他人的交流，情感也会发生变化，[①] 对于不同的人，对于不同的事，我们会表现出不同的情感，并在特定范围内有着敏锐的情绪反应。为了防止情感的盲目泛化，对现实经验的严重脱离，我们必须对此有所节制，这就表现为情感在某个节点上会转向激烈的否定。信任也是如此，信任不可能是无条件的，信任总是存在一定的经验基础。因此，当经验变化时，信任的程度与范围也会变化，并且在超越某个符号界限时，立刻走向否定，变成不信任。

尽管如此，我们付出信任还是不信任绝不是经过事前深思熟虑的，而是潜移默化、自然形成的。例如，当你一人乘火车正无聊时，对面走来一个陌生人，当其走近之时，你才发现其是一位老同学，这时你们就会立即热情起来，似乎在一个荒无人烟的小岛上碰见了多年未见的知己。而在一个熟悉的环境中，可能并没有这种热烈的情感表现。在法律领域，无论是信任还是不信任，都是不假思索的，都不是经过对事实与法律的详细考证，而是在某些信息符号下突然触发的。信任情感既是粗放的，也是敏感的，信任既会以一种盲目的态度对待被信任对象的差异化行为，也会对信任或不信任的符号线索保持高度的警惕。

第二，信任的内在心理基础是自信。自信作为一种内在知识是以环境信息为根据的确定性等价物。[②] 对自我的信任，则会增加对外在风险的心理承受力，从而促使人们进行积极的信任冒险，哪怕外在风险并没有实际减少。自信的人总是能够对他人保持积极、乐观、开朗的态度，使他们能够轻视别人的不忠诚、不可靠，对于他人的异常行为，不会过于警惕或紧张。即使发生意外的背叛事件，自信的人也能够视之为偶然事件而会继续付出信任。而在同等条件下，缺乏自信的人就做不到这一点，他们总是害怕自己受到别人伤害，一次偶然的背叛就足以导致对信任的彻底拒绝。自信的人也是乐观的，乐观的人更愿意冒风险，成功的概率

---

① 参见〔美〕詹姆斯·O. 卢格《人生发展心理学》，陈德民等译，译林出版社，1996，第216页。

② 〔德〕尼克拉斯·卢曼：《信任》，瞿铁鹏、李强译，上海世纪出版集团，2005，第106页。

也更大，很多经验研究表明，在面对未知情境的时候，比起那些一进入情境就认为事情会变糟糕的人来说，相信自己会做得更好的人，会表现得更好，自我感觉也会更好。例如，当发生战争时，气质性乐观主义者比气质性悲观主义者更少产生焦虑与抑郁；而在病人面对医疗风险时，在大学生初入大学时，乐观主义者会积极应付逆境迎难而上，而悲观主义者往往回避现状与拒绝行动。[①] 自信与不自信的人所持的乐观与悲观的态度使我们能够看到，在面临同样风险的时候，信任能起到心理减负的意义。自信对于信任的价值就在于对信息的内在处理安排，而不是直接来自环境中原生的保证。[②] 当外界的客观风险不能被完全消除时，内在的自信就是一种重要的补充机制，因为内在的自信能够增加对外部客观风险的主观承受力。在面对有着难以消除的客观风险的外部环境时，自信所促发的冒险行动有利于人们获得冒险所带来的收益。风险与收益往往是并存的，自信固然要冒更大的风险，同时也有机会获得更大的收益。在这里，自信既有可能来自天生的气质或者儿时的成长经验，也有可能来自组织或者制度的保障。对于公民个人来说，如果公民能够认知到制度的可靠性，并假定他人也是如此认知的，那么在面对制度的不确定风险时，也更加有自信，不会担心自己守法时像个"傻瓜"或遭到别人的嘲笑，因此能够以一种坦然的态度对待可能不利的法律后果。自信是一种主观心理态度，是主观性态度不可避免地表现出漠视经验的情感性特征。

第三，信任可以作为认知的情感出发点。情感在很多情况下影响到人们的理性认知，影响到人们看问题的视角、对外在信息的取舍与决定的做出。[③] 同是东风，当我们心情舒畅之时，可能是"东风好作阳和使，

---

① 参见〔美〕Jerry M. Burger《人格心理学》，陈会昌等译，中国轻工业出版社，2000，第172~173 页。

② 参见〔德〕尼克拉斯·卢曼《信任》，瞿铁鹏、李强译，上海世纪出版集团，2005，第35 页。

③ See R. J. Dolan, "Emotion, Cognition and Behavior", *Science*, New Series, Vol. 298, No. 5596（Nov. 8, 2002）, pp. 1191 – 1194.

逢草逢花报发生", 而当我们离别之时, 就变成了"相见时难别亦难, 东风无力百花残"。同是江水, 心情豪迈之时就会是"大江东去, 浪淘尽, 千古风流人物", 而心情落寞之时变成了"问君能有几多愁, 恰似一江春水向东流"。有着相同经验知识的人在对待相同的事物上往往持不同的态度, 如宗教信仰者与怀疑论者之间的不同, 其原因就在于双方情感取向的不同。信任中的情感如同一副有色眼镜, 能够决定我们看待世界的方式、视角, 以及指导我们的行动。当面对复杂信息时, 信任中的情感能够决定什么信息是相关的, 能够提示特殊的问题与解释方式。① 如情侣看待彼此的方式总是抱有一种欣赏与包容的态度, 不仅如此, 一个处于热恋期的人看待世界的态度都会显得积极向上, 对未来充满信心。信任会成为正面推理的重要出发点。在法律领域也是如此。当我们信任法官之时, 我们就会推断法官的判决是公正的, 即使我们并不懂法律专业知识, 以及何谓实际的法律公正。当我们信任政府公职人员时, 即使政府的法律决定对我们个人利益并不是有利的, 我们也会推测政府决定的公正性与合理性。与信任相对, 不信任作为一种情感会导致相反的推断, 不信任者潜在地假设他人的一切行为都是不可靠的, 不信任的人往往根据相同的信息做出不利的推测。民众如果不信任法律与政府, 就总是从反面去推测法官与执法者的行为与决定。如浙江的钱云会案, 当地公安机关经过调查认定钱云会之死是源于交通肇事, 但是网民则根据钱云会上访者的特殊身份, 强烈质疑官方的声明, 一边倒地认定钱云会是死于谋杀, 网民在难以确定事实真相的情况下就有选择地忽视那些能够佐证官方声明的证据, 而将注意力集中于那些能够佐证谋杀论的证据, 哪怕这些证据事后被证明都是谣言。信任与不信任既使人们极大地忽视某些信息, 也会使人们高度地关注某些信息。信任与不信任都强化了人们某种偏向性的选择。

---

① See Bernd Lahno, "On the Emotional Character of Trust", *Ethical Theory and Moral Practice*, Vol. 4, No. 2, Cultivating Emotion, (Jun. , 2001), pp. 171 – 189.

## 三　作为一种特殊社会现实的信任

信任既不能化约为纯粹的理性计算，也不能化约为盲目性的情感。刘易斯与魏格特认为，信任是一种特殊的社会现实与社会建构，作为行动的信任是认知与情感的复合体，如果将认知成分从信任当中排除出去，信任就变成了盲目性的信仰与希望；但如果将情感成分从信任当中排除出去，信任就变成了冷血的风险收益计算。① 弗罗温也持有类似观点，其认为，信任既不是纯粹认知性的，也不是纯粹情感性的，如果信任是纯粹认知性的，那么有着冒险精神的信任也就显得不必要了；如果信任是纯粹情感性的，那么信任不仅显得幼稚，而且非常危险，一个无条件信任的人是难以得到别人的信任的，因为他对那些不值得信任之人毫无保留的行为对于他人来说也是高风险的。②

借鉴卢曼的社会学术语来说就是，信任是一种复杂性简化方式，其将外在环境较多的可能性转化为较少的可能性，③ 其既从内在结构与过程也从外在结构与过程简化复杂性，一方面信任要求降低外在的客观风险，这体现为信任对被信任对象是有一定的选择性的，我们不会信任任何人与任何事，而是带有特定符号特征的人或制度；另一方面，信任加强了对客观风险的主观承受力。信任不可能完全消除客观风险，在难以完全消除客观风险的情况下，增加了对客观风险的主观承受力，由此才能促进人们进行积极的冒险行动。信任是建立在有限信息基础上的潜在推断，因此信任存在一定的理性基础；同时，由于其潜在性与推断性的特征，信任也表现出一种泛化的情感态度。实际上，现实当中人类的各种行为不能简单地划分为理性或非理性的，信任也难以被归类为理性或非理性

---

① See J. David Lewis and Andrew Weigert, "Trust as a Social Reality", *Social Forces*, Vol. 63, No. 4 (Jun., 1985), pp. 967–985.

② See Iran Frowe, "Professional Trust", *British Journal of Educational Studies*, Vol. 53, No. 1, Mar., 2005, pp. 34–53.

③ 参见〔德〕尼克拉斯·卢曼《信任》，瞿铁鹏、李强译，上海世纪出版集团，2005，第32页；还请参见高宣扬《鲁曼社会系统理论与现代性》，中国人民大学出版社，2005，第121页。

中的任何一类，信任可以被视为一种"理性的非理性"：在理性有限的情况下，信任用非理性的情感来帮助人们快速做出决策，从而减轻认知负担与心理负担。各种信任理论更多的是出于论述方便，而将信任现象的不同方面拆分开来独立分析。

信任的上述特征并非表明信任不可取，恰恰相反，这正是信任相比于有意识的理性计算的优势：一方面，信任计算的谨慎性可以避免行动的毫无根据，引起社会化与正当化的压力；另一方面，信任推断的情感盲目性可以避免有意识计算的费神与费力。就前者而言，一个付出信任的人总能给出理由，这些理由有利于防止他在自己与他人面前"像个傻瓜"，[①] 没有理由地相信一个陌生人或一种制度，不仅会招致他人的谴责与嘲笑，也会产生内在的自责。有正当理由信任的人，即使信任失败，社会也不会归责于付出信任的人，而是归责于信任的背叛者。就后者而言，信任会促进决定的做出。信任有利于在复杂的环境中生存，当外界的环境太过于复杂而无所适从，信息太多而难以取舍，人员太杂而难以分辨时，人们会毫不犹豫地信任那些只有微弱可信性符号的群体，如明清至近代那些漂流异乡的中国人，出了省就可能形成以省籍为纽带的会馆，出了国就可能形成以国籍为纽带的堂口。[②]

# 第三节　信任与不信任

信任与不信任是孪生的现象。任何根据有限信息进行的有利的冒险推断都会很容易转化为不利的另一面：不信任。信任与不信任在功能上是等价的。信任与不信任都是一种复杂性简化方式，只是不信任将复杂的现实处境简化为一种整体负面的判断，由此使行为的选择变得简单化。

---

① 〔德〕尼克拉斯·卢曼：《信任》，瞿铁鹏、李强译，上海世纪出版集团，2005，第33页。
② 参见胡春焕、白鹤群《北京的会馆》，中国经济出版社，1994，第8~14页，以及第三章，第42页以下；也可参见中国会馆志编纂委员会编《中国会馆志》，方志出版社，2002，第65~66、218页。

在不信任的支配下，人们也就可以无须考察复杂的事实，而是以一种整体的拒绝或否定态度规避客观的风险。

## 一　作为信任功能等价物的不信任

不信任也是一种特殊的情感与社会建构。作为信任功能等价物的不信任也是一种复杂性简化方式，信任与不信任都是通过漠视差异而简化复杂性，两者都放弃了对信任对象的行为深层次信息的追问。上文所提到的信任的各种特征，都可以适用于不信任，只需要将有利的期待转换成不利的期待即可。不信任也以熟悉为基础，是根据有限信息做出的负面冒险推断。不信任与信任都具有盲目性，因为熟悉所导向的不信任或者由信任转化成的不信任，往往表现为一种激烈的情绪反应，[①] 使对待他人的态度变得不分青红皂白，从而以一种整体性的负面态度来处理他人差异化的行为。不信任不是一种纯粹否定的预期，而是怀疑，在缺乏充分信息的情况下进行的含糊的不利推断。什托姆普卡认为，不信任是一种与信任相反的赌博，它包括对他人行动的否定预期，不信任与怀疑不同，"怀疑"是中立性的：在怀疑当中，信任与不信任都是悬而未决的。[②] 本书的观点与此不同。什托姆普卡的观点仍然偏向于理性，因为当人们面对悬而未决时，很难理性、冷静地将其当成"悬而未决"来对待，这会给人们带来极大的不安全感。面对复杂的情况，我们一般很少保持悬而不决的态度，因为这会增加不确定性，导致决定很难做出，不符合生存的便利性。为了简化世界的复杂性，我们往往将问题一分为二，要么采取完全正面的态度，要么采取完全负面的态度。信任与不信任作为一种简化世界的方式，同样也不能忍受矛盾，也不能忍受模糊不清，[③] 我们

---

① 参见〔德〕尼克拉斯·卢曼《信任》，瞿铁鹏、李强译，上海世纪出版集团，2005，第94页。

② 参见〔波兰〕彼得·什托姆普卡《信任：一种社会学理论》，程胜利译，中华书局，2005，第34页。

③ 参见〔德〕扬·菲利普·雷姆茨玛《信任与暴力：试论现代一种特殊的局面》，赵蕾连译，商务印书馆，2016，第14页。

不能差不多地信任，也不能差不多地不信任。因此，我认为怀疑就是不信任，不信任或者怀疑都是一种泛化的有偏向性的态度，信任是相对明确的肯定预期，而不信任是相对明确的否定预期。

信任与不信任或者怀疑，在其界限范围内都是一种肯定或否定的盲目态度，两者都不是明确的理性计算。一旦我们发现朋友有背叛的行为，我们会立刻转向不信任或怀疑，并且将这种怀疑的情绪扩展到过去与未来，过去我们深表赞同的事情，今天都变得可疑，而未来还没有发生的任何事情，在当下都必须予以重新定位。一旦夫妻一方发现另一方出轨，一方不仅回忆起另一方过去的种种异常行为并做出重新解释，而且以一种盲目性的怀疑态度对待另一方的未来举动，以前理所当然的应酬、出差、晚归，今天都成为一方焦虑不安的原因。对于制度来说也是如此，一旦某种负面的制度符号信息成为公众认知的焦点，公众就会立刻转向不信任，开始对一切制度行为表现出盲目的质疑态度，一切原本合法合理的制度行为都会变成徇私枉法的关键象征。不信任将原有关系的性质重新定位，将怀疑扩展到过去与未来，以一种新的泛化态度来对待被信任对象的所有行为。

我们需要注意的是，不信任与不熟悉并没有必然联系，很多时候我们因为太过于熟悉而产生不信任。在婚姻关系中，我们常说"因为不了解而结婚，因为了解而离婚"。如果你对一个人太过于熟悉，有时难免会发现不利的历史信息，这一点反而导致了不信任。适当地保持人与人之间的距离，有时恰恰能够建立信任。在法律领域也是如此。在西方国家，一般说来普通公民对法官有着高度的信任，而法学家相比于普通公民更不信任法官，不是因为他们不了解法律的实际运作，而恰恰是因为他们比大多数人更了解法律的实际运作。在中国，一个不了解法律功能与使命的普通公民在法律维护其正当权利之后，也许送个锦旗、说些"感谢政府"之类的话，而法律人在这种情况下则会视之为理所当然。

决定信任还是不信任还有一个重要因素即对风险的承受力，当人们感觉到风险超出自己的能力之后，则会产生不信任，否则，即使不够熟悉，但如果风险很小，也能产生信任。当然，风险大小的界定与信任和不信任之间的界限是通过特殊的符号得以控制的。国外有学者研究指出，低信任度者相比于高信任度者更偏爱虚拟的交流方式，如网络聊天，而不是实际的人际交流，其原因在于网络聊天更容易隐瞒真相与隐姓埋名，也更容易退出聊天，风险因此更小。[①] 实际的人际交流则很容易暴露负面信息，引起不信任者的担忧。但由于网络交流风险更小，很多人反而能够在匿名的网络世界真诚交流，尽管双方都不是很熟悉彼此。在法律实践当中，很多诉讼涉及当事人的重大利益或重要价值关注，如果法律制度不能以一种可以理解的方式传达自己的可靠性，那么就极容易导致人们对法律的不信任，因为诉讼所涉事务事关重大，当事人难以放心地将自己的重要权益托付给法律。如果诉讼涉及的事务微不足道，当事人能够假定任何一方都不会花费资源去走关系、托人情，那么法律此时就更值得信任。

信任促进冒险行动，不信任尽管也是一种冒险，但其会阻碍积极的冒险。不信任的人总是会依赖自己所熟悉的有限力量与关系去行动，这导致了不信任者自身承担了过于繁重的复杂决策任务，以至于在实际生活中可能导致消极无为与寸步难行。一般说来，信任相比于不信任对人的生存来说是更好的选择，因为不信任者不仅会产生极度的情感紧张，因为其处处以一种"疑神疑鬼"的态度来对待他人，而且不信任者还必须开始考虑另一种复杂性，也就是被欺骗的可能性。[②] 这使不信任者过于耗费自己的精力，而又无法有效利用自己所缺乏的外部力量。很明显，如果人们做事处处不信任或者无法信任，则其活动只能永远停留在自己狭小的力量范围内或者交际圈子里。但不信任也不完全是坏事，面对一

---

① See Melanie C. Green and Timothy C. Brock, "Trust, Mood, and Outcomes of Friendship Determine Preferences for Real versus Ersatz Social Capital", *Political Psychology*, Vol. 19, No. 3, *Special Issue*: *Psychological Approaches to Social Capital*（Sep. , 1998）, pp. 527 – 544.

② 参见〔德〕尼克拉斯·卢曼《信任》，瞿铁鹏、李强译，上海世纪出版集团，2005，第94页。

个高风险的对象，不信任有利于避免重大的损失。① 不信任并非纯粹不理性的，不受制约的权力自古以来就不受到信任，在这种不信任的推动下，西方近代国家逐渐形成了一套严密的权力制约制度，其将不信任制度化，预先假设权力风险的不可避免性。如果有专职的不信任者专门监督政府、提出警告或者提供负面信息，则民主政府会运作得更好。② 又如，在法律制度中，罪犯被认为是不可信的，因此需要通过监狱的深院高墙来限制他们的人身自由，通过严密的监控手段来控制他们的一举一动。通过不信任的制度化，我们可以确保只要不超过不信任的界限，现状就可以被假定是值得信任的。冷战时期东西方两大阵营之间通过核威慑力量所建立的恐怖平衡，可以说就是通过不信任所建立的信任。双方都害怕任何一个微小的错误会酿成致命性的后果，由于双方都意识到这种处境，因此彼此都小心谨慎而不敢越雷池一步。

## 二 熟悉、信任与不信任之间的"阈限"

人们如何控制熟悉向信任或不信任、信任向不信任的转化呢？这是通过符号实现的。由于人们对未来的无知，人们只能对现实经验进行粗糙的提炼，将某些看似重要而且认知成本比较低的信息挑选出来作为决定信任还是不信任的指标性事件与关键依据，并将其符号化与象征化。信任通过这种方式简化了认知，从而使对未来可靠性的判断变得简单。例如，对于曾经作为朋友的律师，我们就能够付出信任，相信其具备必要的专业知识与能力，尽管我们无法具体考察该律师的教育背景、知识深度与办案经验。即便对整个法律制度的信任而言，我们也是通过法律文本、程序标准、法庭布置、司法仪式、道德作风等一系列符号化信息实现的，尽管这些认知成本比较低的信息符号并不能完全代表法律的实质公正与全部真相。符号之所以必要，那是因为人们无法看到符号背后

---

① See Russell Hardin, *Trust and Trustworthiness*, Russell Sage Foundation, 2002, p. 89.

② See Russell Hardin, *Trust and Trustworthiness*, Russell Sage Foundation, 2002, p. 107.

的东西，符号的指涉因此不能完全排除现实可能是另一个样子。① 由于对未来的无知，人们只能通过符号透视未来。也正是由于对未来的无知，符号也因此极有可能发生错误的指涉。信任就是通过符号得到控制的，符号使信任关系表现出特有的稳定性和敏感性，因为符号易于控制与辨识，所以通过符号的信任具有高度的稳定性，只要不逾越符号的界限，不论实际经验如何变化都可以假定是可信的；同时，也恰恰由于符号易于控制与辨识，超越界限也很容易被发现，因此信任又表现出高度的敏感性。借用卢曼的术语，特定语境中的信息符号构成了熟悉、信任与不信任之间相互转化的"阈限"：在阈限的一边是熟悉，或者信任，在另一边可能就变成了不信任，当信任或不信任变成了熟悉之后，达到某个阈限值又变成了信任或者不信任。符号信息的"阈限化"将问题简化为全盘肯定与全盘否定的二元对立式判断，在阈限的一边是高度的信任，而在阈限的另一边是高度的不信任，一旦超越阈限，全盘的肯定立刻变成全盘的否定，这大大简化了决定的复杂性。但信任也因为阈限而变得高度敏感。阈限的意义在于："在阈限安排的经验领域，人们可以假定，行为的基础仍然是固定的，或者起码你可以不顾任何差异直到你跨过阈限；那时，一小步将带来巨大的变化。"② 阈限表现为一系列简单的外在符号，符号使问题能够得到简化处理，我们不必具体考察对象的实际情况、能力、背景或其他细节，只需要通过简单的外在符号，我们就能做出信任判断或者不信任判断。正是由于阈限的存在，熟悉向不信任的转化，或者信任向不信任的转化常常表现出激烈的情绪反应与全盘的否定。符号阈限固然有方便认知与稳定期待的好处，但其优点也正是其缺点，阈限既容易导致盲目性的信任，也能导致盲目性的不信任。在信任关系中，"一个谬误就可以使信任全然无效，根据它们的符号值，相当小的谬误和

---

① 〔德〕卢曼：《社会的法律》，郑伊倩译，人民出版社，2009，第66页。
② 〔德〕尼克拉斯·卢曼：《信任》，瞿铁鹏、李强译，上海世纪出版集团，2005，第96～97页。"阈限"最初从认知心理学发展而来，如爱向恨转化的界点。卢曼将其引入社会学当中。

表达不当，都可能揭开某人或者某事的真面目，经常带有冷酷无情的严格"。① 由于风险难以认知与控制，人们就只能通过控制简单的外在符号来决定是付出信任还是不信任，并将其阈限化，也正由于符号阈限的简化处理效果，通过简便的符号建立的信任，同样会因为符号的简便性而产生激烈的不信任。鉴于符号控制的这种特征，信任遵循着"全赢或全输的原则"，② 信任与不信任之间的转化往往没有中间缓冲地带。另外，符号的使用过程是无意识的，我们能意识到的只是符号的能指，而不是所指，③ 这意味着使用符号的人并没有意识到符号与符号所指的东西之间并不一致。人们一旦发现符号的指涉是错误的，从无意识的理所当然突然转变为有意识的清醒就很容易引起震惊与愤怒。朋友之间、夫妻之间、公民对于执法者的熟悉或者信任关系，往往会因为一些简单外在符号的阈限化效果而产生激烈的不信任与情绪反应，只要朋友有哪怕是微不足道的背叛行为，夫妻一方有任何一次和异性的亲密接触，或者执法者在面对公众时偶然性的言辞失误，都可能立刻转化为盲目性的怀疑与不信任。符号阈限在一定程度上也能够维护信任的可靠性，因为如果潜在背叛者预见到背叛所导致的激烈情绪反应，那么无疑将会给潜在背叛者带来巨大压力，这一点会大大减少背叛的可能性。

符号消除了交往过程中的选择差异、方便了人们的选择，但符号也

---

① 〔德〕尼克拉斯·卢曼：《信任》，瞿铁鹏、李强译，上海世纪出版集团，2005，第38页。

② 参见〔德〕米歇尔·鲍曼《道德的市场》，肖君、黄承业译，中国社会科学出版社，2003，第407页。鲍曼认为，伪装的人建立的信任关系遵循"全赢或者全输的原则"：多年积累的信任"只要唯一的失误就会丧失殆尽"，"要么伪装的过程从头到尾天衣无缝，要么伪装完全戳穿。不存在逐步地被戳穿，也没有缓和的坡道可以让人掉头"。其实，任何赢得信任的策略都存在伪装的成分，任何信任关系，不论是恶意欺骗，还是无意识的欺骗，都遵循"全赢或者全输的原则"。戈夫曼就曾指出人际互动其实就是一种"表演"，互动者通过各种策略极力使他人相信其外在形象与内在品质是一致的，而实际上没有人能够做到外在形象与内在品质的完全一致。由于表演是通过符号进行的，因此"任何细微的失误都有可能将其摧毁"。参见〔美〕欧文·戈夫曼《日常生活中的自我呈现》，冯钢译，北京大学出版社，2009，第15~62页。当然，"表演"也存在善意与恶意的问题，但在现实生活中，这种心理界限很多情况下是难以把握的。

③ 参见〔法〕罗兰·巴尔特《符号学原理：结构主义文学理论文选》，李幼蒸译，生活·读书·新知三联书店，1988，第124~125页。

遗留了不可避免的风险。符号并不是对于事物的直观、机械地反映。符号的意义取决于与其他符号之间的关系，而不是取决于对事物的模仿，符号因此具有反身性，因此是不透明的，[①] 艾柯认为，"说谎的可能性就是符号过程的特性"。[②] 其所指的也是这个意思。极端的例子就是黑社会可以借助符号的这个特点发展出一整套的隐语与暗号，以实施隐瞒和欺骗。[③] 无论我们是和有着独立人格的个体交往，还是和被制度所支配的角色交往，我们往往是从个体或者角色的某些符号特征，如声誉、衣着、谈吐、态度、程序标准等因素，来潜在地判断个体的人格系统或角色所属的制度系统的整体可靠性。但由于符号的不透明性，符号和整体之间并不存在绝对的对应关系，符号的错误也可能导致全盘的错误与对整体的完全否定。由符号引发的不信任也是如此，因此背叛信任的风险可能非常巨大。

由于我们无法直接看见未来，而符号作为中介物就完全有可能被操纵，进而改变对未来的认知与当下的行动取向，因此，通过对符号的适当控制，我们也能控制社会，因此也能博取信任。法律系统争取信任的手段，如法律条文、正当程序标准、修辞符号，在传达可信性信息的同时，也塑造了人们对法律何为公正的认知。当社会向个人灌输符号时，也就习得了符号所代表的指谓、评价与规定，个人也就可以使用符号来规定自己和别人。[④] 我们可以如布迪厄那样称之为"符号暴力"，[⑤] 但这种"符号暴力"并不仅仅是单向的控制，还是一种双向的期待。符号被表达出来后，不论是符号表达者还是接受者都会在符号的指引下形成双

---

① 参见〔法〕莫里斯·梅洛 – 庞蒂《符号》，姜志辉译，商务印书馆，2003，第51～52页。

② 〔意〕乌蒙勃托·艾柯：《符号学理论》，卢德平译，中国人民大学出版社，1990，第66页。

③ 参见伍德志《黑社会、游民阶层与信任——对于一种"非正当性"本土资源的社会人类学分析》，载《人大法律评论》2011年第2辑。

④ 参见〔美〕莫里斯《指号、语言与行为》，罗兰、周易译，上海人民出版社，1989，第250页。

⑤ 参见〔法〕皮埃尔·布迪厄、〔美〕华康德《实践与反思：反思社会学导引》，李猛、李康译，中央编译出版社，1998，第196页。

向的期待，符号所指涉的规范构成了双方行动的压力。同样道理，当我们通过符号的展示来付出信任或者赢得信任时，符号界限不论对付出信任者，还是被信任者都构成一种行动的压力。对于付出信任者来说，既然付出了信任，就不能出尔反尔，而对于被信任者来说，他人的信任也是一项价值，应予以珍惜，背叛信任往往会导致对方激烈的情绪反应。例如，不切实际的意识形态承诺本为争取民众信任与支持的革命方法，但一旦革命成功而又无法兑现承诺时，原有的承诺就变成了巨大的政治压力，当权者会意识到他无法兑现承诺，并担忧引起不信任与政治反抗，又无法通过民主制度周期性更迭领导人来缓解不信任，最终，为了维护公众对政府的信任，过高的意识形态承诺反而导致了对自由的严厉限制与大规模的政治迫害。而在传统的专制帝国反而没有这种政治压力。

由于平静的信任通过阈限转化为激烈的不信任，因此显得突然、不可收拾、不问青红皂白。因此，从直觉上来看，信任与不信任存在着某种不对称，从信任走向不信任似乎比从不信任恢复信任更容易。信任显得比较脆弱。就信任与不信任之间的不对称性，哈丁归纳出以下几点特征：在动机上，人们会假设信任失败比不信任失败导致更大的损失，由于人们的风险厌恶偏向，不信任更容易建立；在认知上，信任的建立需要长期的了解，而不信任的建立只依赖于少量的信息；信任可以获得冒险带来的有益机会，而不信任则会导致人们放弃对有风险环境的深入考察，从而失去环境变化所带来的机会。① 但是这种直觉并不准确，第一点的情况有点类似于一次性博弈，但是现实当中的博弈大多数是重复的，因此为了获得长期交往带来的收益，人们在第一次交易时往往会愿意冒风险。第二点固然成立，但是忽略了一点：不信任也存在信息负担与心理负担，对于不信任的人来说，他要处心积虑地去考察被欺骗的可能性。大多数情况下，信任反而是比较容易的选择，因为不信任会给人带来信息上的沉重负担或情感上的焦虑与不安。关于第三点是可以成立的，一

---

① See Russell Hardin, *Trust and Trustworthiness*, Russell Sage Foundation, 2002, pp. 90 – 93.

个悲观主义者也缺乏进行积极交流、展示自己与他人的不同，并进行冒险行动的动力，因此会丧失很多成功的机会。对于法律的信任与不信任，也存在着这种不对称。当人们不得不与法律打交道时，试图从法律那里获得某种利益时，即使很难建立对法律的制度信任，也需要通过人际关系建立对法律的人格信任，由此才能获得法律提供的利益与机会。尽管人格信任有着显著的局限性，但人格信任在必要的情况下也成了制度信任的功能替代品。无论是何种类型的信任，都是人们与法律进行合作时的必要基础。

# 第二章

# 法律信任的必要性

现代社会是一个高度分化的社会，任何职业都必然会形成自身的壁垒，造成专业人士与非专业人士的隔阂，两者之间不可避免地存在着信息与知识上的不平衡，这既有可能导致知识较多一方利用另一方的无知，损害他们的利益，但同时这也使信任变得非常必要，因为知识欠缺的一方恰恰需要利用知识较多一方的知识。由于现代法律系统的高度抽象性、专业性与复杂性，对法律的信任构成了法治是否成立的关键问题。信任是建立在有限信息基础上的潜在性推断，是促进人类在面对不确定性情境时进行冒险行动的社会机制。法律对于大多数人来说是一种高度专业性的行当，法律知识的学习与法律技能的培训都需要一个长期的过程，而法律运作的复杂性也超出了个别公民的掌握能力。参与法律活动对于人们来说也成了一项有风险的活动，因为人们无法全盘控制法律系统的运作，无法基于规范的确定性建立对法律系统的安全感，法律系统也并不能保证自己的产出会符合我们的个别利益与价值取向，对社会正义的期待，或者对经济、政治合理性的诉求。由于现代法律系统与个体公民之间在信息与知识上的巨大鸿沟，个体公民在面对匿名的现代法律系统时只能采取有风险的信任或不信任的态度。只有法律制度取得了公民的信任，公民才不会在无知的情况下对法律系统的内在风险过于担忧与焦虑，才会在法律系统的固有风险即使不可避免与难以掌控的情况下，仍能愿意与法律进行有条件的合作。但如果法律制度不被公民普遍信任，即使法律制度在实质上是公正与合理的，公众也可能在各种外在符号的引导或误导之下对法律制度及其运作表现出歇斯底里的不满与抗议。这种不信任最终也会影响到法律程序之外公众的行为选择，从而使公民在进入法律程序之前就已经拒绝了法律，并可能在守法即使对社会整体有益的情况下，偏向于选择实施违法行为。因此，为了保证公民普遍遵守法律，我们需要建立法律信任，法律信任根据有限的外在信息潜在地推断法律系统的内在可靠性，放弃了对法律运作的深层次信息的考察与追问，从而实现对法律风险的一种谨慎的漠视与泛化态度。为了获得普遍遵守法律带来的好处，法律信任中的冒险是必要的。

## 第一节　法律系统的不确定性风险

卢曼认为，现代的实证法表现为一种"偶在性"，因为实证法是由人为的决定而生产出来，其因人的决定而有效或无效，因此有着任意性的特征。[①] 而这导致了法律风险的无限增加，法律自身也成了风险的来源以及对风险责任的制度化分配。[②] 对于现代法律制度，不确定性风险已经不可能依赖于一个确定的神圣支点，如西方的自然法与上帝，中国的天与道，而得以消除，风险成了无可回避的可能性。对于我们来说，现在更重要的是，如何让人们从主观上接受风险，而不是从客观上完全消除风险。而这就是信任的功能。因此，为了维护人们对法律的稳定期待，法律系统必须发展出带有虚幻性特征的信任。但即便法律实质上有风险，如果人们还想享受现代法治的好处的话，与法律某种程度的合作又是必

---

① 参见〔德〕尼克拉斯·卢曼《法社会学》，宾凯等译，上海世纪出版集团，2013，第264页。
② 参见〔德〕尼克拉斯·卢曼《法社会学》，宾凯等译，上海世纪出版集团，2013，第301～302页。

不可少的。因此，面对在一定程度上已经变得不可测与不可理解的抽象法律系统，人们在某种程度上必须形成对法律的总体性信任。

## 一 法律文本及其解释的不确定性

法律规则并不是如某些极端的批判法学理论所认为的那样是根本不确定的。① 作为一种特殊语言并由高度同质性的法律共同体所解释的法律规范在大多数情况下是具有确定性的。任何语言脱离了语境，都会变得不确定，但现实当中，只要生活语境不发生剧烈的变动，法律规范的意义仍然是基本确定的。尽管如此，法律规则也不可避免地存在着剩余不确定性。这构成法律的风险之一。

托依布纳认为，法律的不确定性最主要的原因就是法律系统的自我关联性："如果合法与非法的区别并非只是适用于特别之处，而且带有普遍性的要求，那么在某个阶段将适用于其自身。"② 法律的效力不是来源于某种外部权威，不是自然法，不是上帝，而是来自其自身，只有法律自身才能认定自身是合法还是非法，法律的合法性在于法律本身。从社会学的角度来观察，法律系统是"自己决定什么是法律的界限，也就是说法律自己决定什么属于法律，什么不属于法律"，法律是自我检验的，否则法律即不成其为法律，变成了某种其他事物。③ 法律的这种自我关联性体现在法律过程、法律行为、法律规范与法律学说相互循环决定的关系上，④ 如不论何种规范，是作为根本大法的宪法也好，还是其他低阶规范也好，只有其经过法官的判决与执法者的决定才能发生实际效力；法律学说会影响法官对法律规范的判断，一个法律外行仅仅看法条在很多

---

① 参见〔美〕安德鲁·奥尔特曼《批判法学——一个自由主义的批评》，信春鹰、杨晓锋译，中国政法大学出版社，2009，第 109~119 页。

② 参见〔德〕贡塔·托依布纳《法律：一个自创生系统》，张骐译，北京大学出版社，2004，第 15 页。

③ 参见〔德〕卢曼《社会的法律》，郑伊倩译，人民出版社，2009，第 4、13 页。

④ 参见〔德〕贡塔·托依布纳《法律：一个自创生系统》，张骐译，北京大学出版社，2004，第 49 页。

情况下是无法断案的，而必须学习法律学说，而法律学说却主要不是法官的产品，而是法学教授的产品；法官遇到的意外情况与程序过程中的复杂因素无疑也会影响法律学说，法官判决与程序过程中有着学说无法掌握的信息，这一点促使法律学说为了更好地描述法律实践而进行自我修正。因此，不论我们在意识形态宣传上赋予法律多大的神圣性，只有经过平凡法官的解释、法律学说的加工、法律过程的过滤，法律才能发生实际效力。正是法律的这种自我关联性，使法律失去了外部权威的支点，导致了法律的不确定性与不可预测性。

　　法律某种程度的不确定性不论对于判例法，还是制定法都是相同的，作为文字文本的判例法与制定法都有着文字文本无法克服的局限性。伽达默尔认为，文字文本具有自我陌生性。[①] 这意味着立法机关将法律制定出来之后，法律文本就脱离了其在立法机关中被讨论时的特殊情境，这些特殊情境赋予了法律规范文本一种独特的含义。法律文本到了法官手里之后，法官并不能掌握这些特殊情境所传达的信息，必须根据自己对法律文本的独特理解进行解释，而且解释过程中不可避免地掺杂法官个人的政治观点、价值偏好、个性、情绪、生活背景等非法律因素。正如维特根斯坦所说，"一个词的意义就是它在语言中的使用"，[②] 语词的不同使用者在不同的语境中，对语词意义的理解在很多情况下是大不相同的。法官在审判时对法律的理解与立法者在立法时对法律的理解就很不相同，法官面对法律文本时思考的可能是文本的字面意义、假想的法律目的、社会后果、宏观政策等，而立法者思考的可能是不同党派之间的利益交换或妥协、文本对不同利益群体的潜在影响、立法的道德影响与舆论效应等。法律文本的自我陌生性还表现在，相对于口头文本，法官无法就文本的意义与立法者进行交流与沟通，无法请求立法者对文本的意义进行即时性的阐明，而在口头对话中，沟通双方可以通过表情、手势、不

---

　　① 参见〔德〕汉斯－格奥尔格·伽达默尔《诠释学Ⅰ：真理与方法——哲学诠释学的基本特征》，洪汉鼎译，商务印书馆，2007，第526～534页。
　　② 〔奥〕维特根斯坦：《哲学研究》，李步楼译，商务印书馆，1996，第31页。

断的相互解释以及特殊的情境来加强对口头文本的理解，而法官与立法者之间做不到这一点。波斯纳曾以军人执行上级命令来类比法官执行立法者的法律命令，认为立法者与法官之间同样会存在军队中的"联络中断"现象：当上级命令不清楚之时，下级军人在紧急情况下也要思考上级希望他如何行动，从而决定如何行动，法官也是如此，法官在法律条文即使不清楚的情况下也要及时做出决定，而且法官无法直接询问立法者，法官没有时间、气质、训练来对立法背景与立法目的进行调查，而只有职业历史学家与政治科学家才能做到这一点。①

除了法律文本本身不可避免的剩余不确定性外，很多情况下立法者会故意制定含糊的条款，以让法官能够根据个案信息处理例外情况，如民法中的诚实信用原则、公序良俗原则。即便在严格要求"法无明文规定不为罪"的刑法领域，我们也会看到法官大量的自由裁量权，如刑罚中的刑期都是具有相当大的弹性的，这需要法官根据个案信息决定具体刑期，定罪条款都有"情节较轻""情节较重"之类的含糊表述。

法律的不确定性在某种意义上是必要的，正如列维所说："如果每一条规则在实施之前做到别无二解，那么这个社会还有存在的可能吗？"②当下所掌握的信息远远少于保证未来能够成功的信息，因此需要适当地放手让法官对未来做出因地制宜、因时顺势的实用主义处理。立法机关本身的惰性也造成了法律在很多情况下并不确定，由于立法机关缺乏做出决定的压力，并不关心法律具体适用过程中的确定性，因此就需要法官来填补立法语言与实施效果上的鸿沟。③

不论法律文本是由于自身的内在特征，还是由于立法机关故意制定模糊的法律条款，产生了不确定性，法律文本对于法律作为一种制成品

---

① 〔美〕理查德·A. 波斯纳：《法理学问题》，苏力译，中国政法大学出版社，2002，第339～343页。

② 〔美〕爱德华·H. 列维：《法律推理引论》，庄重译，中国政法大学出版社，2002，第2页。

③ 参见〔美〕爱德华·H. 列维《法律推理引论》，庄重译，中国政法大学出版社，2002，第55～61页。

来说都是欠缺的，伽达默尔认为，"文本就是单纯的中间产品，是理解事件中的一个阶段，作为这样一个阶段，它必须包括某种抽象，亦即甚至把这个阶段也孤立化和固定化"。① 虽然文本的"自我陌生化""自我孤立化""自我固定化"对于稳定意义的传达或者对维护秩序的象征性统一有一定的必要，但面对复杂多变的情况，对文字仍然需要进行创造性的解释。德沃金关于法律是一部由不同时代法官撰写的连续性小说的隐喻也指向了法律文本对于法律制成品的不完整性。② 法律文本必须和法律系统其他非直观的要素配合才能生产出特定的法律决定。法律系统的不确定性是无可置疑的客观事实，这里的问题在于：如何弥补法律系统法条主义的意识形态承诺与其不可避免的不确定性事实之间的这种张力。我们如何保证法官在法律不确定的情况下做出的具体判决不是专断性、任意性的？

法官会使用各种解释方法来解释法律，如语法解释、逻辑解释、系统解释、目的解释、历史解释等。且不论这些方法对于法律过程的描述是否真实，这些解释方法本身也需要法官做出取舍与权衡，每一种方法都可能与其他方法同时被使用，被使用时不同方法的权重也需要根据情况有所不同，以实现拉伦茨所谓的法律在"今日法秩序的标准意义"。③ 但所谓"标准意义"，却不一定能够说服所有人。尽管存在种种解释上的方法与理论，但法官的处境与经验上寻找强大理论的科学家并没有实质性的区别，尽管很多理论能够得到事实的支持，并且在解释与预测功能上或多或少经得住考验，却丝毫没有改变其原则上的假定性和"只能个

---

① 〔德〕汉斯 - 格奥尔格·伽达默尔：《诠释学Ⅱ：真理与方法——补充和索引》，洪汉鼎译，商务印书馆，2007，第411页。

② 参见〔美〕德沃金《法律帝国》，李常青译，中国大百科全书出版社，1996，第201～213页；也可参见〔美〕罗纳德·德沃金《原则问题》，张国清译，江苏人民出版社，2005，第205～211页。

③ 参见〔德〕卡尔·拉伦茨《法学方法论》，陈爱娥译，商务印书馆，2003，第199～200页。

案对待"的特性。① 这些解释方法并不能保证法律判断的唯一性。有学者从实证的角度分析这几种方法，认为都隐含了价值判断与政治权衡。② 根据伽达默尔的解释哲学与维特根斯坦的语言哲学，确实如此，但这种理论发现还仅限于理论层面，尚未深入实践层面。在实践层面上，理论上对这些方法的批判丝毫不影响法官在实践当中对这些方法的坚持，这些解释方法的有效性不在于它们是对法官实际判决过程的现实主义描述，而在于它们是法官为自己的先验决定进行正当化的手段。法官进行解释时的心理世界完全不同于法律运作的公共世界，将法官个人的心理世界完全展示给当事人与公众只会制造恐怖，因此通过心理过程做出的决定需要通过解释来修饰，使之变得适合当事人与公众的口味。波斯纳曾指出，"尽管饱受法律现实主义者和实用主义者、'批派'（即各种批判法学）、政治科学家、法律经济学家以及其他怀疑论者的摧残，法条主义仍然是法院关于司法行为的'官方'司法理论"。③

　　法官在此官方理论基础上的司法行为之所以得到社会认同，原因在于对法律的信任弥补了这其中的信息差异。关于这种信息差异，首先，立法者与法官之间存在着信息不对称，法官不仅难以掌握立法者本意，立法者也无法预见实际审判中所遇到的新情况。其次，普通公民与立法者之间也不可避免地存在信息不对称，相比于法官，普通公民并不会更了解立法过程，并不具备更大的信息优势去探知立法者的本意，他们对于立法者的内在动机，并没有比法官有着更多的了解。再次，普通公民与司法者之间也存在信息与知识上的不对称，由于缺乏相关的信息与专业知识，大多数人，包括案件当事人永远不知道法官在实际作出判决的过程中，其内在动机到底是法条主义，还是政治权衡，又或是其他利益

---

　　① 参见〔德〕米歇尔·鲍曼《道德的市场》，肖军、黄承业译，中国社会科学出版社，2003，第384页。

　　② 参见苏力《解释的难题：对几种法律文本解释方法的追问》，《中国社会科学》1997年第3期。

　　③ 〔美〕理查德·波斯纳：《法官是如何思考的》，苏力译，北京大学出版社，2009，第38页。

计算。大多数人对法官或者立法者的认知渠道，只能是可见的外在符号：立法辩论、表决程序、法律文本、审判程序、判决书、法官的道德形象，等等。由于公民与立法者、司法者之间的信息不对称，大多数人对执行议会立法的法官只能是信任或者不信任，而不可能是持续的、完全的掌控。如果说法官确实隐藏了自己的内在动机，这既是不得已，也是在迎合当事人与公众。一方面，法官必须向当事人与公众展示法律决定的可信性，要表明他们是在依法行事，是在坚持社会正义。另一方面，当事人与公众对法律又有着安定的需要与期待，但是他们又无法通过掌握充分信息实现全盘掌控来做到这一点。因此，在难以实际降低法律系统的不确定性风险的情况下，就需要信任来提升对法律风险的内在承受力以及实现对未来安全的稳定期待。对于法官、当事人与社会公众来说，法律文本构成了一个最简便可用的外在符号，不论这个外在符号是否实际上代表了实质正义，这既是法官说服公众、赢得信任的有效手段，也是公众判断法官判决合理性的便利媒介。在实践当中，我们能够看到，法律解释不论如何不确定，法官总是在声称依法办事。如美国法官即使号称是遵循先例，但遵循某个先例常常也同时违反了某个其他先例，但法官在修辞上的策略是区分先例，而不是明确推翻先例，以维护法律连续且稳定的表象，法官一体遵行的"司法游戏"规则就是首先坚持高层级法院的判例，以及在无法坚持的情况也拒绝声称自己进行了立法。而当事人与社会公众则乐于看见法官声称一切依法行事，而不是希望法官公开宣称自己进行了政治权衡。

## 二 法律运作过程及其结果的不确定性

法律运作过程本身也存在很大程度的不确定性。为适应复杂性日趋增强的现代社会，现代法律体系也变得高度庞杂，这使法律运作过程本身也变得高度复杂化，复杂化的结果就是产生了大量的"剩余不确定性"。法律系统面对纷繁复杂的社会纠纷时，已经不可能做到传统社会那种"天不变，道亦不变"① 的稳定性了。中国今天所处的全球化时代，使中国的法律制度在面对世界各国的新价值观与新事物的冲击时，已经不可能独善其身。不仅如此，由于现代社会的自我反思性以及由此而来的快速变迁，原有的法律制度已经很难跟进这种情势了。而法律又是社会纠纷的终局裁决者，即便其实际上对于很多新奇的社会纠纷的解决已经无能为力，但出于功能的惯性、社会的需求或政治的压力而又必须去应付。为了应付社会纠纷不断复杂化与多元化的需求，法律决定过程也必须随之复杂化，必须制定更多或更多地使用原则性条款，引入更多的自由裁量权，更加强调程序正义的重要性，更多地去参照其他领域的知识。在 20 世纪 90 年代至 21 世纪初，由季卫东所引发的程序正义研究热潮，由朱苏力发起并在今天方兴未艾的社科法学研究，② 都反映出现有的法律制度与法律知识已经不足以应付现代社会的高度复杂性与快速发展了。程序正义之所以在今天的中国学界受到重视，一个很重要的原因就是既有的过于强调实体正义的法律制度已经很难适应多元化的社会现实，因此，只能通过过程的正当性来实现结果的正当性。但程序正义强调的是对过程本身的规范，很多情况下并不涉及具体的价值或利益取向，原初的利益与价值冲突只是被搁置，但并没有在社会层面上被根本解决。在程序正义中，法官与执法者不可避免地享有大量的自由裁量权，因此需要程序正义限制、减少甚至掩饰这个过程中的不确定性（程序正义除了减少不确定性，其掩饰功能也是不可或缺的）。而社科法学的繁荣也能够表明，单一的法律意识形态或价值观已经不能满足法律合理化的需要，而需要引入更加复杂的知识体系，但这也导致法律与司法指导思想的多元化，不论是一项立法，还是一项判决，都必须在多元化的知识立场之间进行选择，但这也使经典法治理想所追求的法律确定性几乎成了一项

---

① 参见《汉书》卷五十六，董仲舒传，第二十六。
② 参见侯猛《社科法学的传统与挑战》，《法商研究》2014 年第 5 期。

类似于弗兰克所说的"神话"。① 无论是立法者，还是法官与执法者，现在必须在更加复杂的利益与价值之间进行选择，由于实质性规范对此不可能做到完全的涵盖，那么法律决定过程中的自由裁量权以及由此产生的不确定风险就变得不可避免了。

　　与法律运作过程的不确定性相对应的是，法律运作所产出的直接结果与间接结果很多时候也很难令所有人满意。原因可能是多方面的：利益与价值的多元化、社会资源的有限性、参与程序的局限性、司法与执法机关难以充分掌握纠纷的各方面信息，等等。很多情况下，法律只是解决了自己所制造的问题，并没有解决其他社会领域中的问题。法律通过将各种复杂的利益与主张格式化为标准化的权利与义务，并在冰冷的法律程序之下进行二元化的"专断"裁决。由于法律自身的功能定位以及可利用社会资源的有限性，其不可能完全吸收社会中的各种要求与不满。因此，很明显，没有任何法律决定能够满足所有公民个人的利益主张与价值取向。美国一项对奥克兰与洛杉矶居民的问卷调查发现，那些因为有事报过警的人只有47%认为警察解决了问题，有45%说没有，这个结果表明，很多人报警之后并没有得到满意的结果。② 警察的力量与他们掌握的信息是非常有限的，很多情况只能选择性执法，而不可能平等而又认真地对待每一个案件。中国也正处于社会转型时期，无论是价值观还是社会结构都远未定型，在面对复杂交错的价值与利益冲突时，由于现代法律制度的匿名化与客观化特征，法律是不可能同时满足不同的人与群体的期待的。而由于社会资源的有限性，国家往往只能将精力集中在那些比较重要的事务上，这必然在不同的个人与群体之间产生不平等感。基于以上所述，既然法律决定产出的结果不能令所有公民满意，那么执法者是如何使那些不满意法律决定结果的公民服从法律呢？现代

---

　　① 参见弗兰克的极端观点，〔美〕杰罗姆·弗兰克《初审法院——美国司法中的神话与现实》，赵承寿译，中国政法大学出版社，2007，第55页。

　　② Tom R. Tyler and Yuen J. Huo, *Trust in the Law: Encouraging Public Cooperation with the Police and Courts*, Russell Sage Foundation, 2002, p. 34.

法律制度也不具备技术条件就法律决定与公民达成共识，因此最后只能依赖于信任，信任是一种泛化的期待，即使在执法者没有提供满意结果的情况下，也能使人们对法律决定持一种正面性的不介意态度与保持必要的沉默，从而放弃对执法行为深层次信息与合理性的追问。

因此，相对于公民来说，法律运作过程与结果就会存在无法掌控的不确定性：法律事实与经验事实多多少少会存在一些差距，形式正义对实质正义也多多少少存在一些背离。历来的各种自由主义理论都非常强调公民对政府一言一行的持续的法律控制，政府的任何行为都应反映大多数公民的意志。由于现代法律制度作为功能分化系统对其他社会领域需求存在的不可避免的疏离以及公民与政府之间的信息与知识不对称，现有的法律制度很难保证全体公民做到对政府行为的完全、持续的监督。这就决定了法律决定的过程与结果都存在固有的不确定性风险。当我们与法律打交道时，我们就不可能基于完全的规范确定性建立对法律运作的安全感，但法律是公共服务的提供者，我们又必须同法律打交道，因此对于法律的内在可靠性，我们只能有风险地信任或不信任。只有通过盲目的信任，人们才会对法律系统的风险保持"必要的沉默"，否则，即便风险是法律制度所固有的，也是合理的，人们也会拒绝与法律进行合作，而由此产生的损失就是无法享用法律系统为社会整体带来的好处。

## 第二节　守法的理性解释与信仰解释及两者的局限性

前文主要从客观的角度来分析法律系统的风险。这一部分我们需要从主观的角度来观察公众对法律系统的风险认知，这就涉及公民在守法过程中是如何判断法律系统的可靠性的，以及对法律采取一种什么样的态度。本书认为，信任才是对公民的法律认知与守法态度的最佳解释，也是促进公民守法的必需态度。理论上我们大致对此可以做出三种解释，也即理性解释、信仰解释与信任解释。守法的理性解释强调公民对于法律风险与收益的理性认知与利弊权衡，而守法的信仰解释强调守法动机的超验基础或情感特征。我们可以将这两种解释当成对守法理论的两种"理想类型"，而其他各种关于守法动机与态度的研究虽然未必使用"理性"或"信仰"这两种语词，但大致介于这两者之间，或者是这两者的混合。本书在这里只对这两种"理想类型"进行分析与批判。本书将表明，无论是理性解释还是信仰解释都难以准确地解释公民的守法行为，而只有基于信任理论，我们才能有效解释人类在理性有限的条件下对法律的特殊认知模式与特殊态度。

## 一　守法的理性解释及其局限性

守法的理性解释是目前国内学界普遍持有的一种理论解释，[①] 其假定公民在掌握充分信息与知识的基础上对法律风险与收益进行理性权衡来决定是否守法或违法。如果收益大于成本，则公民就会选择守法，反之则选择违法。守法的理性解释假定人们会理性地认知法律。在某些特殊的情况下，我们也许可以认为公民守法是出于理性选择，例如执法者比较关注的严重暴力犯罪或社会舆论比较关注从而对执法部门施加较大执法压力的违法类型。在这一类特殊情况下，由于执法部门的执法效率非常高，违法者能够做出比较准确的违法必抓的风险判断，这时法律风险

---

[①]　这方面的文献众多，如马长山：《从主人意识走向公民意识——兼论法治条件下的角色意识转型》，《法律科学（西北政法学院学报）》1997 年第 5 期；谢晓尧：《守法刍议》，《现代法学》1997 年第 5 期；陈和芳：《守法行为的经济学分析——以甲企业对劳资关系的处理为例》，哈尔滨工业大学出版社，2015；朱苏力：《法律如何信仰》，载许章润等《法律信仰——中国语境及其意义》，广西师范大学出版社，2003，第 134 页；丁以升、李清春：《公民为什么遵守法律》（下），《法学评论》2004 年第 1 期；李双元、蒋新苗、蒋茂凝：《中国法律理念的现代化》，《法学研究》1996 年第 3 期；冯仕政：《法社会学：法律服从与法律正义——关于中国人法律意识的实证研究》，《江海学刊》2003 年第 4 期；丁以升、李清春：《公民为什么遵守法律》（下），《法学评论》2004 年第 1 期；游劝荣：《守法的成本及其控制》，《国家检察官学院学报》2006 年第 5 期；郭星华、王平：《中国农村的纠纷与解决途径——关于中国农村法律意识与法律行为的实证研究》，《江苏社会科学》2004 年第 2 期；杨清望：《论法律服从的产生机制及实现途径》，《政治与法律》2012年第 2 期。

就是相对比较明确的，因此是可以理性认知的，公民也可以基于这种理性认知决定是否与法律进行合作。但守法的理性解释的问题在于公民大多数情况下很难判断法律系统所施加的成本与收益大小。

理性解释的最大问题在于个体公民与法律系统之间所存在的高度的信息与知识不对称。[①] 首先，尽管我们已经建立了严密的规范与程序体系，但很多法律过程仍然可能处于规范与程序扫描不到的"死角"。因此，很多情况下人们很难完全了解执法者是否以一种合理的方式去尽其所能地解决他们申诉的问题。我们都熟悉"程序正义是通过看得见的正义实现看不见的正义"的信条，但程序正义实际上未必能完全将实体正义展示出来。我们也许认为程序正义有其独立的意义，但即便如此，程序正义也无法完全将法律过程都展示出来。法官与执法者的内在动机、法律之外的各种关系运作、政治权力对法律的各种秘密干预，是很难通过程序正义被观察到的，即便审判程序本身没有瑕疵，公众很多时候也质疑其中潜藏着腐败。而且，由于公民很多情况下并不能观察到法律系统的内部运作，不论法律系统是否实际上有着内在的可靠性，对法律决定过程的主观认知过程本身都有可能成为风险的来源，因为公众对法律的认知往往因为无知而受一些无关信息的干扰。我们在公共舆论或群体性事件当中经常看到公众因为一些偶然性事件，对执法者或法官爆发出激烈的情绪。我们有时会以"不明真相"来描述群众由于偶然原因爆发出的不信任情绪与暴力抗法行为，但片面地谴责群众"不明真相"是没有意义的，公众与政府之间的信息与知识不对称是绝对的、不可消除的，即使政府有意公布相关信息，公民也无法根据法律程序去核实，无论法律程序的覆盖面有多大，任何法律过程总会存在难以被观察到的"死角"。法律程序是无法确保公众去确认政府公布的"真相"为真相的。在这种情况下，公众对政府的态度很大程度上只能是盲目的信任或者盲目

---

① 可参见相关的论述，Tom R. Tyler and Yuen J. Huo, *Trust in the Law: Encouraging Public Cooperation with the Police and Courts*, Russell Sage Foundation , 2002, pp. 65 – 66。

的不信任。其次，司法部门与执法部门也掌握公众所没有掌握的专业知识与相关信息。法律产品是一种复杂的人造物，作为法律产品的"消费者"，如当事人，一般情况下是很难去深入了解法律系统的内部结构与运作原理的，也很难对很多法律决定的公正性与合理性做出实质性判断。即便某项法律决定在法律专家看来十分可靠、合理，也做到了实质性公正，但作为外行的公众是无法凭借自己的知识认识到这一点的。因此，即便法律在实质上是非常公正可靠的，但由于公众的不了解与不理解，这也会导致本来也许公正的法律决定被认为是不公正的。如在各种群体性事件、暴力抗法事件或社会舆论争议案件当中，民众不可能去全程监督官方的实际调查过程与决策过程，也很难确定执法者根据专业知识所做出的判断与决定是否正确，民众也基本上很难通过现有法律手段去核实政府决定的可靠性，民众只能信任或者不信任政府的决定。当民众不信任政府时，政府再多的解释都无济于事。这种不信任无法通过信息公开与事实认知来消除，因为信息与事实只有被相信时才被人们认为是正确的。

由于现代法律制度本身的抽象性，大多数公民也是很难去理性计算法律的成本与回报的。一些对公民施加负担或义务的法律更是如此，比较典型的情况如遵守税法，税法要求公民将自己的一部分收入上缴给政府，尽管我们常说"取之于民、用之于民"，但政府利用税款所提供的服务都是一些类似于奥尔森所说的不论是付费者还是搭便车者都可以享用的"公共物品"。① 公共物品是一种无法具体计算的"弥散性"好处，如隐形战机的研发与军队的养护、能为所有人共享的三甲医院、适龄儿童皆可入学的基础教育、警察与法庭对个人权利的保护以及对犯罪行为的打击，这些好处很难和个别公民所缴纳的税款对应起来。这在公共行政当中是一种普遍存在的社会性困境：短期的个人利益与长远的集体利益

---

① 参见〔美〕曼瑟尔·奥尔森《集体行动的逻辑》，陈郁等译，生活·读书·新知三联书店，2011，第12～13页。

往往是冲突的。① 尽管从经济学的角度，我们可以认为每一个人都平等纳税有益于所有人，对于单个主体来说，其收益与回报往往是不成比例的。除税法外，大多数法律，如劳动法、合同法、物权法、银行法、破产法等，其对个人或组织的利弊都很难以一种透明、清晰的方式展示出来，公民个人更难基于个人的信息与知识对现有各种法律制度做出理性的评判。如我国的劳动法，从表面上看其目的在于保护劳动者权益，但从经济学的角度来看，劳动法也提高了企业的用人成本，这反而降低了企业雇佣更多职工的意愿，对劳动者也造成了伤害。又如银行法，作为一个很专业的法律类别，它的一个重要目的在于防控金融风险，但这种防控到底对个人来说意味着什么，却是一件说不清楚的事。因此，与法律这种抽象系统打交道和与具体的个人打交道是极为不同的，就个人交往而言，我们能够大致期待获得短期或长期的物质或精神回报，但与法律系统打交道，我们能够得到的可能只是一些抽象的统计数字或者整体性的意识形态承诺。② 例如，司法系统可以向社会宣传自己提高了结案率与调解率，促进了社区的和谐，但这些成果与具体的个人有多大关联则是说不清楚的。

理性解释还存在的另外一个问题是：如果人们是基于理性权衡来决定是否守法或违法，那么大多数情况下人们的选择会是违法。一方面，正如上文所言，在理性主义视野下，守法多数情况下是一种负担，而不是一种好处。另一方面，执法机构对大多数违法行为的执法效率远远达不到我们对法治国家"违法必究""法网恢恢、疏而不漏"的理想期待。例如，就西方学界研究比较多的纳税问题而言，有学者就发现，经济分析与理性人的假定实际很难解释人们的纳税行为，如果纳税者是根据纯

---

① See Katharina Gangl, Eva Hofmann, and Erich Kirchler, "Tax Authorities' Interaction with Tax-payers: A Conception of Compliance in Social Dilemmas by Power and Trust", *New Ideas in Psychology*, 37 (2015), pp. 13 - 23.

② 参见〔英〕安东尼·吉登斯《现代性的后果》，田禾译，译林出版社，2000，第99 ~ 100 页。

粹的经济因素来决定是否纳税，那么就意味着大多数人不会依法纳税，因为执法者发现与惩罚逃税的概率非常低。[①] 有些税种，如劳动收入税、就业税、企业税、赠与税、财产税等，[②] 很大程度上依赖于公民的自觉缴纳。甚至有研究表明，相比于税率，人们对政府的信任更大程度地影响了人们是否遵守税法。[③] 在刑事领域，情况也非常类似，如美国这样的国家，刑事犯罪的制裁风险是相当低的，强奸的制裁风险只有12%，抢劫的制裁风险只有4%，恐吓、盗窃与汽车事故的制裁风险只有1%，[④] 在我国的香港特别行政区，根据香港警务处的统计，香港多年来的犯罪总破案率只有45%左右。[⑤] 在内地，根据公安部的早年统计，公安机关对犯罪案件的总体破案率只有41%。[⑥] 当然，这些都是基于被发现的犯罪案件，如果再考虑到还有大量的刑事案件没有被发现，实际的破案率只会更低。法律实际上很难追究所有违法行为。由于政府公共资源的有限性，执法机关几乎总是从比较容易侦破的案件中选择追究犯罪。[⑦] 不仅如此，警察部门往往还根据对违法行为严重性的主观感觉来决定是否执法。[⑧] 选择性执法问题在各国的政府执法中普遍存在，这都使执法机构的执法效率远远达不到能够保证公民理性选择守法的成本收益要求。相比于涉及

---

① See Georgia Kaplanoglou and Vassilis T. Rapanos, "Why do People Evade Taxes? New Experimental Evidence from Greece", *Journal of Behavioral and Experimental Economics*, 56（2015）, pp. 21 – 32.

② See Henrik Hammar, Sverker C. Jagers, Katarina Nordblom, "Perceived Tax Evasion and the Importance of Trust", *The Journal of Socio-Economics*, 38（2009）, pp. 238 – 245.

③ See Natrah Saad, "Fairness Perceptions and Compliance Behaviour: The Case of Salaried Taxpayers in Malaysia after Implementation of the self-Sorrentino", *Journal of Tax Research*, 8（1）, 2010, pp. 32 – 63.

④ See Tom R. Tyler and Yuen J. Huo, *Trust in the Law: Encouraging Public Cooperation with the Police and Courts*, New York: Russell Sage Foundation, 2002, p. 22.

⑤ 参见香港特别行政区警务处《罪案数字比较》，http://www. police. gov. hk/ppp_sc/09_statistics/csc_2001_2013. html，2016 年 3 月 8 日访问。

⑥ 参见韦洪乾《承认30%的破案率也是转变执法观念》，《检察日报》2004 年 6 月 16 日。

⑦ 参见〔美〕理查德·A. 波斯纳：《联邦法院：挑战与改革》，邓海平译，中国政法大学出版社，2002，第 317 页。

⑧ 参见〔美〕让妮娜·贝尔《警察与警务》，刘毅译，载〔美〕奥斯汀·萨拉特编《布莱克维尔法律与社会指南》，高鸿钧等译，北京大学出版社，2011，第 142 页。

重大人身与财产权益的刑事法律，其他部门法律由于社会关注程度较低，执法部门投入的执法力量只会更加有限，其对违法行为的制裁率只会更低。

一个国家是否处于法治状态并不能完全取决于公民在合理的制度安排下基于理性选择是否做到守法。实际上，就易于比较的命案破案率而言，中国这个被学界普遍认为法治建设还需要大力推进的发展中国家还高于发达国家，根据公安部的统计，公安机关对命案的破案率是89.6%，这高于英国的87%，法国的81%，加拿大的78%，美国的63%。[①] 尽管如此，我们还不能说中国达到了法治标准，因为法治不仅仅取决于已经进入法律程序的行为的守法与执法状况，能够进入法律程序的行为毕竟属于少数，因此对于法治来说更重要的还取决于在进入法律程序之前人们的守法状况，这才是大多数情况，而这就取决于人们对法律的信任，如果没有对法律的信任，那么多数人在未进入法律程序之前，就可能在对法律的不信任期待下，先行否定了法律。正是这种不信任才决定了现实当中多数人在进入法律程序之前是如何认知法律的以及是否决定守法。

法律秩序所要求的普遍守法无法通过理性化的方式实现，我们也无法通过理性主义来解释人们对待法律的态度。本书认为只有信任才能准确解释这一点。信任可以用内在的心理安全保证替代理性计算所需的信息与知识，使人们即使在难以完全认知与理解法律运作的情况下也能够实现与法律有风险的合作。信任是建立在有限信息基础上的推断，不谋求对法律运作的精确理性计算，由此来降低认知负担，进而来决定是否与法律进行合作。

## 二　守法的信仰解释及其局限性

法律信仰近年来成为很多中国学者热烈追捧的对象，这很大程度上

---

[①] 参见王宇《我国公安机关命案破案率达89.6%》，《法制日报》2006年5月17日，第002版。

要归因于学界对伯尔曼法律思想的错误袭用。很多学者将法律信仰与宗教信仰进行了不恰当的类比，将超验的宗教情感移用到人们对待法律的经验态度上。[①] 对法律信仰的追捧也是学界在伯尔曼法律思想的启发之下形成的一种对现实当中种种违反与漠视法律的现象的理论反应，很多学者纷纷将中国法治各种不尽如人意之处部分地归结于国民尚未建立法律信仰，或认为为实现普遍守法应从精神层面建立公民的法律信仰。[②] 有些学者虽然没有使用"信仰"一词，如林振林等认为守法是因为个体对规则的内化，[③] 但就其情感特征而言与信仰解释是类似的。还有些学者将理性与信仰都纳入守法动机当中，如郑智航等认为守法既包含宗教情节，也有契约基础。[④] 郭忠认为守法很难实现公平回报，而宗教观念可以弥补现实之缺憾。[⑤] 但这些研究的问题在于这两种因素只是被机械并列而无法从理论上将其整合起来。

根据信仰的基本语义，法律信仰理论认为守法基于人们无法追溯其具体来源或无法进行理性计算的道德、宗教或文化传统或心理。这也意味着，信仰带有情感的盲目性特征，信仰一旦成立，就应该是无条件的。因此，将宗教领域中的信仰语义直接移植至法律领域，在逻辑上导致了

---

① 参见谢晖《法律信仰的理念与基础》，山东人民出版社，1997，第16页；陈金钊《论法律信仰——法治社会的精神要素》，《法制与社会发展》1997年第3期，第1～9页；许章润《法律信仰与民族国家》，载许章润等著《法律信仰——中国语境及其意义》，广西师范大学出版社，2003，第91、85页；姚建宗《信仰：法治的精神意蕴》，《吉林大学社会科学学报》1997年第2期；何勤华等《法律信仰问题专题研究》，《河南政法管理干部学院学报》2004年第5期；许娟《宗教信仰与法律信仰的价值偏差与共契》，《中南民族大学学报》（人文社会科学版）2006年第4期。

② 参见范进学《论法律信仰危机与中国法治化》，《法商研究》1997年第2期；许章润《法律信仰与民族国家》，载许章润等著《法律信仰——中国语境及其意义》，广西师范大学出版社，2003，第91、98页；叶传星《法律信仰的内在悖论》，《国家法官学院学报》2004年第3期；许娟《法律何以能被信仰？——兼与法律信仰不可能论者商榷》，《法律科学》（西北政法大学学报）2009年第5期；刘小平、杨金丹《中国法律信仰论的内在悖论及其超越》，《法商研究》2014年第2期。

③ 参见林振林、马皑《从规则到行为：试论我们为何守法》，《政法学刊》2010年第4期。

④ 参见郑智航、张笑《守法论要》，《当代法学》2003年第10期。

⑤ 参见郭忠《守法义务的回报是什么——守法义务实现的难题和宗教弥补》，《时代法学》2014年第5期。

不可能的后果。即使在宗教领域，我们也会发现，人们的信仰大多数情况下也只是指向来世或与现实经验无涉的抽象教义或超验神灵，而绝不是任何具体的人。人类在以自我生存为最高目的的生物与自然压力下，大部分情况下是必须遵守经验法则与实用主义原则的。由于抽象教义或超验神灵与现实经验一般无涉，这不会妨碍人们在面对实际生活时所采取的务实态度。因此，人们的无条件信仰一般只能局限于教义或心理层面，当我们面对实际的教会、教士、教民或陌生人时，我们一般付出的是有条件的信任。信任是必须接受严酷经验的考验的，需要一定的经验基础，人类不可能将自己的命运完全托付给可能存在道德败坏的教会、教士与教民，因为把现实的他人当成圣者风险太大了。因此，在西方的宗教改革史上，关于教会权力的很多争论焦点不在于对圣经与上帝信仰的否定，而是对教会、教皇与教士作为上帝唯一代言人资格的质疑。[1] 西方历史上的宗教改革大部分情况下针对的是教会、教皇与教士的腐败，他们通过对宗教象征符号的垄断来谋取不正当利益。这深得当时民众的反感，赎罪券的买卖就是如此。[2] 这无疑会亵渎宗教情感的纯洁性，使人们产生教会极端虚伪的印象。任何现实、具体的人，如果不受制约都会产生腐败，都会导致人们对其信任的丧失，人们能够付出绝对信仰的只有超验的上帝，而不是现实的教会。实际上宗教信仰的形成某种程度上也是信任的结果，任何一种宗教信仰都被一个信任网络支撑着。[3] 斯达克指出，人际关系在膜拜团体吸引新成员上发挥了重要作用，人们在很多情况下是由于与这个团体的关系而被其教义所吸引，而不是因为受其教

---

① 参见〔美〕萨拜因《政治学说史》（上），邓正来译，上海世纪出版集团，2008，第十三章，第275页及以下；也参见〔英〕托马斯·马丁·林赛《宗教改革史》（上册），孔祥民等译，商务印书馆，1992，第365～387页。

② 参见李平晔《人的发现——马丁·路德与宗教改革》，四川人民出版社，1984，第54～57页。

③ 参见关于欧洲秘密教派的一个例子，参见〔美〕查尔斯·蒂利《信任与统治》，胡位钧译，上海世纪出版集团，2010，第4～8页。

义吸引而走向该团体——"最后的皈依是逐步接受了朋友的意见"。① 人们之所以信仰宗教很大程度上也是出于受某种信任网络中的从众心理的影响或支配。就法律信仰理论而言，如果在坚持信仰的基本语义的情况下，对现实的法律制度只能采取信任的态度，而不可能是信仰。

也有很多学者指出了法律信仰在经验上的种种不可能性，② 但我们也应认识到，大部分法律信仰论者突破了信仰的语义限制，根据中国语境对伯尔曼的"超验性"的法律信仰进行了"经验性"的现实处理。将法律信仰类比于宗教信仰，我们在理论上所能得出来的逻辑结果就是将法律信仰当成一种类似于宗教情感的对法律公正性与合理性的认同与拜从，但是很多学者并没有因此得出这样的结论：法律信仰是无条件、超验的，或者现代法治国家的建设要从宗教信仰中吸取精神资源。其实大多数学者在将宗教情感移用到法律之上时，已经变成一种经验主义或实用主义的态度，也即法律必须满足某些经验或制度条件，否则法律信仰是无从建立的，而且这些条件对于中国这个非基督教国家来说是可以建构的。如谢晖在把法律信仰与宗教信仰进行比较时，又明显地看到这种信仰绝不是凭空而来的，而是有着确实的经验与制度基础：法律应具备规律 - 科学性、人道 - 正义性以及方便 - 效益性。③ 更有甚者，如黄文艺将法律信仰当成了"一锅大杂烩"，在他看来，法律信仰的类型有传统型、工具

---

① 参见〔美〕罗德尼·斯达克、威廉姆·希姆斯·本布里奇《宗教的未来》，高师宁等译，中国人民大学出版社，2006，第339页。

② 如张永和《法律不能被信仰的理由》，《政法论坛》2006年第3期；李春明、王金祥《以"法治认同"替代"法律信仰"——兼对"法律不能信仰"论题的补充性研究》，《山东大学学报》（哲学社会科学版）2008年第6期；郭春镇《从"神话"到"鸡汤"：论转型期中国法律信任的建构》，《法律科学（西北政法大学学报）》2014年第3期。

③ 参见谢晖《法律信仰的理念与基础》，山东人民出版社，1997，第8～10页，以及第五、六、七章，第138页以下；谢晖《法律信仰与法律怀疑精神》，《法律科学（西北政法学院学报）》1995年第6期。另外，请参见范进学的类似观点，范进学《论法律信仰危机与中国法治化》，《法商研究》1997年第2期；范进学《法律信仰：文明转型、基础与条件》，载许章润等著《法律信仰——中国语境及其意义》，广西师范大学出版社，2003，第149～168页；钟明霞、范进学《试论法律信仰的若干问题》，《中国法学》1998年第2期。

合理型、价值合理型、合法型。① 在这种界定之下，法律信仰也就脱离了基本的语义限制，变成了无所不包的大杂烩。其他学者对法律信仰也有类似的经验改造，这里就不一一论述了。② 虽然法学界对信仰概念存在误用，但法学界对法律信仰的推崇是有其现实语境，并以解决中国现实问题为旨趣的，而并不是将法律信仰当成一种超验、超功利的非理性态度。从某种意义上来说，我国的学者是在不自觉地以"法律信仰"之名提倡"法律信任"之实的，因为法律信任是在一定经验基础上形成的情感态度。而且有些学者如刘旺洪、许章润确实是将信仰与信任混用的。③ 他们对信任与信仰并没有严格的区分。

法律信仰理论中的各种争议表明，信仰是不足以解释公民对法律的认知态度及其法律决定的。法律信仰理论由于过于强调超验层面与情感特征，其在试图提供现实问题的解决方案时，必须进行经验化与理性化的改造，而这也使得信仰失去其基本的语义限制，成为任何人皆可填充的空洞概念。从经验的角度来看，法律不可能总是满足所有的价值与利益，法律事实与经验事实多多少少有些距离，形式正义和实质正义不可避免地存在紧张关系，但信仰语义的无条件性决定了我们无法从信仰的角度准确解释人们对法律的认知态度与守法的动机基础。现实当中，我们更多地采取的是一种有条件的信任态度，而不是一种无条件的信仰。

本书认为，只有信任才能有效地解释公民对法律的认知态度及相应的法律决定。信任是一种谨慎的不介意，其是在无法全盘控制被信任对象的情况下所形成的一种不得已态度，④ 没有这种态度人们就有可能产生

① 参见黄文艺《法律信仰的类型》，载许章润等《法律信仰——中国语境及其意义》，广西师范大学出版社，2003，第 65~80 页。

② 例如，刘涛：《中国法律信仰的传统根基与建构路径》，《法商研究》2016 年第 1 期；孙文凯：《中国语境下"法律信仰"的内涵——从伯尔曼的〈法律与宗教〉谈起》，《内蒙古大学学报》（哲学社会科学版）2009 年第 3 期。

③ 参见刘旺洪《法律信仰与法制现代化》，载许章润等《法律信仰——中国语境及其意义》，广西师范大学出版社，2003，第 8 页；参见许章润《信，还是不信，这是一个问题》，载许章润等著《法律信仰——中国语境及其意义》，广西师范大学出版社，2003，编者说明，第 8 页。

④ 〔德〕尼克拉斯·卢曼：《信任》，瞿铁鹏、李强译，上海世纪出版集团，2005，第 29 页。

心理上的焦虑与行动上的消沉。信任作为一种特殊的社会现实，其在认知上介于纯粹的理性计算与盲目性的信仰之间。一方面，相比于有意识的理性计算，信任可以促使人们在信息匮乏的情况下勇敢地进行冒险，进而引发必要的行动。由于信息匮乏，理性计算在很多情况下反而导致人们畏首畏尾以及决定难以做出。另一方面，相比于完全盲目性的信仰，信任能够根据相关可信与不可信的符号化信息调整对环境的适应，当信任对象触犯了信任的符号底线时，付出信任者就可能做出激烈的情绪反应，并彻底收回信任。背叛信任的高风险性使得背叛成为一件需要慎重考虑的事情。信仰是无条件的，正因为其是无条件的，因此难以适应复杂的生存环境，作为肉身的人并非无所不能的，他们所能信仰的也只是与经验无涉的宗教教义与超验神灵，一旦回到现实的经验环境，对现实当中的明规则与潜规则仍然遵照执行不误。信仰佛教的俗众求佛烧香，完全不会影响俗世当中的蝇营狗苟与见利忘义。

信任一方面具有一定的情感性与盲目性，这使人们能够在即使难以对法律制度的利弊进行理性计算的情况下也能够坦然接受法律的约束；另一方面，信任也能够根据外在条件的变化，对经验适当地做出调整，以决定在新的条件下是继续付出信任还是收回信任。只有信任理论才能较好地解释人们在法律系统不可避免地存在风险而对其又非常无知的情况下，为克服外在复杂性与降低内在心理负担所采取的特殊认知模式与行动机制。

# 第三节　信任对于法治的意义

相比于法律认知与守法行为的理性解释与信仰解释，本书认为只有信任才能弥补个体公民与法律系统之间的信息与知识不对称以及消解因人们对法律系统的无知而形成的心理紧张。信任是一种特殊的社会现实，是根据有限的外在信息潜在地推断法律决定的内在可靠性，是知与无知、认知与情感、理性与非理性有条件的内在结合。通过信任理论我们能够有效地解释无知的个体对法律系统持有何种态度，同时，法治也需要公民对法律的信任。没有信任，本身就内含风险的法律制度即使整体上有利于所有人，也可能遭遇到公众的盲目质疑。

## 一　法律只能被信任或不信任

现代社会是一个高度功能分化的社会，法律也变成一个高度复杂、专业、匿名的抽象系统。现代法律系统为了超越熟人社会的时空限制以及应付复杂社会交往的需要，建立起了专业性的高强壁垒，这使法律能够以一种极为抽象化的方式为陌生的交往主体提供匿名化的预期保障。用吉登斯的术语来说，现代法律系统构成了所谓的"脱域机制"，其能够从面对面互动的地域性关联中解脱出来，通过对时空的"无限穿越"实现跨时空的交往。① 在现代法律系统的保障之下，我们不需要再去深入考察特殊情境与特殊个人的具体信息，而只需要在抽象法律符号的引导之下就能够实现对他人的稳定期待。这时我们信赖的是抽象系统的功能可靠性，而不是个人的可信赖品质。

现代法律系统的抽象化只有通过专业化的方式才能得以实现，专业化提供了严格而统一的术语与规则，保证在面对特殊的情境时能够保持解释与应用上的高度统一，由此才能超越多元化的情境为主体提供跨时空的预期保障。这也使法律系统只有通过含义高度凝练的象征符号以及受过专门训练的专家系统才能得以正常运转。② 现代法律系统将社会关系从作为日常生活基础的面对面互动模式中分离出来，并且采取了一套只有专家才能理解的沟通代码。基于"生活世界"的文化道德直觉已经难以把握现代法律系统的抽象能力的可靠性，现代法律制度本身成了风险的来源。对于中国来说，现代法律制度早已超越了充满人性关怀、有着温情脉脉面孔的"人民司法"的道德直觉，其所能提供的只是一种高度

① 参见〔英〕安东尼·吉登斯《现代性的后果》，田禾译，译林出版社，2000，第18页。
② 参见〔英〕安东尼·吉登斯《现代性的后果》，田禾译，译林出版社，2000，第19页。

抽象化但也高度冷漠的功能服务。尽管基于政治正确与道德正确的要求，我们常常强调立法与司法要加强公共参与，但不论公众如何参与，公众都已经很难去透彻理解大多数法律制度的内在基本原理与可靠性了，法律系统也很难以一种易于理解的方式去展示法律制度的内在可靠性。面对法律，人们不可避免地产生了陌生感与异己感。对于这样一套以逻辑上高度严谨的法律条文与形式上高度对称的程序正义为代表的抽象符号体系，人们已经基本不可能根据自己朴素的日常生活知识与道德直觉来判断其内在的公正性与合理性了。这也意味着，由于外行的公民与专业化的现代法律系统之间存在着知识与信息上的高度不对称，人们已经不可能实现对法律运作的理性预期与控制了，当然，也不可能基于对法律风险与收益的理性权衡来决定是否与法律进行合作。

另外，人们也不可能形成对法律的信仰，尽管中国法律的制度现代化尚未完成，但在思想上已经进入"反思现代化"，[①] 人们形成了对不论是传统还是现代的制度的高度反思意识，对于有着正常理性自觉的大多数人来说，对于一套他们基本看不懂而且运作结果未必合意的制度体系，他们没有理由就认为其一定是合理与公正的，不论在专家与学者看来，这一套制度是多么"高大上"、多么利国利民。法律也是一种人为性的活动，其所产生的风险不可能如同自然风险那样通过宗教规范将之解释为超验神灵、宇宙秩序或传统的命定安排。[②] 对于有着理性自觉的现代人来说，法律的不确定性风险会被认为是一种由人产生并因此需要人去努力克服的风险。就此而言，我们就无法通过无条件信仰使之正当化。面对

---

① 关于"反思现代化"的概念，请参见〔德〕乌尔里希·贝克《风险社会》，何博闻译，译林出版社，2003，第190页；〔英〕安东尼·吉登斯《超越左与右：激进政治的未来》，李慧斌等译，社会科学文献出版社，2000，第84页。

② 可参见卢曼对风险的相关论述，Niklas Luhmann, "Familiarity, Confidence, Trust: Problems and Alternatives", in Gambetta, Diego (ed.), *Trust: Making and Breaking Cooperative Relations*, electronic edition, Department of Sociology, University of Oxford, 2000, chapter 6, pp. 94 – 107; 另请参见〔德〕乌尔里希·贝克、约翰内斯·威尔姆斯《自由与资本主义——与著名社会学家乌尔里希·贝克对话》，路国林译，浙江人民出版社，2001，第118~119页。

法律系统，人们只能根据自己有限的认知水平，抓住某些认知成本比较低但未必相关的表面信息，来潜在地判断法律系统的内在可靠性，而这就意味着信任或不信任。信任与不信任既具有一定经验选择性，但其中的冒险性与盲目性也是非常明显的。

尽管现代社会的人们已经不可能透彻理解法律的基本原理与功能运作了，但在实际生活中我们也很难避免与法律打交道。当我们向政府申请某项许可证或某项福利时，我们需要判断政府的某项执法是否符合法律规范与程序，某项决策是否具有专业上的合理性，并决定是否配合政府的执法；当发生纠纷时，我们就可能不得不求助于法院，这时也需要判断法院的判决是否合法公正，其在无法直观的过程中是否尽职尽责。这时我们可能根据一些比较肤浅的外在信息来推断法律运作的内在可靠性，例如根据政府官员是否腐败来推断公共工程的质量是否合格，根据法官表情是否严肃来推断其是否已经尽职尽责。尽管如此，我们对法律运作无论是做出正面的推断还是负面的推断，都是存在一定风险的，因为外在的表象信息未必能够准确地指示内在的实质可靠性。一个贪污腐败的官僚未必就是没有能力的，一个嬉皮笑脸的法官，其法律业务未必就不够纯熟。法律作为一种复杂的人造物，类似于经济市场上的"信赖品"，如电冰箱、电视机、汽车等，大多数消费者是无法掌握这些产品的内在结构与运作原理的，因此也无法准确判断这些产品的内在质量，对于信赖品，我们只能相信或不相信，这不同于检查品：购买检查品的当时就能发现质量是好还是坏，① 如西瓜是否熟了，大白菜是否新鲜等。就法律制度而言，由于普通公民所掌握的法律知识非常有限，对司法部门与执法部门的行为不可能做到全盘、持续、即时地了解与控制，当我们与法律打交道时，我们就很难判断执法者在很多看不见或难以理解的决策过程中是否尽职尽责了，是否做到了实质合理与公正。因此，法律作

① 参见〔美〕理查德·A. 波斯纳《超越法律》，苏力译，中国政法大学出版社，2001，第574 页；也可参见郑也夫、彭泗清等《中国社会中的信任》，中国城市出版社，2003，第250 页。

为一种"信赖品"，我们是无法基于充分的信息与知识进行理性认知与全盘控制的，我们只能有风险地信任或不信任。但即便对于经济领域中的信赖品，我们仍然可以通过制定严格的合同来降低交易风险，因为经济交易中的利益是可以量化计算的，但对于抽象的法律系统来说，我们就很难实现这一点，因为法律系统所提供的制度承诺如公平、正义、平等，都是一些抽象的价值，无论我们的规范与程序设计得多么严密，都很难以一种直观的方式将其风险与收益展示出来。但正由于法律系统的风险与收益难以界定与控制，我们也极有可能会简化对问题的判断，采取一种要么完全肯定要么完全否定的判断。因此，在舆论争议极大的公共法律案件当中，我们往往看到的是：人们对待法律的态度很少是具体情况具体对待，而是情绪化的盲目否定。

## 二　法律被信任的必要性

根据吉登斯的社会学理论，任何"脱域化"机制，包括现代法律制度，都特别地依赖于信任。[①] 在我们无法精通法律知识或无法对法律专家做到知根知底的情况下，如果还希望法律提供某种服务的话，那么我们就必须依赖法律专家自主的专业操作。

现代法律系统提供的是一种跨时空的安全保障机制，大多数公民已经不能实际参与到大多数的法律过程，更不可能掌握充分的法律知识与信息，法律条文与法律程序的设计背后虽有深刻学理但外行民众很难领会。与此同时，由于法律对于大多数人来说是一种高度专业性的行当，法律知识的学习、法律技能的培训都需要一个长期的过程，法律运作的复杂性也因此超出了个别公民的掌控能力。法律系统所建立的专业性壁垒无疑会造成专业人士与非专业人士之间的隔阂，两者之间不可避免地存在着信息与知识上的不对称，这一方面既有可能导致知识较多一方利用另一方的无知，损害他们的利益，但另一方面也使信任变得非常必要，

---

① 参见〔英〕安东尼·吉登斯《现代性的后果》，田禾译，译林出版社，2000，第23页。

因为知识欠缺的一方恰恰需要利用知识较多一方的知识。①

因此，我们在法律过程中更加依赖于法律专家以及法律专家所掌握的专业知识。但这又导致参与法律活动变成了一项有风险的活动，因为我们无法全盘控制法律系统的运作，我们并不能保证法律系统的产出会符合我们的个别利益与价值取向，对社会正义的期待，或者对经济、政治合理性的诉求。因此，与法律打交道不可避免地会存在风险，但如果我们还承认法律对于我们来说还是必不可少的话，那么冒风险就是必要的，而信任就是这样一种促进冒险的独特行动机制。② 法律信任根据有限的外在信息潜在地推断法律决定的内在可靠性，放弃了对法律运作的深层次信息的考察与追问，从而实现了一种谨慎的不介意与泛化态度。为了获得普遍遵守法律带来的好处，法律信任中的冒险是必要的。

尽管现代法律系统要求建立逻辑严谨而内容全面的规范与程序体系，但不论我们如何努力，法律系统仍然存在大量的"剩余不确定性"，根据哈耶克的知识理论，由于政府官僚无法充分掌握公民日常经济生活中大量的个殊化信息，政府无法对经济生活实施有效的预先计划安排。③ 组织与理性计划越复杂，风险就越大，因为涉及的复杂因素越多，结果的变数也就越大，当初设想与最后结果之间的落差也就越大。在组织管理与国家治理中，规划越庞大，就越不容易控制，个体搭便车的现象就越普遍。对于法律系统来说，道理也是非常类似的。法学理论中的常识就是，不论我们在立法过程中如何严密与严谨，如何保持前瞻性，各种各样的漏洞总是不可避免的，因此我们需要通过法官的独立解释以及自由裁量权来弥补法律的漏洞。而且法律制度越复杂，这种漏洞就会越多，因为

---

① See Iran Frowe, "Professional Trust", *British Journal of Educational Studies*, 53 (1), Mar., 2005, pp. 34 – 53.

② 参见〔美〕詹姆斯·S. 科尔曼《社会理论的基础》，社会科学文献出版社，2008，第99页。

③ 参见〔英〕弗雷德里希·奥古斯特·哈耶克《通往奴役之路》，王明毅等译，中国社会科学出版社，1997，第61页；以及〔英〕F. A. 哈耶克《致命的自负》，冯克利等译，中国社会科学出版社，2000，第96～100页。

法律制度的内部要素随着法律制度的复杂化也会巨幅增长，导致因果关联也日趋复杂，最终法律决定的后果更加不可测。在实际的法律过程中，我们也总能发现法律事实对经验事实多多少少会存在一些背离，形式正义与实体正义之间也难免会存在一些紧张关系，不同法院对法律规范的解释也很难做到始终如一。尽管如此，我们也不可能在理性主义的框架内在将法律系统中的"剩余不确定性"当成一种无关紧要的事实忽略掉，我们不能认为法律系统总体上是确定的，少量的"剩余不确定性"可以被当成偶然性的意外，因此是无伤大雅的。因此，理性权衡之下，与法律进行合作仍然是必要的。这种理性主义假设是不成立的，信任并不遵循数学比例的逻辑，我们不会因为"剩余不确定性"是大还是小，而信任或不信任法律。人们在对法律系统高度无知的情况下，并不能准确地判断法律中的确定性与不确定性之间的比例到底是多大，这个不确定性到底存在于何处，是否会发生在自己的身上。由于无知，人们会倾向于简化认知负担，要么完全肯定法律的运作，要么完全否定法律的运作。人们也不会因为司法系统每年公布的各种表现良好的结案率、上诉率、调解率等统计数字而信任法院，对于信息匮乏的普通民众来说，这些统计数字根本无法指明个人的利害得失。日本学者棚濑孝雄曾指出，人们是否选择利用审判制度，并不是合理计算的结果，由于审判涉及的因素太复杂，对利用审判可能带来的利弊以及是否会实现期待的利益进行预测是非常不确实的。① 因此，由于这种"必然的无知"，人们很难对法律系统的风险进行精确的理性计算，而是倾向于对其采取一种整体性的否定或肯定态度。如果是一种整体性的否定性态度，那么无论我们如何通过统计数字苦口婆心地强调法律系统的内在可靠性，也无法消除民众对那些即使少量但无法辨别的不确定性与不公正性的疑虑。但如果是一种整体性的肯定性态度，这些少量的不确定性与不公正性就会被当成"意

---

① 参见〔日〕棚濑孝雄《纠纷的解决与审判制度》，王亚新译，中国政法大学出版社，2004，第 210~211 页。

外"而可以忽略不计。而这正是信任所保障的，信任尽管不乏经验基础，但信任能够超越有限的经验而对未来持一种泛化的肯定态度，这种态度可以适当地不介意少数的偶然性情况与意外情况，并在特定的符号界限内，相信被信任对象仍然是可靠的。但不信任的态度则可能导致对于法律系统整体的盲目性否定，即使法律系统的运作实质上非常可靠，人们也可能会将少数的负面信息放大为整体性情况。正如前面我们提到的，中国刑事司法的效率比西方法治国家高，但在不信任情绪的支配下，人们也会对刑事司法采取一种整体性的否定态度。对于争议性案件，公众在缺乏任何经验依据的情况下首先就是不分青红皂白地怀疑，并将执法或司法过程中的任何也许不可避免而又微不足道的瑕疵当成徇私枉法的关键象征。因此，信任对于法律功能的正常发挥是不可或缺的，信任可以使少数的负面信息得到情感上的泛化处理，使其能够被解释成无伤大雅的"意外"，而不是被当成整体不可靠的关键象征。

在法律的不确定性因素中，法律专家享有的显而易见的自由裁量权是谋取法律信任的关键。尽管法律以保障规范性预期为基本功能，但现有的法律结构是很难完全约束法官与执法者的，要完全消灭法律中的自由裁量权是不可能的。而且完全的确定性也是不可欲的，因为我们不可能完全预见未来，在现在就通过规范将未来完全束缚住，是不现实的，也是不可欲的。法官与执法者的自由裁量权可以应付立法的滞后性以及现实经验的复杂性，但其只能被人们宽泛、总体性地接受。自由裁量权实际也是任何专业性活动的基本特征，正是由于类似于法律之类的活动太过于专业，外行才需要将其交付给专家来自主处理。[①] 但问题在于，我们如何能够让公众接受这样一种可能涉及重大利害关系的自由裁量权。当然，我们不可能再依赖于理性控制了，因为自由裁量权正是法律这个理性系统的固有风险。我们也不可能通过各种解释理论与方法消除这些

---

① See Iran Frowe, "Professional Trust", *British Journal of Educational Studies*, 53（1）, Mar., 2005, pp. 34 – 53.

自由裁量权。由于人类的认知局限性，法官的处境和科学家并没有实质性的区别，尽管大多数情况下，我们根据法律进行预测是比较可靠的，却丝毫没有改变其原则上的假定性和"只能个案对待"的特性。虽然规范作为社会秩序的象征性统一仍然有必要，但规范的复杂性是远不及事实的复杂性的。在难以完全控制法官与执法者行为的情况下，我们只有通过信任才能使自由裁量权的风险在主观上被人们正当化与接受。信任从某种程度上来说就是应付他人自由的一种独特机制，[①] 而自由意味着不确定性与风险，信任可以使人们对他人自由所产生的不可测风险采取一种淡然处之的态度，并假定风险已经得到克服，而未来仍然是值得期待的。

---

① See Diego Gambetta, *Can We Trust Trust? In Trust: Making and Breaking Cooperative Relations*, edited by Diego Gambetta, Blackwell, 1988, pp. 213 – 237.

# 第三章
# 法律信任的内在逻辑

本书关于信任的界定既是社会学的也是心理学的，通过多重视角的观察，本书将继续对法律信任的内在逻辑进行细致的分析。现有法学理论关于法律信任的很多研究虽然借助了"信任"这个语词，但在具体的理论表述中大多将信任界定为一种基于风险判断的理性选择，如马新福、郭哲等认为法律信任是理性主体在对法律的局限性有着共识的前提下仍愿意参与到法律关系当中，从而承担由此带来的不利后果。[①] 刘国华、公丕潜认为，法律信任既包含风险计算的理性特征，也包含对法律价值的认同。[②] 郭春镇在批判了法律信仰的神话之后，将法律信任建立在现实的人性与理性基础上，法律信任能够使人们愿意承担法律游戏"愿赌服输"的不利后果。[③] 这些学者都意识到法律信任的有限理性特征与风险消化功

---

[①] 参见马新福、杨清望《法律信任初论》，《河北法学》2006 年第 8 期；郭哲、刘琛《法律信任在中国——以比较的视角》，《学术论坛》2010 年第 1 期。

[②] 参见刘国华、公丕潜《论法律信任》，《行政与法》2012 年第 11 期。

[③] 参见郭春镇《从"神话"到"鸡汤"——论转型期中国法律信任的建构》，《法律科学（西北政法大学学报）》2014 年第 3 期。

能，但在理论表述上都还比较含糊，缺乏一个严谨的理论框架对法律信任的特征与运作逻辑做出比较全面、细致的论述。由于这一点，这些学者也将任何能够支撑法律信任的因素都纳入法律信任的建构机制当中，但又缺乏对法律信任生成原理的清晰表述。信任作为一种特殊的认知模式与行动类型在现有的法律信任理论中也容易失去基本的语义限制，变成了可任意填充的范畴。信任作为一种能够促进冒险行动的机制，能够在信息与知识都非常匮乏的情况下，促使人们将自己的重要利益托付给他人的自由裁量权，从而实现有风险但也有可能有益的合作。法律信任同样拥有信任的一般性特征。法律信任也是根据有限的外在信息潜在地推断法律结构与过程的内在可靠性，从而在信息与知识不对称的前提下也能使人们接受法律运作的不利结果，实现与法律制度有风险但也可能有益的合作，进而不会陷入对法律风险的过分忧虑与担忧当中。

## 第一节　法律信任的认知特征：
## 有限推理与冒险意识

### 一　法律信任介于知与无知之间

法律信任是一种有限的推理，这种推理的信息基础是不充分的。正如前文所言，信任作为未来行为举止的假设，是对一个人的知与不知的状态。同样道理，面对高度抽象与专业的现代法律系统，作为外行的大多数公民对法律的认知和了解一般也介于知与无知之间，并由通过可知的外在信息来推断不可知的内在可靠性。由于现代法律系统高度的专业性与复杂性，只有经过系统训练的人才能掌握健全的法律知识。即便能够掌握健全的法律知识，法律过程中的很多环节也是处于规范与程序的控制之外，这些环节是内行与外行都无法观察到的"死角"，例如，法官严肃表情背后的好恶、庭审结束之后的秘密讨论、撰写判决书时法官的动机等。因此，大多数人对法律系统有着高度的无知。但无知并不绝对，因为不论法律系统如何抽象、专业，人们还总是能够找到"代表"法律系统的人、物、事件或其他蛛丝马迹。例如，接待当事人是否耐心与礼貌、判决书是否存在文字错误、法官在法庭上的态度与表情、他人对法官的评价或谣言，以及媒体曝光出来的法官腐败与冤假错案，等等。人们对法律的判断就处于这样一种介于知与无知的信息环境当中，并通过知推断无知。这种推断既可能是正面的信任推断，也可能是负面的不信任推断。信任与不信任在功能上是等价的，都是根据有限信息对未来的潜在性推断，都有利于简化对复杂经验的认知与判断。如果我们对法律系统有着充分的信息与知识，这时信任与不信任都是不必要的，因为我们可以对法律风险进行精确计算与利弊权衡，并在此基础上做出理性决定。但如果我们对法律系统是完全的无知，这时无论是信任还是不信任都无从谈起。法律信任就是根据可以获知的有限信息去推断法律系统难以直接观察与理解的内在可靠性，例如，一个私生活上非常廉洁自律、很少接受吃喝宴请的法官，人们也更容易相信其判决的公正性。但同样有可能的是，一个关于法官婚外情的传闻也足以让人们怀疑其过去可能有过徇私枉法。不仅如此，这种推断具有广泛的"连带性"，某一个地方媒体曝光出来的冤案也会损害到同一司法系统内其他地区的法院公信力。相比于判断法院判决是否合乎规范与程序，是否符合实体正义，人们更容易判断法官是否接受吃喝宴请，是否收礼，是否有婚外情，并根据道德上的廉洁性来推断法官职业行为上的合理性与公正性。由于信息与知识的匮乏，公众就很容易根据这样一些容易获取、认知成本也比较低的道德信息去推测法律运作的深层次合理性。

由于信息局限性，日常生活中的推断无处不在。由于不同个体之间存在不可避免的信息不对称，我们不可能绝对掌控他人的未来行为；而由于很多复杂社会现象的信息局限性，我们也不可能准确掌握何谓绝对的事实与真理。因此我们只能依赖于有风险的推断，推断是由微知著，由小见大，由可知的过去预测不可知的未来。法律信任所要求的表象信息虽然与法律决定的内在可靠性并不是毫无关联，但这种关联远远达不到法学家对法律现象的分析深度以及相应的因果可靠性。信任在这里并不是完全理性的认知与判断，而只能是西美尔所说的"推理知识的一种弱形式"，[1] 这是一种非常不精确与粗糙的推理。法律本身总是存在风险的，只有当人们对法律是无知的时候，法律才能被假定是完善的，如果人们对法律背后的风险知根知底的话，那么就不会这么对法律深信不疑了。[2] 法律信任也正是这样一种认知逻辑。法律信任类似于安东尼·道恩斯所说的"理性的无知"，[3] 或奥利·拉格斯佩茨所谓的"审慎的天真"，[4] 当人们缺乏知识与能力对法律系统运作的合理性做出实质性判断时，就会退而求其次，放弃对法律专业知识的学习与对法律运作深层次信息的考察，转而搜寻那些既容易获取、认知成本又比较低的表象信息，如道德上的廉洁、程序上的公正、态度上的友善、学历上的高低，这些可以被直接观察到或者能够被直观理解的因素，被公众不自觉地当成法律运作内在可靠性的关键象征。即使最后的法律决定结果不尽如人意，人们仍能假定法律做到了看不见的实体公正、实现了难以衡量的预期目标。但如果人们不信任法律，就很容易将对某些比较肤浅的负面信息的判断，如法官与执法者私生活的传闻、不遵守法定程序、态度粗暴、法院公车出入高档娱乐场所，等等，延伸至对法律运作的内在可靠性的判断上。法律信任由于是通过较少的知来推断较多的无知，因此能够相当大程度地降低信息负担与认知负担，使我们能够放心地将自己的重大利益或关心托付给我们不认识或不了解的专家，对某些不可观察的法律过程以及难以理解的法律决定保持必要的沉默。但如果不信任法律，我们就会对法律运作穷根究底，"鸡蛋里挑骨头"，总是偏执地认为外在的表

---

① 参见〔德〕西美尔《货币哲学》，陈戎女等译，华夏出版社，2002，第 111 页。

② 参见吉登斯关于医患信任的论述，〔英〕安东尼·吉登斯《现代性的后果》，田禾译，译林出版社，2000，第 75 页。

③ See Anthony Downs, "An Economic Theory of Political Action in a Democracy", *The Journal of Political Economy*, Vol. 65, No. 2 (Apr., 1957), p. 139.

④ See Olli Lagerspetz, *Trust: the Tacit Demand*, Kluwer Academic Publishers, 1998, p. 30.

象信息背后总还有不可告人的秘密。这正如我们在一些社会舆论争议案件当中所看到的：公众因为不信任法律而渴望获得更深层次的信息，并对法律能否实现公正有着强烈的焦虑。[①] 但法律信任中的推断也是非常粗糙和不精确的。由于无知，人们对法律运作的判断可能受一些未必直接相关的因素的左右。这些年来司法系统内部通过加强司法管理实质上大大提高了判决的公正性与合理性，但可能仍然难以抵消因为自媒体的普及而曝光出来的各种冤案、错案信息对法律信任造成的负面影响，即便这些冤案错案如聂树斌案、呼格吉勒图案发生在很多年前。

## 二　法律信任中的冒险意识

法律信任与风险密切相关。风险的产生就意味着信任的必要性，但信任很多情况下并没有降低客观风险，而只是降低了对客观风险的主观承受力。而法律信任也并不能保证未来的绝对可靠性，无论是人们基于法律规范对他人的信任，还是基于法律规范对法律制度本身的信任，都是如此。如同一般性信任关系，法律也会"透支"法律规范本身提供的字面保障，想当然地将期望扩展到其无法完全涵盖的不可知未来。在什托姆普卡的意义上，法律信任也是一种"赌博"，当我们和法律打交道时，实际是将自己的重大权益托付给了也许并不绝对可靠的法律专家及其自由裁量权，基于法律规范与程序的法律决定和结果不可避免地具有高度的不可控性与偶然性。法律信任因而某种程度上也是建立在"幻觉"之上，或者如佩特罗夫妇所说的，我们对司法的信任是一种"司法迷信"。[②] 外行的民众由于与法律系统之间在信息与知识上有着高度的不对

---

① 关于邓玉娇案，参见腾讯网《与邓玉娇案相关：巴东 37 天》，http://news.qq.com/a/2009 0618/000894.htm，2016 年 3 月 19 日访问；关于钱云会案，参见网易新闻《浙江乐清村民钱云会死亡案件》，http://news.163.com/special/leqingcunzhurensiwang/，2016 年 3 月 15 日访问。

② 参见〔美〕吉姆·佩特罗、南希·佩特罗《冤案何以发生：导致冤假错案的八大司法迷信》，苑宁宁、陈效等译，北京大学出版社，2012，第 299～328 页。

称，其往往根据认知成本比较低的肤浅信息，来假定法律系统的内在可靠性。但这种判断极容易发生错误。在杭州胡斌交通肇事案中，人们很容易根据对胡斌作为富家子弟为富不仁的刻板印象，相信法院审判过程中存在着胡斌是领导儿子、被替身、官商勾结等等不着边际的谣言，而这些谣言后来都不攻自破。[①] 不信任法律固然有风险，但信任法律也是有风险的。在法律信任中，自由裁量权可以说是最大的风险来源。当我们信任他人时，实际上是将自己的利益委托给他人的自由裁量权，而这就会产生滥用自由裁量权的风险，[②] 例如，我借钱给朋友但没打欠条，这就是一种信任，信任赋予了我这个朋友决定是否还钱的自由裁量权，即使我的朋友背叛我的信任，我也很难追责。信任实质就是"把利害攸关之事置于他人的失信、失误或失败的风险当中"。[③] 信任本身就是以被信任对象的背叛可能性为前提的，没有这种可能性，也就没有必要去信任，信任是应付他人自由的一种生存策略。从另一方面来说，付出信任者也就是将自己的脆弱之处暴露给他人，并有理由相信他人不会利用自己的脆弱性。[④] 就法律信任而言，由于作为外行的民众不懂得法律知识，也很难监督每一个法律过程，更难以知晓法官在作出判决时脑子里在想什么，一旦打起官司，对司法的信任也就意味着将自己的身家性命与重大权益托付给了法官大量的自由裁量权，而法官也极有可能通过冠冕堂皇的法条主义来掩饰自己对当事人的主观偏见或憎恶，或判决背后的裙带关系与蝇营狗苟。即便在西方法治国家，法律信任的风险同样不可避免，如美国的联邦最高法院在美国社会地位极为尊崇，长期以来被"合法性神

---

① 参见网易新闻《杭州"富家子"飙车撞人案》，http://news.163.com/special/00013CEV/dragracing.html，2016 年 3 月 20 日访问。

② 可比较关于信任关系的一般性论述，See Guido Mollering, *Trust: Reason, Routine, Reflexivity*, Amsterdam: Elsevier, 2006, p. 8; Russell Hardin, *Trust and Trustworthiness*, New York: Russell Sage Foundation, 2002, pp. 11 – 12。

③ 参见〔美〕查尔斯·蒂利《信任与统治》，胡位钧译，上海世纪出版集团，2010，第 15 页。

④ See Annette Baier, "Trust and Antitrust", *Ethics*, Vol. 96, No. 2 (Jan., 1986), pp. 231 – 260.

话"（myth of legality）所笼罩,[1] 但熟悉联邦最高法院判例史的学者都知道，联邦最高法院所作出的不合时宜的判决也为数众多，如 2000 年著名的布什诉戈尔案，尽管这个案件在学者看来明目张胆地彰显出了其党派性特征，践踏了宪法的尊严，但这并没有根本损害法官的权威，也没有改变美国人对法院至上性的偏执看法。[2]

　　法律信任作为一种促进风险行动的机制，能够使法律系统的客观风险在主观层面得到内化处理，使我们面对高度专业化而制裁权力又极大的法律系统时能够建立心理上的安全感。类似于一般信任关系，法律信任是一种"谨慎的不介意"，其"放弃了某些可能深一层的信息"以及"对结果的持续控制"。[3] 法律信任无疑是需要一定的制度条件的，如司法独立、法条主义、职务的廉洁性、制裁的展示等，但这些制度条件仅仅构成法律信任推理的不充分信息，不足以保证法律期待的安全性。但法律信任的好处也显而易见，法律信任在无法获得法律运作的完整信息以及难以理解法律的结构与过程的情况下，就赋予法官与执法者一定的自由裁量权，并做出安全性的推断。在此过程中，我们既避免了沉重的信息负担，也避免了沉重的心理负担。我们不必如同各种社会舆论争议案件那样，对法律决定过程中的各种行为细节追根究底，也无须因为不理解法律制度的基本原理，而对法律是否能实现公正产生心理上的焦虑。

---

　　① 如很多美国学者的经验研究表明，大众传媒趋向于将联邦最高法院描述成一个严格遵循法律、去政治化、超越日常政治中的意识形态冲突与妥协的机构，这构成了司法的"合法性神话"（myth of legality），而这种描述大大不同于传媒对议会中的政治协商与妥协、腐败与无能的严厉批评。See Vanessa A. Baird and Amy Gangl, "Shattering the Myth of Legality: The Impact of the Media's Framing of Supreme Court Procedures on Perceptions of Fairness", *Political Psychology*, 27（4），August, 2006, pp. 597 - 614; J. M. Scheb &W. Lyons, "The Myth of Legality and Popular Support for the Supreme Court", *Social Science Quarterly*, 81（2000），pp. 928 - 940.

　　② 参见〔美〕杰弗瑞·A. 西格尔、哈罗德·J. 斯皮斯、莎拉·C. 蓓娜莎《美国司法体系中的最高法院》，刘哲玮、杨微波译，北京大学出版社，2011，第 70~73 页。

　　③ 〔德〕尼克拉斯·卢曼：《信任》，瞿铁鹏、李强译，上海世纪出版集团，2005，第 29~30 页。

实际上，现代法律制度很大程度上已经变成风险责任的制度化分配，[①] 如民法允许违约后赔偿、公司允许破产解散、劳动法允许补偿后解雇、刑法中不知法也不免其罪。这些制度都能够表明，合法也是有风险的，现在问题就不在于完全消除法律的客观风险，而是如何让客观风险在主观上被个人所接受。这就要求一种不会"斤斤计较"的对法律的总体性信任。既然我们无法减少法律的客观风险，我们就只能增加对客观风险的内在心理承受力，而信任的功能就保证了这一点。法律信任并不意味着消除了法律系统中的客观风险，这些客观风险是不可能完全消除的。法律条文再完善，我们都不可能据此完全准确地预测未来，也没有任何法律程序能够对所有违法行为进行全面覆盖，任何法律决定都不可能完全实现形式正义与实体正义之间的均衡。法律信任是悖论性的：法律信任并没有消除风险，只是使我们勇敢地跳入风险当中。信任是人类因为理性有限而无法控制世界的复杂性而演化成的一种特殊认知模式与行动机制，对法律的信任可以使我们不必去深入追究法律系统内部种种不可理解与不可控制的复杂过程、决定机制、决定依据、内幕，进而能够对法律的运作保持"必要的沉默"。[②]

在不信任的情况下，由于人们无法"放心"地将自己的重大利益托付给他人的自由裁量权，只能将所有的信息需求与决定压力积聚于自身，这导致了不信任者极度的情感紧张。[③] 对法律的不信任所产生的情感紧张非常类似于日常生活中其他的不信任关系，如夫妻一方发现另一方出轨，就可能会强烈担心另一方的任何一次外出都是和情人约会，对其一举一动高度敏感，不自觉地推断其一切行为都是对卑鄙动机的掩饰，即便这

---

① 参见〔德〕尼克拉斯·卢曼《法社会学》，宾凯译，上海世纪出版集团，2013，第302 ~ 303 页。

② 参见〔英〕安东尼·吉登斯《超越左与右：激进政治的未来》，李惠斌、杨雪冬译，社会科学文献出版社，2000，第 120 页；Guido Mollering, *Trust*: *Reason*, *Routine*, *Reflexivity*, Elsevier, 2006, p. 111.

③ 参见〔德〕尼克拉斯·卢曼《信任》，瞿铁鹏、李强译，上海世纪出版集团，2005，第94 页。

种种担心可能并没有实际依据。在法律信任危机中，我们同样也能发现这样一种情感紧张，如在湖北邓玉娇案、浙江钱云会案、杭州胡斌交通肇事案、山东于欢案、陕西张扣扣案等公共法律案件中，不信任使公众极为担忧司法机关与执法机关对弱势群体是否公平公正，对违法者是否徇私包庇，即使在缺乏确切证据的情况下也试图去挖掘法官与执法者的一切行为与声明背后不可告人的秘密。如果我们不信任法律，就会对法律运作的风险产生过分的忧虑与敏感，法律运作中的任何一个瑕疵与漏洞都会激发公众铺天盖地的怀疑与谩骂，任何一个可能是无意为之的错误都可能被认为是掩饰真相与徇私枉法。而且法律运作也不可能完全做到行云流水，没有任何瑕疵与漏洞。在一些案件中，公安机关对案件的侦查与处理在初期会存在错漏和反复，但在不信任的环境中，这些错漏与反复是高度象征性的，是不可忍受与令人不安的。

# 第二节　法律信任的运作特征：潜在性与敏感性

## 一　法律信任中风险计算的潜在性

法律信任的推断依据虽然非常有限，但这并不意味着法律信任没有任何风险计算，法律信任中的风险计算是潜在性与盲目性的。法律信任无疑是有经验考虑的，对被信任对象也是有一定的选择性的，因为我们不可能信任任何人与任何事。但这其中的风险并没有以有意识的方式表现出来，而是被我们所内化，也即通过长期交往的潜移默化，传统与文化的长期熏陶，或人类的内在生物特性，而形成一种无须理性计算的想当然心理与泛化态度。

信任是一种心照不宣的要求，信任如要实现其功能，只能以无言的非反思性方式存在。因为能够保证信任成功的信息非常有限，如果人们意识到这一点，就无法放心地依赖于他人了。正如前文所言，信任无法被故意选择或被强求，信任只能是潜移默化、水到渠成的。信任很大程度上是盲目的，是不假思索与自然而然的。信任是一种没有意识到理性计算的弥散态度。我们对法律的信任多数情况下也不是出于明确的理性计算，不是因为司法机构公布了某项能够证明司法非常公正、可靠的统计数字，也不是因为我在个案当中得到了满意的结果，我们就会立刻有了对法律的信任。我们也不是因为媒体对司法机构的各种正面报道而更加信任法律。无论我们是信任法律还是不信任法律，都不是对法律风险有意识反思的结果，而是一种高度泛化与弥散的情感态度。这也意味着对法律的信任与不信任都可能非常盲目。程序研究者常常强调，基于可见的程序正义，不可见的实体正义也就得到了实现。[①] 但这仅仅是对法学家对公众实际的推理思维的一种理论化表达，这有用理论逻辑替代事实逻辑之嫌。[②] 在实际的信任逻辑当中，我们往往是不自觉地将程序正义与实体正义等同起来，并且在发现程序瑕疵后就立刻对实体正义表现出激烈、盲目的否定。这其中的推理过程和理性计算相去甚远，大多数人不会真的如法学家那样去区分程序正义作为符号体系与实体正义作为实在基础之间的不同，并对程序正义的推理风险进行估算，而是很自然地将两者等同起来，并且以一种高度泛化的态度将对直观的程序信息的判断延伸至对不可直观的实体问题上。

信任计算的潜在性也和其情感特质有关。[③] 信任尽管以一定的经验为基础，但信任将有限的经验凝结成盲目的情感，情感能够使人们在心理层面上对法律系统的各种风险不会过于焦虑，使人们能够耐心地等待因为追求审慎而进展缓慢的程序、平静地接受价值多元化而导致的有瑕疵结果。情感是一种独特的心理机制，其从熟悉、具体的起源处抽象出来，

---

① 国外学者的观点，请参见〔德〕哈贝马斯《在事实与规范之间——关于法律和民主法治国的商谈理论》，童世骏译，生活·读书·新知三联书店，2003，第369~374页。国内学者的观点，请参见季卫东《法治构图》，法律出版社，2012，第158~160页。

② 请参见布迪厄对理论意识与实践意识的差别的论述，参见〔法〕皮埃尔·布迪厄《实践感》，蒋梓骅译，译林出版社，2003，第125页。

③ See Bernd Lahno, "On the Emotional Character of Trust", *Ethical Theory and Moral Practice*, Vol. 4, No. 2, Jun., 2001, p. 175.

变成了与客观环境相分离的有着自主性的主观机制。① 通过这一点，情感建立了能够漠视经验变化的泛化态度。这对于我们形成对法律的信任是非常重要的。信任作为一种内化情感的机制能够"将经验泛化"，使我们对法律的认知，从过去的案例延伸到其他"类似的"的案例，而且在这些案例经受得住检验的范围内，使我们对区别的不介意稳定化。② 这意味着，一个敢于坚持"王子犯法与庶民同罪"的衙门，同样也容易让人相信其在审理"庶民"案件时的公正性。一个敢于审判政府最高层的法院，同样也容易让公民相信其审理其他权贵人物案件时的公正性。当然，一个面对政治强权畏首畏尾的法院，一个贪腐新闻层出不穷的政府，也就很难让公民相信司法与执法的公正性。基于前期的案例经验，我们不自觉地形成了某种比较"顽固"的情感，并将这种情感沿用至新的案例中。因此，法律信任也是盲目的，或者说是"迷信"的。在法律领域，不论是对法律的信任还是不信任，在某种意义上都是一种不分青红皂白的盲目情感，信任法律意味着不论法律结果是否符合自己的期待，都会认为法律系统做到了看不见的实体公正。而不信任法律则意味着即便最后的法律决定实质是公正的，公众都总能找到怀疑与否定的理由。信任与不信任都能够使公众泛化地对待不同的法律经验，信任能够不加区分地正面对待实质上公正与不公正的法律决定，而不信任则不加区分地负面地对待实质上公正与不公正的法律决定。

另外，我们也能够看到，在法律信任关系中，任何对于风险收益的公开考虑都会破坏信任计算的潜在性。信任本身是不可公开言说的。前文已经论述过，信任当中的理性计算只能是潜在的，任何对于是否要信任还是不信任的公开考虑，都会破坏信任。当信任的相关事务被议题化时，就已经说明信任成问题了。在法律领域，我们也能够看到，当我们

① 这种情感的一般性论述，将其移用到对法律的态度当中也是成立的。参见〔美〕詹姆斯·O. 卢格《人生发展心理学》，陈德民等译，译林出版社，1996，第 221 页。
② 类似表述，参见〔德〕尼克拉斯·卢曼《信任》，瞿铁鹏、李强译，上海世纪出版集团，2005，第 34 页。

对法律是否公正合理进行公开争论时，就已经表明法律不值得信任了。类似于人际关系中的情况，当我对你说："你应该信任我"，这已经是在暗示你的不信任，并且这种要求只会加强你的不信任。信任被议题化后，会给双方以启发：似乎信任的理由需要重新考察，[①] 而这就破坏信任在降低信息负担与心理负担上的意义。谋求他人的信任只能以一种无法让人察觉是在谋求信任的方式才能成功。司法机关与执法机关很难以一种非常直白的方式去公开谋求公众对法律的信任。比较来看，信任的这种特性在其他社会领域也能成立。正如求爱过程如果表达过于直白往往会破坏爱情应有的默契，一个温柔的眼神、一个贴心的问候，比轰轰烈烈的爱情宣言往往效果会更好。同样道理，司法机关与执法机关为了谋求公众的信任，冷冰冰的统计数字是基本没有效果的，应该采取一种润物细无声的方式，例如人性化的诉讼立案窗口、和蔼可亲的办事态度、耐心细致的解释，甚至一杯热水等。

信任计算的潜在性对于法律专家的自主执业也是一种保护与激励。我们也常说"用人不疑，疑人不用"，当你将某种重要事务委托他人时，不应公开表达惩罚与奖励的可能性，公开性的风险收益计算对于被信任者来说是一种暗示，暗示信任关系并不单纯，需要重新定位。这种怀疑会破坏被信任者对信任中所产生的义务与责任性质的判断，将原本无条件、不具有可选择性的伦理义务转变为有条件、可选择性的契约义务，[②] 引发被信任者对委托事务的利害计算，从而失去信任当中的盲目性忠诚。他人的信任期待对自己会是一种压力，这种压力缺乏具体标准，因此不

---

① See Olli Lagerspetz, *Trust: The Tacit Demand*, Kluwer Academic Publishers, 1998, p. 29, 33.

② 对于交往风险的任何有意识防范与控制都可能改变信任的性质，请参见 Margaret M. Blair and Lynn A. Stout, "Trust Trustworthiness and the Behavioral Foundations of Corporate Law", *University of Pennsylvania Law Reivew*, Vol. 149, No. 6 (Jun., 2001), pp. 1787 – 1788。其他相关的经验研究文献，请参见 M. Gregg Bloche, "Trust and Betrayal in the Medical Marketplace", *Stanford Law Review*, Vol. 55, No. 3 (Dec., 2002), pp. 925 – 926; Gabriele Piccoli and Blake Ives, "Trust and the Unintended Effects of Behavior Control in Virtual Teams", *MIS Quarterly*, Vol. 27, No. 3 (Sep., 2003), pp. 365 – 395; Florian Herold, "Contractual Incompleteness As a Signal of Trust", *Games and Economic Behavior*, Vol. 68., 2010, pp. 180 – 191。

可控制，但恰恰这种抽象、弥散的压力才能给予信任对象一种巨大的动力，使其在无人监督的情况下仍尽职尽责。[1] 这种盲目性的忠诚很多情况下对于委托关系是必不可少的，因为信任付出者有时并不能完全控制事务的一切细节，也不可能就所有细节达成协议，如果没有这种缺乏监督的忠诚，付出信任者就可能对被信任者是否尽职尽责陷入无法克服的焦虑当中。在任何专业领域，专家的执业也需要一个能够不受外界干扰的专门环境，要求一以贯之的精力关注与投入，[2] 法律领域同样也是如此，但公众对法律风险的公开性忧虑以及对追责的强调往往也会使法官与执法者陷入患得患失当中，这打乱了法官对法律运作的专业考虑以及对抽象正义的制度承诺。这种专业考虑与制度承诺往往需要以不再考虑前提与条件的职业理念的方式存在。只有冒险才能体现出信任的价值，[3] 但公众对于法律风险的公开表达使法律专家开始将精力转向对守信行为与背信行为的风险计算当中，这个时候重要的不再是法治的那些至上标准是什么，而是公众的要求是什么，自身的得失是什么。对法律风险的公开表达与考虑使那些应该得到一以贯之坚守的法治标准变成了可以计算、可以妥协的不稳定规范。

## 二 法律信任的符号敏感性

与法律信任的盲目性相对应的是，法律信任也有着特殊的敏感性。这和法律信任通过符号得到控制有关。外行的公众由于对现代法律系统的高度无知，只能将复杂的法律现象简化为易于辨识的符号，通过对现实经验的粗糙提炼，某些认知成本比较低的信息被挑选出来作为证明信

---

① 关于信任导致自我约束的一个经验研究，See Dmitry M. Khodyakov, "The Complexity of Trust-Control Relationships in Creative Organizations: Insights From a Qualitative Analysis of a Conductorless Orchestra", *Social Forces*, Vol. 86, No. 1 (Sep., 2007), pp. 1 - 22。

② 参见〔英〕安东尼·吉登斯《现代性的后果》，田禾译，译林出版社，2000，第75页。

③ See Larry E. Ribstein, *Law v. Trust*, This article was prepared for Conference on Trusting Relationships, Boston University Law School, 9/22 - 23, 2000.

任与不信任的指标性事件与关键变量。① 在法律信任中，涉及私生活的道德瑕疵、具体的程序标准、当事人的特定身份、纠纷的特殊起因、有着特殊背景的事件、各种外在行为举止甚至着装，都有可能被公众作为判断法律系统内在可靠性的符号标准。这些认知成本较低的信息符号虽然与法律决定的内在合理性没有必然联系，也很难代表法律的整体，却能够大大简化对法律内在可靠性的判断，从而引发对法律的整体性信任或不信任。法律信任通过符号体系一旦建立起来，人们就可能在符号的刺激下做出不假思索的"反射性行为"：人们开始直接根据符号做出判断，并可能置符号所表达的终极事务于不顾。② 由于公众本就缺乏专业知识，只能根据自己的生活常识与道德直觉，将某些未必相关的表象信息符号作为推断不可观察与不可理解的法律结构与法律过程的关键依据，这些信息被符号化与象征化，人们在观察法律系统时会将注意力高度集中于这些符号化的信息，而对其他比较专业化的信息视而不见。例如，在社会舆论中，我们就会发现，那些能够引起社会舆论对司法的强烈不满与质疑的案件，很多涉及某种类型的不平等社会身份，某些特定的身份信息被公众挑选出来作为判断司法是否公正的关键符号，只有在这些案件中，公众对法律的不信任情绪才会爆发出来。但同时我们也会发现，对于官员腐败犯罪案件，公众就很少提出铺天盖地的质疑。不平等的社会身份符号在人们判断司法审判是否公正时得到特别的"关照"，而法官是否准确地解释了法律条文或严格遵守了法定程序反而被不自觉地忽视了。我们之所以依赖于符号，那是因为我们无法看见符号所意指的东西，因此符号并不能排除现实的发展完全有可能是另一种样子。③ 因此，当人们因为无知而将某些认知成本较低的符号作为判断法律是否可靠的关键依

---

① 参见〔德〕尼克拉斯·卢曼《信任》，瞿铁鹏、李强译，上海世纪出版集团，2005，第99页。

② 参见〔英〕A. N. 怀特海《宗教的形成/符号的意义及效果》，周邦宪译，贵州人民出版社，2007，第96页。

③ 参见〔德〕卢曼《社会的法律》，郑伊倩译，人民出版社，2009，第66页。

据时，就一定会产生名不副实的风险。公众对上述案件的质疑最终都能被证明是不靠谱的。

信任与不信任之间通过符号来划界，但符号在简化问题的判断的同时，也有着高度的敏感性，因为符号易于控制与辨识，所以通过符号的法律信任有着高度的可控性与稳定性，只要不逾越符号的界限，不论实际经验如何变化都可以假定符号意指的对象是稳定可靠的；同时，也恰恰由于符号易于控制与辨识，超越界限也很容易被发现，因此法律信任又表现出高度的敏感性。在前文，我们已经提到，在卢曼的信任社会学中，符号构成了信任向不信任转化的"阈限"机制。在"阈限"一边是高度信任，而"阈限"的另一边是高度的不信任。"阈限"能够"拉平"差异化的经验，使"阈限"内的瑕疵、不足、意外与不连续都能够得到一视同仁的泛化对待，信任与不信任的判断由此变得高度简单化。在"阈限"的任何一边，我们都能够做到对法律的"感觉的稳定化"：不论法律过程中存在何种瑕疵，法律决定结果对个人存在何种不利，我们都能够假定法官或执法者在看不见或不可理解的决策过程中都尽职尽责了，真正做到公正合理了。这种感觉无疑是相当盲目的。"阈限"的稳定化对于法律信任是极为重要的，因为任何法律制度都不可能完全没有瑕疵。但一旦超过"阈限"，态度立刻就会走向反面：这时不论法律决定是否公正合理，不论法官与执法者在看不见的决策过程中是否真正尽职尽责了，人们都会坚持一种全盘否定的态度。

因此，我们在"阈限"范围内的态度是一种高度泛化的情感，正因为如此，为了避免对经验的无限泛化以及判断风险的无限扩大，对这一能力必须予以限制，这要求情感在某个界限表现出根本性的否定。[1] 任何情感相对于当下的经验事实都是一种"前认知情绪"，其在尚不知就里的情况下就对零星的信息做出激烈的反应。[2] 情感的信息基础非常薄弱，但

---

[1] 〔德〕尼克拉斯·卢曼：《信任》，瞿铁鹏、李强译，上海世纪出版集团，2005，第97页。
[2] 关于这一点的一般性论述，参见〔美〕丹尼尔·戈尔曼《情感智商》，耿文秀、查波译，上海科学技术出版社，1997，第29页。

正由于此，情感对信息也非常敏感，情感由于是高度盲目的，为了避免情感完全失去对经验变化的适应性，情感会抓住某些特殊的信息符号，进行激烈的调整。在信任关系中，这就体现为信任与不信任之间通过阈限机制的相互转化，"阈限"能够"拉平"经验，只要不超越"阈限"规定的经验范围，我们都能够假定他人的行为是善意的或系统的运作是可靠的，这时不论法律运作是不是完美无缺，法律决定对自己是有利还是不利的，我们在心理上都能够接受。但同时"阈限"也使我们的反应变得高度敏感，因为跨越阈限的"一小步将带来巨大的变化"。人们对这些符号化的信息高度敏感，一旦出现这些符号化的信息，人们就会不分青红皂白，全盘否定法律的可靠性。与符号化的信息相比，执法机关所公布的相对比较可靠的事实证据则乏人问津，很少成为信任与不信任的依据。

人们对法律的信任与不信任在由符号化的信息构成的阈限机制的刺激下来回激荡，只要不超过符号阈限的范围，人们就能够假定看不见的法律过程就是公正合理，就可以放弃对法律运作深层次信息的追问，并由此对法律系统中的自由裁量权及其相关风险保持沉默，但一旦超过阈限的范围，人们就会立刻爆发出对法律的激烈愤怒，一切细节在公众眼中都变得非常可疑，即便出现可靠的事实证据也难以消除公众的疑虑。

因此，对法律的信任与不信任之间的逆转常常具有戏剧性的特征，一个微不足道的错误就足以颠覆既有的信任关系，一朝事发，全盘皆输，毫不留情，正如前文所言，在阈限机制的控制下，信任遵循"全赢或全输"的原则，阈限符号的简单性往往会导致与符号本身的实际意义极不相称的整体性后果。"阈限"的效果往往具有冷酷无情的严格性，在法律实践当中往往因为一个微不足道的行为或事件的出现，执法机关所有的努力变得一文不值。如浙江钱云会案中"摄像头失效"的传言使公安机关的所有行为都蒙上徇私枉法的色彩。公众普遍相信钱云会是死于谋杀，而不是交通肇事。而公安机关也百口莫辩，因为其已经无法还原过去的历史，也无法将自己为侦破案件的幕后辛苦以道德上具有感染力的方式让公众接受。

综上所述，法律信任是一种特殊的社会现实，法律信任只有通过信任的逻辑本身才能得到理解。而信任既不是一种客观性的态度，也不是一种主观性的态度，① 信任是其自身。法律信任不是一种纯粹的认知，因为纯粹的认知会导致人们产生无法克服的信息与知识负担，由于现代法律系统的高度抽象性与专业性，大多数人作为外行已经不可能深刻理解现代法律制度的基本原理与复杂运作了，而由于现代社会的高度复杂性，我们也很难完全依赖于法律规范与程序来掌控社会交往的每一个环节。但法律信任也不是一种纯粹的情感，不可能建立在盲目的信仰上，因为我们也不可能毫无保留地将自己的身家性命与重大权益托付给可能存在错误风险的法律系统。法律信任是认知与情感的有条件结合，是有着自身独特个性的一种社会建构。

法律信任对于法律制度的总体意义可以概括为两大方面。一方面，法律信任对于一定信息基础的要求与筛选使人们对法律系统的认可得到正当化，而不会陷入没有理由的盲信当中，我们不会因为信任法律而遭到他人的耻笑。法律信任在主观上不完全是任意的，我们不可能信任一切，我们信任的总是带有特定特征的制度系统。这种特征得到社会公认，可以作为信任法律的正当性依据。如果缺少这种依据，现实生活中就会出现相反的情况：面对各种腐败的新闻或传闻，人们如果过于相信法律公正而不是关系运作，就可能被他人认为是"幼稚"的。另一方面，法律信任推断的情感特征与泛化特征也能够减少有意识计算的压力，而不会陷入难以掌控未来与患得患失的焦虑当中。法律如果被信任就很大程度上不取决于外在经验的变化，即便是在破案率上的糟糕统计数字、偶尔曝光出来的冤案错案、执法者在执法过程中所存在的行为瑕疵，短期内都难以撼动人们对法律的盲目信任。尽管法律信任不完全是一种理性

①　参见〔德〕尼克拉斯·卢曼《信任》，瞿铁鹏、李强译，上海世纪出版集团，2005，第36页。

计算，但法律信任对制度的选择也有着特殊的主观要求，法律依赖于心理上的内部结构与制度上的外部结构之间的协调与结合，由此形成一种总体性的态度。这种总体性态度能够平衡内部的规范性压力与外部的事实性压力，从而使人们能够以一种稳定的内在态度来消解外部世界的客观风险。

信任作为特殊的认知态度与行动类型，既通过一定的认知成分使未来的确定性有所提高，但另一方面也从内在的心理与情感层面提高了对未来不可避免的不确定性的内在承受力。在信任关系中，复杂性既被外在结构与过程简化，以降低客观风险，也被内在结构与过程简化，以降低主观风险。但信任更多的是利用内在的确定性来消解外在的不确定性，也即以内部的心理消化来克服外部的客观风险，从而提升他对外部关系中不确定性的承受力。就法律而言，在法律系统的客观风险难以完全消除情况下，我们就只能通过信任提升对客观风险的内在承受力。类似于一般信任关系，法律信任能"暂时中止了对于不可化约的社会脆弱性与不确定的考虑，似乎它们已经得到积极的解决，因此对于或多或少的特殊他人的行为与动机维持一种积极的态度"。[1] 从心理学的角度来看，法律信任在一定程度上是内在的情感处理代替了对外在世界的原生保证，[2]以心理上的勇敢态度来对待法律系统的不安全，通过超越可利用的信息和泛化的行为期待，信任用内部保证的安全替代外部缺失的信息。[3] 作为外行的大多数公民已经不可能做到对现代法律系统的透彻认知，法律秩序成了异己物，但在法律即使不完美仍然需要遵守的情况下，这使得对于法律风险的内在心理消化成了不得已的替代选择。

对此我们需要强调的是，人们对法律系统的信任不仅仅意味着人们

---

① See Guido Mollering, *Trust*: *Reason*, *Routine*, *Reflexivity*, Elsevier, 2006, p. 111.

② 参见〔德〕尼克拉斯·卢曼《信任》，瞿铁鹏、李强译，上海世纪出版集团，2005，第 35 ~ 36 页。

③ 参见〔德〕尼克拉斯·卢曼《信任》，瞿铁鹏、李强译，上海世纪出版集团，2005，第 125 页。

对法律风险的机械接受，而且也是对法律风险的内在消化，这意味着在行动上漠视风险的同时，也消除了心理负担。法律信任可以说是现代社会的人们面对高度抽象、专业的现代法律系统所采取的一种"实用主义"态度，[①] 其比理性计算能够更好地克服功能分化社会不同行业之间信息与知识的不对称以及个人与社会系统之间的认知障碍，也能够一定程度消除现代社会因为"脱域化"所产生的不安全感。法律信任对于中国法治建设的意义也毋庸置疑，因为没有对法律的信任，人们在一个多元化的社会中就很难获得安全感，这种社会秩序也很难得到普遍认可，也很难维持必要的稳定性。

---

① 如果不考虑信任的心理动机，从经济学的视角来看，信任是人们在信息匮乏的情况所做出的一种理性选择，但这仅仅是一种客观观察，从行为者主观的角度来看，信任中的计算是潜在性的。See Guido Mollering, *Trust: Reason, Routine, Reflexivity*, Elsevier, 2006, pp. 82 – 83.

# 第四章

# 法律信任的制度前提：法律系统的自治性

　　建构法律信任最基本的前提是法律系统的自治性。很明显，只有当法律成其为法律之时，法律才构成信任的对象，否则我们信任的可能就不是法律，而是权力、金钱或裙带关系。在中国，很多上访群众在争取自身合法权益的过程中并不是诉诸法律，而是诉诸权力，如果地方政府被认为是不可信的，那么只能直接向上级政府直至中央政府申告。不论群众是认为地方政府权力不可信，还是中央政府权力更可信，这都和法律无关，法律本身不构成大多数上访群众的信任对象或者不信任对象。道理是不难明白的，群众也许会认为（不论这种认为是否符合实际），我国司法行政化的现实使法律在处理行政性纠纷时无法保持中立、公正，因此，为了实现自己的诉求，群众会直接诉诸对法律有着更大影响力的行政权力。行政权力对案件的过问很多时候比诉讼更加有效。在很多群体性事件中，表面上来看人们不信任的是法律，但人们的不信任更多的是指向地方政府，法律目前还缺乏足够的自主性成为群众有效信任的对象。由于法律系统不被认为是独立自治的，很多情况下法律既不构成信任的对象，也不构成不信任的对象。无论是个人作为被信任的对象，还是制度系统作为被信任的对象，都要求必须具备基本的自治权，否则人们的信任对象就会转向其被背后的更强大的控制者。我们不会信任一个任人操控的"木偶"。在群体性事件的背后，根本问题仍然在于法律本身没有成为被信任的对象，而法律是政府的重要合法化方式，法律为政治权力提供了一种可以被普遍沟通、传达与接受的媒介。[①] 在现代社会，对于实际参与法律活动的法律人或者当事人来说，法律也不足以成为信任的对象，或者说是不可信的。这意味着法律条文是一回事，其实施又是另外一回事，但其中的问题在于：导致这一结果的原因往往在于还有其他更强势的力量凌驾于法律之上，这使法律本身很难成为信任或不信任的焦点。人们对法律的不信任，更多地指向政治权力，或者政治权力的支配与干预导致了人们对法律的不信任。法律实务中有时会出现这种现象：当事人有时会向律师询问，是否可以"找关系"？当事人如果输了官司，有时会怀疑对方是不是找关系了。在中国的关系社会背景下，以及由于权力缺乏有效的制约，在法律决定发生争议时，人们会用对关系或权力的期待代替对法律的期待。[②] 当事人通过律师的关系活动与法官所建立的个人关系，只能是对法官个人人格的特殊信任或对法官背后权力的信任，但不是对法律的信任。

# 第一节　法律系统自治性的实质体现

## 一　法律系统自治性的规范层面与行动层面

法律系统的自治性只有同时考虑规范层面与行动层面才能成立。法律系统并不仅仅是一个规范系统，而且也是一个行动系统。[③] 我们如果仅

---

①　请参见卢曼的相关理论，Michael King and Chris Thornhill, *Niklas Luhmann's Theory of Politics and Law*, Palgrave Macmillan, 2003, pp. 109 – 113。

②　相关研究，参见伍德志《"关系"影响法律运作的原理、机制与后果》，《法学》2023 年第 1 期。

③　参见〔德〕哈贝马斯《在规范与事实之间——关于法律和民主法治国的商谈理论》，童世骏译，生活·读书·新知三联书店，2003，第 139 页。

仅停留在规范系统的层面上，那么谈论法律自治是没有太大意义的。在规范层面上，即便我们把由立法机关制定出来的任何规范性文件都称为法律，但如果这些法律得不到法律主体的实际遵守与实施，而只是停留在纸面上，那么我们就永远无法区分什么行为是法律行为，什么行为是政治行为、道德行为或者经济行为，只有观察到依据法律规范的行为不同于依据其他社会规范的行为时，我们才能看到法律的存在。正如我们不会认为一个穿上法袍的人就一定是法官，还要看他是否通过司法资格考试，是否取得法官资格，以及其行为是否符合法律所规定的法官职能。凯尔森的纯粹法理论将法律界定为"应然"范畴，[①] 这在现实当中就会造成困惑：道德规范、组织规范都具有应然性，那么如何将法律规范与这些规范区别开来呢？显然只能通过行动才能区别，当一个法律规范是由特定的国家机关制定出来，人们可以根据法律规范向法院提起诉讼，而法院又必须给出回应时，我们才能看到法律规范与其他社会规范的差异。哈特关于第二性规则决定第一性规则的法律系统内部自我确认的观点也还只是停留在规范的层面上，[②] 第二性规则似乎赋予了第一性规则作为法律的独特标志，但这同样无法将法律作为一种独特的社会现实从其他社会现象中区分出来，其问题在于：这个决定是由谁做出的？如果这个决定是由某位政客做出的，那么显然我们不会认为这么做就产生了一部新法律，只有当法官或者立法机关这么做时，人们才能相信一条法律规则或一部法律规范已经被制定出来，并可以此为依据，形成对他人的正当性期待，如果他人不符合自己的正当性期待，就可以向法院提起诉讼或向行政执法者投诉，并要求上述机关做出合法与非法的决定。尽管实际的行为对于证明作为一种独特社会现象的法律的存在很重要，但是仅仅

---

① 参见〔奥〕凯尔森《法与国家的一般理论》，中国大百科全书出版社，1996，第37页。凯尔森也认为，强制构成法律规范与其他社会规范之间的经验差异，但是很显然，此种强制也是"应然"意义上的，而并不必然意味着法律强制的实际实施。也参见〔奥〕凯尔森《纯粹法理论》，张书友译，中国法制出版社，2008，第56、281~282页。

② 参见〔英〕哈特《法律的概念》，张文显等译，中国大百科全书出版社，1996，第92~98页。

观察行为也是无法认识法律制度的，行为与规范在确认法律的存在上是一种相互参照的关系。就此而言，麦考密克与魏因伯格倡导的制度法理论就整合了法律作为一种特殊现实所包含的规范与事实因素，在他们看来，法律不仅仅是"一个物质实体，不是借助于观察设备就能直接与间接观察到的某种东西"，规范固然能够引发特定的行为后果，但是仅仅看到纯粹现实性的行为后果并不能表明规范的存在，"行为的规律性不以任何方式带来义务"，只有义务才是法律规范引发的行为所特有的因素，因此"决不能从纯粹的行为中就能认识规范"。[①] 法律制度既包含理想性的规范，也包含现实性的行为，失去了这其中任何一面，我们都无法理解什么是法律。我们既无法仅仅通过读懂了法律规范的文字而认识法律，也无法仅仅通过观察法官一系列纯粹的行为而认识法律。只有当我们将法律规范与法官行为从思想上对应起来，我们才能理解法官的行为就是法律行为，才能看到法律制度的独立存在。因此，法律制度"是具有重要意义的规范的构成物，而且与此同时，它们作为社会因素的现实存在，只有当它们被理解为规范的精神构成物，同时被认为是社会现实的组成部分时，它们才能得到承认"。[②] 在这里，规范与现实的关系是相互影响、相互决定的，一方面，法律规范需要人们的现实行为来证明；另一方面，人们的现实行为之所以被称为法律行为也是因为得到了法律规范的解释。不是任何一种规范都是法律规范，不是任何一种行为都是法律行为，不是任何规律性的行为模式都是法律制度的现实表现。

而卢曼的社会系统理论能够向我们更全面地展示法律作为一种独特社会现象在规范层面与行动层面是如何可能的。卢曼认为，单纯从语言的角度，人们永远不会想到把法学讨论看成一个运作上自成一体的系统，纯粹的语言行为本身并不能保证法律的自治性，很明显的一个事实就是

---

① 参见〔英〕麦考密克、〔奥〕魏因伯格《制度法论》，周叶谦译，中国政法大学出版社，1994，第42~43页。

② 参见〔英〕麦考密克、〔奥〕魏因伯格《制度法论》，周叶谦译，中国政法大学出版社，1994，第136页。

没有受过法律教育的人就不可能理解法学争论，法律作为一种社会子系统最基本的构成单位是法律沟通，法律沟通既包含规范结构，也包含运作行为，两者存在着这样一种循环关系：结构只有通过运作才得以构成与变化，反过来运作又必须通过结构才得以专门化。① 法律系统中的沟通之所以被视为法律沟通，既要有规范依据，也要有实际的行动，在这个过程中，一方面，人们受约束的行动证明了法律规范的结构性限制的存在；另一方面，人们的行动也只有通过法律规范才能被解释为法律行为。只有在行动的层面上，我们才能发现法律规范对人们行动的实际影响力，同时，只有在规范层面上，当法律规范存在与否会产生不同行为结果的情况时，我们才能将法律行为区别于其他行为，如政治行为、道德行为与经济行为等。

因此，无论是从纯粹的规范角度，还是从纯粹的事实角度观察法律系统的自治性都是非常片面的。这在法律系统的自我观察中有两个对应物。首先，法律系统的自治性并不是指严格的法条主义。法官在实际作出判决的过程中，需要填补不确定的法律条文与具体的法律适用之间的鸿沟，而这其中不可避免地夹杂了法官个人的政治权衡、价值判断、性格、生活经验、教育背景等一些非法律的因素。因此，我们不能从纯粹的规范角度来描述法律系统的自治性。法律系统的自治性并不完全表现为严格地依法办事。尽管如此，法条主义是法律系统最显著的特征，也是法律系统和其他社会领域的运作逻辑发生冲突的最重要原因，自然法学派强调法律应服从普遍性道德，社会法学派强调法律应平衡社会利益冲突，以及经济分析法学派强调法律应符合经济合理性，可以说都是法律系统的法条主义与其他社会领域相冲突的表现。其次，法律系统的自治性也不完全等同于法官的独立性与律师的独立性。这是传统法律理论

---

① 参见〔德〕卢曼《社会的法律》，郑伊倩译，人民出版社，2009，第15～16页。这一点其实也可以通过吉登斯的结构二重性理论得到解释，法律规范作为一种结构既是法律行为得以实现的中介，又是法律行为的结果。参见〔英〕安东尼·吉登斯《社会的构成：结构化理论的大纲》，李康、李猛译，生活·读书·新知三联书店，1998，第297页。

非常强调的一个重点，① 对于当代中国来说，强调这一点无疑也具有根本性的意义，因为我们缺乏的不是细密的法律规范，恰恰相反，我们针对各个社会领域的问题已经形成了浩如烟海的法律规范，却被认为一直得不到司法机关与行政机关严格、强有力地执行。因此，当下中国法治建设最重要的问题就是如何实现法官审判与律师执业的独立性，而司法行政化问题就反映了法官审判缺乏独立性。传统法律理论之所以非常强调法官与律师的独立性，原因在于西方法治在逐渐形成的过程中始终面对着强大的政治国家。更多情况下，所缺乏的并不是明文的法律规范，而是独立的法律人。今天中国的情况也非常类似。尽管如此，法律人的独立性还只是法律系统自治性的一部分，因为独立的法律人做出的判断既有可能是法律判断，也有可能是政治权衡、道德判断、经济分析，只有当我们阐明法律判断的逻辑不同于其他类型判断的逻辑的情况下，我们才能完整描述法律系统的自治性，因此，法律系统的自治性还需要一定规模的规范体系，即便规范体系存在某种程度的含糊性，但只要经过法律解释能够使人们相信法官多数情况下能够依法断案就足以构成人们对法律系统自治性的认可。综上所述，不论是法条主义，还是对法律人独立性的强调，都无法全面解释法律系统的自治性。

## 二　法律系统的自治性：规范上封闭与认知上开放

尽管法律系统是自治的，但并不意味着法律系统就完全是封闭的。法律的自治性是社会中的法律的自治性，是服务于特定社会功能的法律的自治性。法律自治性不是对外界环境信息的完全拒绝，而是以自己的独特选择方式来处理外界的信息。法律自治性是封闭与开放的结合，我们可以用卢曼的话来说就是"法律系统的运作在规范上是封闭的，在认知上是开放的"，封闭恰恰是为了开放性。② 法律系统是社会子系统之一，

---

① 参见〔德〕卢曼《社会的法律》，郑伊倩译，人民出版社，2009，第30页。
② 参见〔德〕卢曼《社会的法律》，郑伊倩译，人民出版社，2009，第38页。

必须适应不同的社会环境，因此法律系统必须保持认知的开放性，否则就会失去其存在的社会正当性。但法律系统在规范上又必须是封闭的，只有规范上的封闭才能保证法律系统的独立性，才能使法律作为法律并以其独有的规则与方式发挥其独特的功能。诺内特与塞尔兹尼克认为现代法律正从规则导向的自治型法转向目的导向的回应型法。① 这种观点并不准确。准确来说，法律系统开放性在加强的同时也会导致封闭性的加强，只有通过强化封闭性，法律系统才能基于自己专殊化的功能处理外部的复杂性。法律系统处理复杂性的能力是有限的，不可能将外部环境的所有复杂性都兼收并蓄。例如，出于某种外部环境的价值目的制定出来的法律或者作出的判决固然满足了新的社会需求，但同时也会形成新的结构性压力，对于法官来说，如果再次碰到新的个案信息就需要做出更大努力来解释不同案件不同处理的必要性与正当性。为了防止外部环境的多元化价值破坏法律系统对规范性期望一致性的保障，法律系统必须将新的刺激纳入自己的期望结构当中，这就限制了未来吸收其他价值的可能性。法律系统必须同时兼具封闭性与开放性。这就决定了法律系统并不必然排斥政治系统、经济系统或其他社会子系统的影响。因此，法律系统的自治性就不能是自绝于外部世界。

那么法律系统与其他社会子系统还有什么区别？区别只能是观察外部世界的方式的不同，这种不同决定了法律系统在处理封闭性与开放性的问题上的独特性。一方面，法律系统必须对外在环境进行信息上的构造与选择，但另一方面法律系统必须以自己的观察方式对外在环境进行信息上的构造与选择。这也意味着法律系统和其他社会子系统也完全有可能就某一相同的事务得出相同的结论。但是，只有当法官独立运用法律系统的观察与选择方式，而不是其他系统的观察与选择方式来解决问题时，法律才能发挥其他社会子系统不可替代的功能，因为法律系统通

---

① 参见〔美〕诺内特、塞尔兹尼克《转变中的法律与社会：迈向回应型法》，张志铭译，中国政法大学出版社，2004，第87页。

过其独特的观察模式来吸收环境的信息，并以独特的结构与过程来解决自己所设定的问题，由此才能产生相应的合法性效果。例如，我国的法院要想有效地解决官民之间的纠纷，不是说判决不应具有政治取向，不应回应民意，不应满足人民诉求，更重要的是，法官能够按照法律系统自有的运作规则独立办事，按照法律系统既有的格式化要求来有选择地吸收各种政治取向。只有通过这样的方式，法官才能使法律在解决社会问题的同时，使法律成为法律，而不是使法律成为政治。只有如此，人们才会相信法律是中立的，由此才能以一种有公信力的方式有效地解决政治问题。这就实现了封闭与开放的结合，法律既解决了政治问题，但又被人们相信以中立的方式解决了政治问题。

能够体现这种封闭性与开放性相结合的就是，法律系统有两种独特的构造与吸收外界信息的调节手段，一种是法条语言中的"条件性程式"，其将环境的影响转化为"如果/那么"的关系，由此吸收外界信息；另一种是法律学说的概念框架，概念存在一定的结构性限制，但概念本身没有规范约束力，因此通过对概念的非字义解释可以适应环境多变的情况。[1] 法律系统通过条件程式与概念框架既保持了对政治、经济、道德要求的认知开放性，同时又维护了法律系统自身在规范上的封闭性，从而使法律系统不至于因为承担了过多的来自其他社会子系统的任务，而自身功能不堪重负或者被某个社会子系统同化，特别是政治系统的同化。

综上所述，法律系统一方面能够大量地进行政治权衡、道德判断或者经济分析，因为这些非法律的因素完全能够通过法律系统条件程式与概念的再编码转化为法律语言，悄悄潜入法律系统中，从而能够得到法律系统的合法性支持。例如，法院是否受理一件诉讼，其看的是相关法律条件是否具备，而不问当事人是出于政治原因、经济原因，还是出于个人爱恨情仇，这些非法律因素正是由于法官不过问，才为其潜入法律系统提供了开放的机会。另一方面法律系统也没有失去自己的本色，因为这些非法律的

---

① 参见〔德〕卢曼《法律的自我复制及其限制》，韩旭译，《北大法律评论》1999 年第 2 辑。

因素必须经过法律系统的再编码才能在法律系统内得到处理。①

　　法条主义长期以来是对法律系统自治性的一种主要自我描述，被认为是法律系统区别于其他社会系统的根本性标志。毫无疑问，法条主义是实现法律自治的理想方式，正如卡多佐所说："遵循先例应当成为规则，而不是一种例外。"②法条主义可以说是法律系统对自己的整体性描述，是对自己的一种正当性辩护，不论法官与执法者的判断是否遵循了法条主义，他们都会宣称是法条主义。但是其问题也正在于理想始终不是现实，法律系统并不能实现完全的法条主义，但这也并不意味着法律很多时候就变成了政治、道德或者经济，法律仍然是法律，法律的独特之处在于区分与选择方式的统一，而不是始终如一的法条主义。

　　而对法律人特别是法官独立性作为法律自治性的强调，也往往容易走向另一面，也即法律选择在法律人的自由裁量权中变成了政治选择。这正是批判法学派对自由主义法治理想的指责。③具备独立性的法官往往可以漠视法条，直接以自己的政治权衡取而代之。法官进行政治权衡并不意味着法律就丧失了自治性，法律的自治性体现在法律能够不受政治干预地对政治要求进行取舍，也就是说法律系统坚持自身的选择方式，而不会被政治系统的选择方式所代替，即使面对政治要求时也是如此。这也意味着法律系统的自治性并不必然排斥政治要求或其他要求，而只是按照自己的标准，区分与取舍政治要求或其他要求。法官的政治权衡实际上也根本不同于政治系统中的政治权衡。例如，在议会的政党政治中，议会中的立法辩论与妥协也不可能复制到法庭辩论中，法律条文的刚性特征对法官会施加极大的结构性约束，即便存在政治权衡，规范与先例都会施加不可忽视的限制，法官也会声称依法办事，这构成司法游

---

①　参见〔德〕贡塔·托依布纳《法律：一个自创生系统》，张骐译，北京大学出版社，2004，第3页。

②　〔美〕本杰明·卡多佐：《司法过程的性质》，苏力译，商务印书馆，1998，第93~94页。

③　参见〔美〕安德鲁·奥尔特曼《批判法学——一个自由主义的批评》，信春鹰、杨晓锋译，中国政法大学出版社，2009，第57~58页。

戏的规则之一，也是法官判决必需的正当化方式之一。

## 三　法律系统的独立选择方式："合法/非法"的二元规则化

既然法条主义与法律人的自治性并不能作为法律系统自治性的准确描述，现在我们再来具体看看法律系统对环境信息的构造与选择方式如何不同于其他社会系统。前文所提到的条件程式与概念框架，只是提供了一种构造与选择信息的基本渠道，还不是这种构造与选择的实质性标准。选择的前提是观察，观察则是借由一个区别所进行的标示。[①] 法律系统以合法/非法这个二元图式来区分与观察世界，为了便于观察，首先需要将对象区分出来，因此任何一种观察都是一种区分，合法与非法是法律系统观察与区分世界的方式，卢曼称之为法律系统的二元规则化。[②] 而其他社会子系统的观察与区分方式则与法律不同，如经济系统通过"拥有/不拥有"以及"支付/不支付"来进行观察，[③] 政治系统通过"执政/在野"来进行观察，[④] 科学系统通过"真/假"来进行观察。[⑤] 这些社会系统在观察的同时，也是在构造与获取自己能够识别的信息。社会系统的二元规则化保证了系统的封闭，因为这些二元代码只能指向彼此，不能指向第三值，但与此同时，法律系统也有一定的开放性，因为第三值可以基于"合法/非法"二元代码的适用条件并经过再编码进入法律系

---

①　参见 Georg Kneer/Armin Nassehi《卢曼社会系统理论导引》，鲁贵显译，台湾巨流图书公司，1998，第120页；〔德〕尼克拉斯·鲁曼《对现代的观察》，鲁贵显译，台北远足文化事业有限公司，2005，第109~110页。

②　参见〔德〕卢曼《社会的法律》，郑伊倩译，人民出版社，2009，第10、24页。该书译者将法律系统的二元图式"合法/非法"翻译为"正当/不正当"，本书认为"合法/非法"更恰当，因为这能够使法律的区分方式区别于道德的区分方式。关于系统的二元规则化，还可参见 Niklas Luhmann, "The Paradoxy of Observing Systems", *Cultural Critique*, Vol. 31, (Fall 1995), pp. 37-55。

③　参见〔德〕尼克拉斯·鲁曼《生态沟通：现代社会能应付生态危害吗》，汤志杰、鲁贵显译，台北桂冠图书股份有限公司，2001，第85页；〔德〕N. 卢曼《社会的经济》，余瑞先、郑伊倩译，人民出版社，2008，第36~37页。

④　See Michael King and Chris Thornhill, *Niklas Luhmann's Theory of Politics and Law*, Palgrave Macmillan, 2003, pp. 71-72.

⑤　参见〔德〕尼克拉斯·鲁曼《生态沟通：现代社会能应付生态危害吗》，汤志杰、鲁贵显译，台北桂冠图书股份有限公司，2001，第123~136页。

统。因此，法律系统并不自绝于其他社会子系统，但这并不意味着法律系统和其他社会子系统就没有区别。法律系统在运作上与其他社会系统的区别就在于凡是合法/非法这个区分模式不能把握的东西也就不属于法律系统。对于法律系统来说，合法与非法的二元规则化是强硬的规则秩序，不适用这个区分，法律就不成其为法律。① 由于二元规则化的严格性与普遍性，这种区分图式最终必然会适用于法律自身，也即由法律自己来决定什么是法律。② 因此，法律自身的"合法性"并不依赖于更高级的宗教规范、自然法或者道德价值，而源于自身。即便对作为根本法的宪法，我们也会发现宪法只有在符合"平凡"的程序规范的前提下，才能生效。法律再神圣，只有经过不那么神圣的法官的解释才会适用于具体个案，才会成为人们所看到的法律。对于大多数普通民众来说，他们看不到效力高于实在法的高级法，他们看到的只是合法/非法二元图式的通行无阻与接续能力，只有当他们看到这一点，而不是看到某种神圣的高级规范保障了实在法的效力，他们才将法律当成法律来信任。合法与非法相辅相成，两者向彼此的相互转化一旦受阻，都会导致合法与非法的辩护失去说服力。卢曼认为，"一个规则的统一性表现在对一个值进行判断的时候不可能不考虑另一个值"，其中一个值相对于另一个值是"反面值""监督值"。③ 合法与非法的相互转化一旦受阻，就说明法律系统不再能够保持自身的统一性。这意味着某种非法律的力量干预了法律系统的自我再生产。这也意味着只有当存在着排除掉非法性一面的可能性时，合法性一面才能成立，反之也是如此。因此，只有当法律对于一切行为

---

① 参见〔德〕卢曼《社会的法律》，郑伊倩译，人民出版社，2009，第29、33页。

② 参见〔德〕贡塔·托依布纳《法律：一个自创生系统》，张骐译，北京大学出版社，2004，第15页；〔德〕卢曼《社会的法律》，郑伊倩译，人民出版社，2009，第13页；〔德〕卢曼《法律的自我复制及其限制》，韩旭译，《北大法律评论》1999年第2辑。

③ 参见〔德〕卢曼《社会的法律》，郑伊倩译，人民出版社，2009，第94~95页。其实二元规则化也存在于其他社会领域，如科学领域，当我们认为某一命题为真时，只有排除掉其为假时才能成立，任何强权如果干预科学领域这种真假之间转化的可能性，那么会导致真的和假的命题都得不到认证，不排除一面，人们就无法区分另一面。

都可以提出合法性与非法性的讨论与认定的时候，我们才可说法律系统享有自治性。政治权力既希望法律为自身赋予合法性，但又不尊重司法机关对合法与非法的判断权，政治权力所主张的合法性也只有存在能够通过司法排除掉非法性一面的可能性时才成立，政治权力不可能自己界定自己的合法性，在产生争议时，只有通过司法排除掉非法性一面，我们才能区分出合法性。只有当法律系统始终能够保持从一个值向另一个值转化的可能性时，我们才能谈得上法律的统一性与自治性。不论法律系统内部要素之间存在怎样的"反等级"决定关系，合法与非法都是不可任意伸缩的通行符码。法律系统的自治性就是合法/非法区分的统一。这种区分的统一既要求一定规模的规范体系，也要求法律人在操作上的独立性，法律人能够不受其他社会势力干预，自主应用合法/非法这个二元区分模式。法律人在此过程也完全有可能吸收其他社会领域的价值取向与利益诉求，因此这种操作上的独立性不能等同于那种关于法律人严格坚持法条主义、不受任何非法律思想影响的独立性的实质性假定。

以上是从法社会学角度出发对法律系统自治性的描述。法律系统在坚持二元规则化的同时，也能保持对环境的开放性：一方面，合法/非法的二元区分能够保证系统的封闭性，使人们看到法律就是法律，而不是政治、经济、道德，环境要求只有经过合法/非法的再编码才能进入法律运作的接续性过程当中；另一方面，法律系统观察与区分社会环境的过程也是适应社会环境的过程，条件程式与概念框架的灵活性能够保证对政治、经济与道德的敏感性与适应性，因为没有这种适应性，人们就会在经验上整体拒绝法律的功能作用，法律系统的自治性也是以法律系统对其他社会子系统的依赖性为前提条件的。

相比于上述法社会学观察，法条主义与法律人独立的实质性假定则只能被称为一种意识形态。法条主义与法律人独立性既是法律系统的自我描述，也是普通民众对法律的期待。但这种描述与期待并不一定符合事实，而只能是基于信任的需要而形成一种有意或无意的虚构。这也构成了法律人与普通民众对法律共同持有的意识形态。而且法律与其他社会领域的差异会导致规范与事实之间存在难以克服的鸿沟，这需要通过"法条主义"与"法律人独立性"这样一种"欺骗性的幻觉方式"来弥补。① 从某种意义上来说，这是一种必要的意识形态策略。因为没有这种"欺骗"与"幻觉"，我们如何实现普遍遵守法律及其所带来的社会效益呢？这也意味着社会秩序的实现并不一定以事实为基础，而也需要反事实性的期待，法律不可能实现绝对的实质正义，也不可能实现绝对的形式正义，面对未来的不确定性，法律一定是有缺陷的，但即使在法律有缺陷的情况下，人们也需要遵守法律。要实现这一点，我们不可能依赖完美的事实，只能依赖完美的虚构。

## 第二节　法律系统自治性的符号体现

前文对法律系统自治性的论述是一种较为抽象的分析，其展示了法律系统的自治是如何可能的。法律系统的自治性还可以一种更为便于认知与判断的方式展现出来。作为法律外行的大多数公众往往还根据一些更肤浅的外在信息符号来判断法律系统的自主性。而抽象意义上的法律自治在面对大多数法律外行时，也需要以认知成本更低的信息符号展示法律就是法律，而不是政治或其他。

### 一　法律系统自治性的符号展示：司法的自主性

法律系统只有首先被认为是自主性的，才能产生信任与不信任法律的问题。在这其中，司法的自主性具有核心性的符号价值与象征意义，因为司法的自主性是整个法律系统包括立法、执法、守法等各个环节的自主性的最终担保。正如我们常说的，"司法是正义的最后一道防线"。

---

① 关于这种复杂性简化的策略，参见高宣扬《鲁曼社会系统理论与现代性》，中国人民大学出版社，2005，第98～99页。

没有司法的自主性，就没有法律系统的自主性。正如前文所言，信任是应付他人自由及其风险的一种行动策略与机制，司法自主性构成了法律自主性的一个关键象征。只有当系统能够自主决定自己的操作，有着自己的内在秩序，我们才会对其产生信任。否则，当法律系统被政治权力所控制时，我们就不会信任法律，而是政治权力。正如中国的情况所表明的，民众不信任法律系统的自主性，转而求助更具自主性的政治权力，如向上级政府上访。有些学者对农民的问卷调查也能够表明，中央政府在各级政府中最受农民信任，① 这恐怕与其最显著的自主性不无关系。

　　法律系统的自治性既是一个抽象的问题，也是一个具体的问题。前文所描述的抽象自主性还难于以一种能够为公众易于判断的符号化方式展示出来。因为法律系统的二元规则化很大程度上是一种抽象的操作，这种抽象的操作对法律专家来说也许不是问题，但外行的公众往往未必能够洞察到这一点。我们无法通过显而易见的方式让公众观察到法官与执法者在法律实施过程中严格执行了二元规则化，因为法律系统与外行公众存在着难以克服的信息与知识不对称。为了更好地展现这种自治性，还需要辅之以更加直接的方式。因此，法律系统的自治性还必须以认知成本更低的信息符号展示出来。而由于任何合法与非法的认定最终都会归结到司法机关，因此，司法机关这个终局的裁决机构是否具有独立性与自主性就具有了关键性的符号意义。但司法机关也无法将其内在的独立品质以一种实质性的方式展示给公众，例如，司法如何让公众相信法官在作出判决的过程中对官僚与普通百姓、对富人和穷人一视同仁？如何让公众相信法官没有因为职位晋升的考虑而在行政诉讼当中偏向政府？判决本身是不能直观地显示这些信息的，刑罚多 1 年还是少 1 年，赔偿是多 1 万元还是少 1 万元，是不能说明任何问题的。司法的实质性独立是很

---

① 参见肖唐镖、王欣《中国农民政治信任的变迁——对五个省份 60 个村的跟踪研究（1999～2008）》，《管理世界》2010 年第 9 期。

难直接展示的。当外行公众不信任法官的自主性与中立性时，法官也是百口莫辩。因此，司法独立的展示还必须借助更为直观的信息符号，如法官不得拥有政党身份、法官的薪资待遇不受政府的影响、非经法官本人同意不得变动其职位、法官不得参与政治与商业活动、法官对有利害关系案件的回避等。这些外在的信息虽然并不能绝对保证法官的实质独立性，但也足以构成公众判断司法独立的重要信息符号。实际当中，公众据以判断司法独立的直观信息符号远远不止这些，可能还包括更加细化、能更为公众所喜闻乐见的行为与事件，如法官是否和政府官员或当事人在一起吃饭聊天，法官是否参加各种党政会议，法官是否参加各种政治学习班，法院领导的公开讲话是否频频提及政治话语；等等。尽管这些政治学习与政治会议对法官来说更多的是一种形式主义表演，但对于并不是很在行而且信息匮乏的大多数公众来说，就足以构成他们推断司法是否具备自主性的信息基础。

司法的自主性一般主要被用来表征法律系统与政治系统之间的制度切割，表明法律系统的自治性不受政治权力的干扰。但司法自主性的符号意义不仅仅限于此。将上述原理扩展开来，法律系统不仅必须与政治系统，也必须与其他社会系统做出"切割"，在无法做到实质性切割的情况下，也要做到符号性与象征性的切割。由于法律信任是一种高度泛化的态度，当我们非常无知的时候，我们会抓住一切貌似相关的因素来推断法律系统的可靠性，很多政治因素与非政治因素都可能影响人们对法律的信任。[①] 在中国目前的情况下，将法律系统与其他社会系统做出切割非常有必要，这有利于建立较高水平的法律信任，使法律成为具有公信力的纠纷处理机制，进而以法律为基础形成对其他行业的信任。除了法律系统与政治系统通过制度符号的象征性切割外，法律系统还必须和其

---

[①]  See Yung-Lien Lai, Liqun Cao and Jihong Solomon Zhao, "The Impact of Political Entity on Confidence in Legal Authorities: A Comparion between China and Taiwan", *Journal of Criminal Justice*, 38 (2010), pp. 934 –941; Simon Hug and Franziska Sporri, "Referedums, Trust and Tax Evasion", *European journal of political Economy*, 27 (2011), pp. 120 –131.

他社会系统，如经济系统、道德系统进行象征性切割，否则其他社会系统的问题可能会变成对法律不信任的依据。对法官与执法者的道德行为与经济行为都必须实施严格的控制，除了前述人财物独立于地方政府之外，我们还必须建立严格的法官选拔制度与惩戒制度，最大限度地限制法官与执法者受到道德问题与经济问题的污染。

## 二 政治权力的制度界限及其对法律自治的象征功能

十八届四中全会以来我国推行的新一轮司法改革试图从实质角度与符号角度推进法律系统的自治性。例如，从人财物上将法院与检察院从行政系统中独立出来，建立领导干预司法的惩戒制度，法官、检察官独立办案制，建立跨行政区域法院，设立最高法院巡回法庭。这些制度对于确保法律系统的实质自治性无疑是极为重要的，因为这些制度改革能够一定程度上使合法/非法这一对二元代码畅通无阻地应用于任何法律行为。同时，这些改革对于大多数外行公众来说也是一个极为重要的制度符号，能够让公众潜在地假定法院不受政治干预。

上述改革的主要目的在于保证司法的自主性，进而展现出法律系统的自治性。但由于司法权本身不足以保证司法与政治之间的制度界限得到有效维护，因为司法权在国家政治权力体系中并不占有优势地位。为了限制政治权力对于司法的不当干预，也为了制度上能够向公众展示出这一点，我们还必须为政治权力设立严格的制度界限，实质上就是要通过权力来制约权力，在不同的权力之间划分各自的界限，从而实现彼此之间的相互制约。只有对国家政治权力设立严格的制度界限，从而弱化其对于司法权的优势地位，才能使公众建立对司法权自主运行的信心。国家政治权力的制度界限对此有着重要的制度担保与象征功能。政治权力对于整个社会有着广泛的控制功能与扩张倾向，并且有着广泛的符号性存在，那么如何确保政治权力对于司法权的严格制度界限，并将这种制度界限通过象征化的方式表达出来，对于树立法律系统的自治性与可信性就具有核心的重要性。这种制度界限很多时候都是象征性的，并不能完全杜绝政治权力与司法权相互渗透到彼此的领域，但在树立对法律系统的社会信任上有着深远的意义。如果一个国家的政治权力不能确立严格的制度界限以及对这种界限进行充分的法律确认与表达，公众就会仍然相信政治权力比司法权更加有效、强势，那么人们就无法相信司法权相对于政治权力能够自主运作。这意味着，由于法律系统与政治系统的广泛关联性，人们也可能通过政治系统来观察法律系统，基于对政治系统内部权力制约机制的信任来建立对法律系统的信任。即便我们在人财物上能够将司法系统从政府部门中分离出来，但如果政治系统仍然呈现为一种全能型的制度架构，上述司法改革措施的符号意义就会被大大弱化。不论改革后的法院是否真的做到了相对于政治权力的自主性，也不论政治权力是否实际能够严格自我约束、兑现了改革的承诺，公众仍然会假定：也就是说，现有政治体制的鲜明特征决定了，其作为认知成本比较低的制度符号能够成为人们判断制度可靠性的关键依据，至于这些制度符号是否真的能够传达其背后的事实，反而变得不重要。哪怕终极的事实都是一样的，但制度符号的有无能够大大影响人们对制度可靠性的认知与判断。这类似于冯象曾经提到的一个法国谚语："教鱼游泳"，鱼是否会游泳是不重要的，重要的是教，教了之后，即使鱼的游泳技能没有任何实际变化，但由此产生的感觉也是不一样的。[1] 我们固然要实现实质性的司法独立，但实质性的司法自主性还必须以公众易于理解的符号化与象征化方式展示出来，但有着强大扩张性的政治权力始终未能确立严格的制度符号界限，这使得对司法自主性的任何宣称都失去了公信力。

因此，法律秩序必须通过一种象征化的方式来树立法律独立于政治的可信性，而这就是权力分立的象征性意义。司法、行政、立法之间泾渭分明，这种表象上的区分掩盖了法律也是一种非常有效的权力执行措

---

[1]　参见冯象《政法笔记》，江苏人民出版社，2004，第128～129页。

施的事实,① 三权分立的宪政安排为三权之间设立了一系列符号化的职能范围与程序界限，只要不逾越这些可见的界限，那么司法的独立性及其法条主义的意识形态承诺就可以被假定是可信的。

---

① 参见苏力《送法下乡》，中国政法大学出版社，2000，第 51~53 页。

# 第五章
# 法律信任的形象条件：法律系统的
# 印象管理艺术

不论法律系统如何抽象与专业，最终都要落实为具体的互动与过程。尽管法律信任已经不可能通过人格信任的方式得以维持，但作为法律系统的制度代表的法律专家如何以一种制度化的形象表现出来，对于法律信任的维护仍然重要。由于人们对法律系统的无知，法律人的任何一个表现都可能具有高度的象征性意义，类似于面试官在面对自己所不认识的求职者时，求职者任何无意流露出来的行为细节都足以决定面试官的判断。① 因此，求职者在面试之前会精心打扮自己，认真组织自我介绍，以防止一个偶然的失误导致前功尽弃。类似于此，法律系统也必须精心打造自己的外在形象，以防止因为某些无意流露出来、虽未必直接相关但也足以左右人们判断的信息破坏对法律的信任。不仅法律人要展示出一定的良好形象，法律运作的过程也需要展示一种可信的形象，法律过程在外行看来往往极为复杂，因此也需要通过对信息的传达与展示的合

---

① 参见〔美〕欧文·戈夫曼《日常生活中的自我呈现》，冯钢译，北京大学出版社，2008，第190～192页。

理安排，使人们相信法律人做出决定的过程也是可信的。借用戈夫曼的术语，我们可以称之为"印象管理艺术"。① 印象管理艺术将法律系统的行为与表现区分为"前台"与"后台"，② 并通过"前台"的完美形象来掩饰"后台"的风险。正是由于公众的无知，前台的个人形象与工作纪律极为重要，因为正是"前台"认知成本较低的形象决定了人们对"后台"认知成本较高的风险的判断。法律系统的印象管理艺术构成了法律系统向外行的大多数公民展示法律内在可靠性的符号表象体系，而外行的大多数公众很大程度上也是根据这些符号表象体系来潜在地推断法律的内在可靠性。

# 第一节　法律信任中的印象管理艺术

## 一　法律系统的表象与实在

法律作为一种抽象制度体系虽然不同于自然界的可见实在物，但是也必须通过某种信息渠道以可见的方式被人们看到、感受到。不被人们看到、感受到的东西对于人们来说是不存在的，虽然我们也可以如康德那样称这种看不见的存在物为"物自体"，但是这和人类经验是无关的，因为人们无法从经验上处理这种不可知的"物自体"。

对于外行的大多数公众来说，能够通过直觉理解的只是法律系统的"表象"，而法律系统的"实在"则作为专业化的信息与知识被隔离于直觉理解之外。表象与实在对于大多数人来说构成了不可逾越的鸿沟。这很大程度上是源于现代社会高度的功能分化所产生的知识与信息上的不对称。法律外行与法律内行之间在对法律系统的认知上就形成了表象与

---

① 参见〔美〕欧文·戈夫曼《日常生活中的自我呈现》，冯钢译，北京大学出版社，2008，第179页。

② 这两个术语也借自戈夫曼，参见〔美〕欧文·戈夫曼《日常生活中的自我呈现》，冯钢译，北京大学出版社，2008，第195页。

实在的区分。这意味着，即便法律实质上是公正的，是合理的，如果不能以一种易于识别的方式让公众了解到法律是公正与合理的，那就很难得到人们的认可。对于现代法律制度来说，一个普遍的问题是，法律制度不仅要具有可靠性，而且还必须向公众有效地传达这种可靠性。[①] 公众往往根据既有的文化与道德直觉来判断法律的公正性与合理性，而这种判断很有可能与法律专家对法律的判断是不同的，甚至是截然相反的。法律案件所展现出来的信息层次是不同的，某些非专业信息，如当事人的特殊身份，是官僚还是恶霸，是弱女子还是农民，是富人还是穷人，法官与执法者是否有婚外情、是否嫖娼，构成了公众能够理解的表象，公众往往就根据这些表象来推断法律系统的内在可靠性。而更深层次的专业信息则成了大多人不可观察的内幕，例如，法官与执法者的执法过程是否符合法律，法官与执法者对法律的解释是否符合法律条文的本义，法官与执法者在做出法律推理时到底在想什么，法官与执法者是否尽力尽责收集充分的证据，这些证据在法律上能否成立，专业司法鉴定的可靠性；等等。这些因素对于大多数外行的公民来说都成了不可直接观察与直观理解的"实在"。但在这里，我们也不能按照法律专家的标准要求普通的公民能够懂得法律知识，能够将对法律过程的了解提升到法官与执法者的水平。在高度专业化的时代，这已经变得不可能。谴责公众"不明真相"是没有意义的，因为公众不可能如同法律人那样去系统地学习法律知识，从而达到对现代法律制度可能的收益与风险的准确理解与认同。

因此，法律系统在谋求大多数作为外行的公民的信任时，不能总是强调专业上的合理性与公正性，而必须区分法律系统的表象与实在，并通过有技巧地展示法律系统的外在表象符号，来谋求公民对法律深层次的实在的信任。

---

① See Dan M. Kahan, David Hoffman, Danieli Evans, Neal Devins, Eugene Lucci and Katherine Cheng, "'Ideology' or 'Situation Sense'? An Experimental Investigation of Motivated Reasoning and Professional Judgment", *University of Pennsylvania Law Review*, Vol. 164, 2016, pp. 349 – 439.

## 二 法律系统进行印象管理的必要性

因此，法律制度为了获取人们的信任，必须建立有效的外在符号表象体系。通过这种外在的符号表象体系，我们能够将其与内在的合理性等同起来。我们可以类比欧文·戈夫曼的说法，认为这是法律系统的"印象管理艺术"。在人际互动中，由于双方之间的信息不对称，"当个体处于他人面前时，常常会在他的行为中注入各种各样的符号，这些符号戏剧性地突出并生动地勾画出了若干原本含混不清的事实"。① 在面对任何一个互动个体时，即便是很熟悉的人，我们都需要进行某种程度的印象管理，我们在他们面前都需要掩盖某些信息，揭示某些信息，以维持一种一致性的形象。在家人面前能够说的话在朋友面前未必也能说，在朋友面前的抱怨未必在家人面前也能抱怨。法律制度作为抽象的存在物，其只能通过具体的角色承担者与普通公民进行互动，因此普通公民也只能通过具体的制度角色及其行为来认知抽象的法律制度。普通公民由于缺乏专业知识同样难以掌握法律运作的全部信息，为了促进人们自觉守法，法律系统也需要进行印象管理，适当地控制法律运作所泄露出来的信息，以建立必要的信任。印象管理如同广告一样，广告的目的在于树立品牌形象，对于那些普通消费者从专业角度无法判断其内在质量的产品来说，品牌形象是非常必要的。人们只有通过品牌声誉，也即其他人都说好的信息与传闻，来判断某种复杂产品的内在质量，这对于那些一眼就能看出质量的商品来说，品牌就是不必要的，如菜市场上的土豆，我们当场就能确定其是不是假冒。② 正如前文提到，法律类似于经济学意义上的"信赖品"，如冰箱、电视、汽车等，大多数人是无法直接掌握这些信赖品的内在构造知识的，因此厂家只能通过某种信息媒介如广告，

---

① 〔美〕欧文·戈夫曼：《日常生活中的自我呈现》，冯钢译，北京大学出版社，2008，第25页。

② 参见郑也夫、彭泗清等《中国社会中的信任》，中国城市出版社，2003，第250页。

使人们"相信"产品的内在质量。[①] 任何不可直观的商品质量承诺都需要广告树立品牌声誉。法律制度也是如此，作为外行的大多数人一般是无法直接判断一项法律决定是否符合形式正义，形式正义是否符合实质正义，法律事实是否符合经验事实，以及法律对个人与社会所施加的风险收益大小。为了使人们相信法律运作的表象与其内在合理性是相一致的，法律同样需要建立自己的品牌形象。品牌形象传达了某些人们易于判断与控制的信息，人们通过这些信息能够推断不易于判断与控制的产品内在质量。品牌形象是普通公民与法律系统之间认知成本较低的沟通媒介，只有通过这种沟通媒介，人们才能对法律进行认知，与法律进行合作，同时，也只有通过媒介，法律系统才能控制人们的认知与判断。麦克卢汉认为，"媒介即讯息"："任何媒介（也即人的任何延伸）对个人和社会的影响，都是由于新的尺度产生的，我们的任何一种延伸（或曰任何一种新的技术），都要在我们的事务中引进一种新的尺度。"[②] 媒介之所以能够对人们施加影响与控制，无非就是因为人与人之间的信息差异，媒介在信息真空的情况下可以起到评判标准的作用。媒介虽然能够传达法律系统运作的信息，但是并不能保证法律运作无一例外地具有内在可靠性，正如广告虽然传达了产品质量好坏的信息，但是无法保证我们购买到的每一个产品的质量都是过硬的。媒介信息是人们判断内在品质的依据，但这两者并没有必然联系，因此这种判断是有风险的。

法律系统是如何进行印象管理的呢？在非专业人士与专业人士的交汇处，也即在吉登斯所谓的"抽象体系的入口"，存在着大量的媒介信息，通过有选择地掩盖或者暴露这些媒介信息，法律系统能够控制人们对法律的印象。当然，非专业人士也确实需要这一类信息，因为他们缺乏相关的专业性知识，而只能根据这些抽象体系入口处的认知成本比较

---

① 参见〔美〕理查德·A.波斯纳《超越法律》，苏力译，中国政法大学出版社，2001，第572~574页。

② 〔加〕马歇尔·麦克卢汉：《理解媒介——论人的延伸》，何道宽译，商务印书馆，2000，第33页。

低的信息对法律运作的内在合理性进行判断，"法官庄重的审慎，医生严肃的职业道德，空中小姐固有的笑容"都属于这一类媒介信息，[①] 这些可知的信息传达了不可知的内容，这一类信息虽然存在着某种程度的肤浅，但对于建立对抽象体系的信任是非常必要的。如果抽象体系不能在印象管理上做到前后一致、完美无缺，那么非专业人士由于其知识局限性也是更难以从更深层次的合理性角度来判断抽象体系的内在可靠性的。就法律系统而言，法律制度中存在着很多此类打造公正与权威印象的印象管理策略。

## 第二节　法律职业外在形象的塑造

由于大多数人对法律的无知，法律系统中的个体角色身上所体现出来的特征不论是否与法律系统的内在可靠性直接相关，都可能成为人们信任或不信任法律的重要依据。此处的个体特征既包括法律职业固有的职业形象也包括道德形象。无论是职业形象还是道德形象，都和法律系统内在的公正性与合理性没有必然联系，但公众作为外行往往就是根据这些肤浅的外在形象来决定是否信任法律。

### 一　法律职业的职业形象：魅力化与神秘化

法律系统的专业化特征、职业制度与行业规范使法律职业演化出了魅力化与神秘化的特征。法律职业的这种特殊形象在一定程度上也有利于外行的公众对自己未必理解的法律系统建立必要的信任。魅力化与神秘化也构成了法律系统印象管理的一部分，魅力化与神秘化向来是任何权威争取信任的技巧，代表了一种毋庸置疑的复杂性，可直接作为信任决定的依据。在一个高度分化的现代社会，由于社会的高度复杂性，各

---

① 参见〔英〕安东尼·吉登斯《现代性的后果》，田禾译，译林出版社，2000，第73~75页。

个行业只能处理某些特定的事务，行业之间变得不可通约，"隔行如隔山"，很多行业都实施某种准入制度，要求具备一定资格与条件，如医生、法官、工程师等。这些行业都有一个特征：知识上较为复杂，难以向外行传达职业上的可靠性。这些现代职业一般都要求从业者受过专业性学校教育，通过职业资格考试，参加过职业技能培训，而且职业知识都是高度专业化、体系化的，只有受过相关教育的人才能理解与应用。法律职业因此也形成了无法避免的魅力性与神秘性。波斯纳将法律职业的魅力化与神秘化技巧归纳为以下几点：法律专业术语的晦涩难懂，设定很高的教育资格要求，培养有魅力的人格，宣扬很少利己专门利人的职业意识形态，卡特尔化，反对内部竞争与外部竞争；等等。① 这些技巧主要不是法律人有意为之的结果，而是法律系统盲目进化的结果。非常专业的业务素质也很难以简明的方式展示给外行的公民，某些其他可能和业务素质有一定关联并且认知成本比较低的指标被挑选出来作为判断法律系统可靠性的重要依据。

由于法律知识的专业化与系统化，只有受过一定专业法律教育的人才能熟练应用法律专业知识，大学入学考试、职业资格考试以及法官选拔程序这一过程就会排除掉一部分人，而且职业资格考试在很多国家都相当有难度，经过这样一种对潜在从业者的层层过滤与筛选，法律人也就自然具备了高智商、高素质的"魅力"形象。学历等看似表面的因素对于判断法律运作的可靠性也有一定的信息价值，很明显，名牌大学毕业生往往使人另眼相看，而不论其实际能力如何。精英化的教育与选拔能够表明只有那些非常出色的人才能当上法官。公众是无法根据专业业

① 参见〔美〕理查德·A. 波斯纳《道德与法律理论的疑问》，苏力译，中国政法大学出版社，2001，第 218～221 页。关于法律职业的神秘性，也可参见〔美〕理查德·A. 波斯纳《超越法律》，苏力译，中国政法大学出版社，2001，第 54～64、65～67 页。在前书中，波斯纳指出，律师神秘化技巧还包括拒绝再分工、很少等级、抵制职业知识系统化。我认为这些因素对于建立法官的信任也许有一定的意义，但可能不显著，因此没有探讨。而且还有一点，波斯纳认为，由于现代社会的"理性化"，美国法律人的人格魅力、神秘性相比于过去衰落了，但无论如何，由于社会事务的高度复杂，不同行业之间仍然有着无法消除的鸿沟，神秘性与魅力化仍是不可避免的。

务素质来评判一个法官的，法官的威信部分也来自这些比较易于判断的指标。

世界各国的司法制度一般都对法律职业建立了非常高的准入门槛，如作为大陆法系国家的德国，任何有志于法律工作的人必须首先在大学接受统一的 5 年法学教学，结束时必须参加第一次国家法律考试，通过第一次考试后才可以开始第二阶段为期 2 年的实习，他们通常必须先后在不同的部门和机构如法院、检察院、行政机关和律师事务所进行实习培训，实习结束后再参加第二次国家法律考试，只有通过该考试才可以担任法官、检察官或者律师。[①] 在英国，担任大法官要求有 10 年高等法院法官或辩护人的经历；高等法院法官必须有 10 年高等法院的工作经验或至少 2 年巡回法院法官的经历；而一个巡回法院的法官则要求在巡回法院或郡法院有 10 年书记员的经历，或至少 3 年以上司法部门的专职任职期。[②] 有过前期丰富执业经历的法官能够使人们假定其更能娴熟地处理当下的某个案件。在美国，成为律师的条件首先是 4 年本科毕业，然后在得到资格认定的法学院再学习 3 年，然后通过律考，并且州律考委员会须对其道德品质满意。[③] 而美国法官一般从律师当中选拔，这也有着严格的要求，成为联邦法官一般应具备以下素质：正直，具备深厚的业务知识，职业经验，以及勤勉；等等。[④] 在法治上后起的日本，其法官选拔程序之严格，大大超过了很多传统的西方法治国家：首先只有受过大学法学教育，通过高难度的司法考试，经过 2 年的司法研修生学习，再参加结业考试并合格，才可以从事候补法官、监察官、律师等法律职业，

---

① 参见〔德〕埃德加·伊塞尔曼《德国的法官制度——以下萨克森州为例》，《德国研究》2003 年第 4 期，第 27 ~ 31 页。

② 参见于明编译《英国的法官制度》，《人民司法》1998 年第 11 期，第 54 ~ 55 页。

③ 参见〔美〕理查德·A. 波斯纳《超越法律》，苏力译，中国政法大学出版社，2001，第 57 页。有学者曾指出，英美法系国家的法官在职业化与专业化上远不如大陆法系国家，如陪审团制度，法官从资深律师当中选拔，治安法官多为外行，但这不妨碍英美法系国家法官的精英化倾向。参见〔美〕米尔伊安·R. 达玛什卡《司法和国家权力的多种面孔——比较视野中的法律程序》，郑戈译，中国政法大学出版社，2004，第 58 ~ 71 页。

④ 参见关毅《法官遴选制度比较》（中），《法律适用》2002 年第 5 期。

只有从事这些职业 10 年后才能被任命为法官，最高法院法官甚至要求 20 年的从业经验。① 年龄实际上是一个公众进行信任推断的重要的低成本信息，不论年纪大的人是否真的就有能力，年龄本身就是经验的标志，我们更信任老年人所说的话，而不是毛头小伙子所说的话。除以上以外，在很多法治国家，法官相对于政府普通公务员收入要高得多，② 这也导致了法律职业准入竞争的激烈与法官选拔的严格。上述严格的选拔制度在相当大程度上造就了一个有学识、有素质、有能力的职业法官形象。

　　法律共同体也通过一系列的话语策略来赋予法律职业一定程度的神圣色彩，从而让公众建立法律职业高尚性的认同。不论是在法律人的各种公开表达中，还是在法律学说、法律教育当中，法律职业共同体都会有意无意地宣扬法律人使命的神圣性，对社会正义的维护，对人人平等的捍卫，尽管法官作为正常人也会有对加工资、升职、社会声誉等非神圣性的欲求。促使法官选择法律职业的动机主要也是这些非神圣性的欲求，正义、平等也只是这种欲求的副产品。但出于谋取公众信任的需要，不论法官选择法律职业的动机是什么，法官多数情况下也不会将其表露出来。而且公众出于对信任的需求，其对法官作为正义代言人的声称也有一种正当性期待，也不允许法官将其非神圣的真实意图表达出来。这也意味着不论法官心里想的是什么，按照既定的法律话语自我美化就行了，这样公众才有安全感。

　　由于法律行业与其他行业之间的知识壁垒，法律职业也获得了一定程度的神秘色彩，这种神秘色彩也构成了法律系统赢得公众信任的一种策略。

　　首先，法律专业术语作为一套概念体系是对外在世界的化约，法律

---

① 季卫东：《法治秩序的建构》，中国政法大学出版社，1999，第 209～211 页；也参见贺卫方《日本司法研修所访问记》，《中国律师》2000 年第 10 期。

② 可参见美国联邦法官的薪资待遇，参见〔美〕波斯纳《联邦法院：挑战与改革》，邓海平译，中国政法大学出版社，2002，第 22～44 页。也可参见日本法官的薪资水平，参见季卫东《法治秩序的建构》，中国政法大学出版社，1999，第 211 页。

系统不可能处理所有社会问题，而只能有选择地处理某些社会问题。法律概念体系对此就能起到一定的筛选作用，其他社会领域中只有部分行为与事件才能被法律概念所格式化与整合。正由于此，法律概念在语义上就不可能等同于日常语言概念，两者之间必然会产生鸿沟，法律专业术语的晦涩难懂就是不可避免的了，这也对外行造成了一种高深莫测、非常人所能理解的印象。这在一定程度上构成了权威的来源。权威是一种毋庸置疑的复杂性，复杂的知识对外行形成了自然的阻隔，使他们产生敬畏感。

其实，这种难以理解的神秘性也被法律共同体有意地维护。由于法律系统固有的不可避免的风险，要想维护公众对法律的信任，对法律系统后台的风险的掩饰也是必要的。戈夫曼认为，社会阶层越高，对人与人之间接触的禁忌越多，为了维护特定的声誉，有时需要保持"恭敬的疏远"（ceremonial distance），[1] 其中的原因不难理解，一个人的形象越高大，人皆有之的那些缺点就越与其不相称，这就越需要进行有意的掩饰，避免他人过分的接近。而波斯纳认为，"一个职业的知识主张天生不可靠，这个职业就有特别急迫的利益来保持其神秘性"。[2] 与此类似，为了维护信任，很多国家的法官职业道德规范规定法官应表现出深居简出的隐士作风，如不应参与政治活动，不应频频曝光于媒体，不做张扬之事，不应经商，不兼任其他职务；等等。[3] 这种神秘化策略使法官与社会公众"隔离"开来，有利于避免暴露不恰当的个人信息而引起不必要的争议，因为法官的很多个人信息是与法律的中立性与公正性形象相冲突的，而

---

① See Erving Goffman, "The Nature of Deference and Demeanor", *American Anthropologist*, *New Series*, Vol. 58, No. 3 (Jun., 1956), p. 482.

② 〔美〕理查德·A. 波斯纳：《道德和法律理论的疑问》，苏力译，中国政法大学出版社，2001，第 218 页。

③ 相关职业道德规范既可参见中国的规定，如最高人民法院发布的《中华人民共和国法官职业道德基本准则》规定，法官不得参与可能导致公众对其廉洁形象产生不信任感的商业活动或者其他经济活动。也可参见美国的规定，如美国的《合众国法官行为法典》规定，法官不得兼职，包括不得兼任行政官员、议员、除教学以外的其他营利性职业，甚至不得有政党身份或从事政治活动。参见张晓敏《美国法官的职业道德》，《人民法院报》2004 年 8 月 27 日。

且法官的个人信息相比于判决书的内容很容易被舆论与传媒所"八卦"与道德化，进而影响人们对法官的中立性与公正性的整体性判断。法官也有七情六欲，为避免社会对法官进行无关的道德判断，维护法官在法庭内外的一致性形象，法官与外界一定程度的隔离是必要的。由于人的行为的复杂性，任何人在与他人沟通过程中所透露出来的信息总是多于其愿意传达出来的信息，法官如果过分张扬，就很容易破坏法官中立的外在形象。社会地位越高，社会形象越完美，而过多的表现会破坏这种完美，对他人的隔离就变得越发必要。而法官如要成为社会认可的纠纷的终局裁决者，必须能够成为社会地位较高者，为了维护高大的形象，某种有意的神秘是必要的。一个类似的例子就是，极权国家领袖的私生活是绝对保密的，这对于赢得国民的崇拜是有实际功效的。如果曝光一切，人们就会知道：领袖不过是俗人而已，正所谓"仆人眼中无伟人"。神秘性能够掩盖与具有可信性的一致形象不一致的东西。法律职业的神秘性也是如此，这是掩盖法律本身不可避免的不确定性的一种策略。不过法律职业的神秘性并不会如极权国家的个人崇拜会造成恶劣的专制，因为法律决定在公共领域是可以被自由批判的。这一点会给法官造成一定的压力，促使其尽量做出能够得到社会舆论认可的判决。法官本身并不掌握暴力强制的权力，他所能说服社会舆论、进而制服政治权力的手段只有道义力量。[①]

与法律职业的魅力化与神秘化形象相对应，法律职业都具有"卡特尔"的特征，其既反对外部竞争，也反对内部竞争。就外部竞争而言，法律不同于很多行业，如职业经理人、小商贩、劳动密集型工人、农民等，这些行当没有严格的准入限制，因此允许外部竞争，外部竞争能够表明：这些行当谁都可以进入，并无多少高深莫测之处。而且外部竞争会暴露法律职业在知识上的缺陷与不足，会强化法律人对金钱的追求，因此也会破坏法律人的神秘形象。之所以如此，那是因为竞争者在提供

---

① 参见〔法〕托克维尔《论美国的民主》，董果良译，商务印书馆，2008，第83页。

更好服务的同时，也暴露出较差服务的存在。法律职业的内部竞争在某种程度上也会破坏人们对法律人的信任，特别是在对法律人之间竞争的外部制约非常有限的情况下。法院内部法官之间竞争上岗会破坏法官的可信度。竞争规则不仅会改变法官的行动取向，也会改变人们对法官作为法律人应具有的法律品质的功能期待，人们会以一种非法律的标准，如金钱奖励、职务晋升，来评价法官，而且由于司法行政化，权力缺乏有效制约，竞争会导致行贿蔓延、裙带关系泛滥。因此这种竞争可能会导致法官的行为偏离既有的职业规范。法官之间也并不是没有竞争。例如在美国，很多法官也会追求好的名声，关注以撤销率、引证率为依据的排名，[①] 但是这种竞争缺乏明确的利益导向与规范依据，不会影响法官的职务与薪资，因此不足以破坏人们对法官行为的中立性期待。法官之间竞争不应当是一种赤裸裸的利益与权力竞争，这不仅容易导致腐败，而且对于树立法官的外在公正形象是非常不利的。关于竞争会破坏人们对法律人的信任的例子可见于美国律师在美国公众眼中形象的败坏。罗德指出，"公众对律师的不满，罄竹难书"：贪婪、缺乏真诚、傲慢、粗鲁、冷漠。而且美国律师团体规模的扩大加剧了律师之间的竞争，削弱了律师的"真诚感和非正式声誉的约束力"，"为了抢生意，从业者很难拒绝案件或者难以顶得住损害职业道德的压力"。[②] 美国律师职业相当自由化、市场化，这必然导致激烈的竞争，竞争不仅破坏了律师的行为导向，而且改变了人们对律师行为的评价标准，哪怕律师由于竞争比过去更尽职尽责了。美国公众虽然对律师缺乏信任，但这并没有导致人们对法律整体丧失信任，因为晋升机会很小，美国法官相互之间不会因为晋

---

① 参见〔美〕理查德·波斯纳《法官是如何思考的》，苏力译，北京大学出版社，2009，第131～139页。

② 参见〔美〕德博拉·L. 罗德《为了司法/正义：法律职业改革》，张群等译，中国政法大学出版社，2009，第4、47～48页。相关文献，也可参见〔美〕安索尼·T. 克罗曼《迷失的律师：法律职业理想的衰落》，田凤常译，法律出版社，2010。

升职务而存在激烈的竞争。[1] 这不是说法官的权力不应该受到制约，而只是说不应该通过自由竞争的方式去制约。

## 二　法律职业的道德形象：道德作为专业判断的替代品

除了这些和法律素质有一定关联的指标外，道德素质对于树立法律职业特别是法官的威信也非常重要。道德是一种认知成本比较低的沟通模式，当我们缺乏信息与知识时，我们就倾向于根据道德做出判断。道德判断以"好/坏"或者"善/恶"为区分模式，并同时表达出对人的尊重与藐视。[2] 道德源于胡塞尔所谓的"生活世界"，生活世界有着绝对的明确性，总体化的力量以及背景知识的整体性。[3] 道德知识是我们熟悉的"生活世界"的自明的前提，即使在功能分化社会也具有解释一切非道德问题的趋向。因此，道德在现代社会提供了这样一种可能：对无知进行沟通。[4] 科学、法律以及其他理性知识解决不了的问题都可能被转化为道德问题，无知在道德沟通中获得了正当化。从更广泛的意义上来说，道德是一种克服无知的方式，是无知的替代品，由于信息匮乏，人们会借助道德话语来做出决定："人们借着道德使自己免于显而可见的无知，因为道德上较好的意见可以以它自己的论证来证实自己。"[5] 无知并不意味着道德判断不需要任何信息，而是指道德判断由于建立于感官直觉的基

---

[1] 参见〔美〕理查德·波斯纳《法官是如何思考的》，苏力译，北京大学出版社，2008，第124~126页。波斯纳还指出，在大陆法系国家的职业制司法中，关于晋升的竞争对法官的约束更大，但可以想见，这种晋升不会导致中国由于"竞争上岗"所产生的腐败现象，也即所谓的"办公室政治"，因为西方法治国家对于官僚腐败有着严厉的权力制约机制。

[2] 参见 Georg Kneer/Armin Nassehi《卢曼社会系统理论导引》，鲁贵显译，台湾巨流图书公司，1998，第239页。这里"好/坏"与"善/恶"是同义的，但"好/坏"的客观性意味更强一点，而"善/恶"的主观性色彩更浓厚一点。

[3] 参见〔德〕于尔根·哈贝马斯《后形而上学思想》，曹卫东、付德根译，译林出版社，2012，第79~80页。

[4] 参见〔德〕尼克拉斯·鲁曼《对现代的观察》，鲁贵显译，台北远足文化事业有限公司，2005，第180页。

[5] 参见〔德〕尼克拉斯·鲁曼《对现代的观察》，鲁贵显译，台北远足文化事业有限公司，2005，第194页。

础上而对信息的要求比较低。在网络世界我们就很容易看到这一点：天南地北的网民经常就自己知之甚少的事务发表意见，面对这种无知，网民就用道德话语代替专业话语，用人格羞辱代替理性说服，网络上不论何种事务一发生争议，就会引发一片谩骂之声。道德话语以其自以为是的显而易见，规避了对专业知识的学习以及获取复杂信息的困难。

由于无知，人们对法律这个专业化的抽象系统很多情况下也采取了一种道德的态度。人们更容易从道德角度而不是从法律角度来评价一个法官，人们能更准确地判断法官是否接受吃喝宴请，是否出入高档娱乐场所，是否有婚外情，而不是法官是否具备法律知识素养，判决过程是否深思熟虑，判决结果是否符合法律条文。基于对法官道德瑕疵的判断，人们就能够假定其在法律业务中是否称职。道德作为一种克服无知的方式，在法律领域实质就是以道德上的"好人"推断实质上的"好决定"，从而可以避免判断法律决定内在合理性的困难。[1] 道德素质虽然与法官或执法者的业务素质没有必然关联，但对于法律知识非常匮乏的民众来说，很多情况下也足以影响他们的判断，人们会经由认知成本较低的道德素质，推断认知成本较高的法律素质。当人们面对无知时，道德信息往往还具有一种"指标性"的价值，[2] 这导致了道德判断的整体指涉性。道德判断中对"善/恶"或者"好/坏"的区分以及由此表达出来的对人的尊重与藐视是一种涉及个人的整体性判断，一个人如果道德上被尊重或被藐视，那么他的所有行为都会被尊重或藐视。[3] 道德因此是法律信任的一个重要判准。鉴于道德判断的整体性，一个法官如果道德上不受尊重，

① 请参见泰勒的类似观点，Tom R. Tyler and Yuen J. Huo, *Trust in law: Encourage Public Cooperation with the Police and Courts*, Russell Sage Foundation, 2002, p. 62。另外，亚里士多德就很正确地指出："我们在任何事情上一般更相信好人，由于这个缘故，我们对于那些不精确、可疑的演说，也完全相信。"参见〔古希腊〕亚里士多德《修辞学》，第二章，载《罗念生全集》（第1卷），上海人民出版社，2004，第151页。

② 参见〔德〕尼克拉斯·鲁曼《对现代的观察》，鲁贵显译，台北远足文化事业有限公司，2005，第193页。

③ 参见 Georg Kneer/Armin Nassehi《卢曼社会系统理论导引》，鲁贵显译，台湾巨流图书公司，1998，第240~241页。

那么他的任何行为都不值得尊重，包括他的判决。其实道德的这个特征并不仅仅限于对法律运作的判断，在其他社会领域也是如此。如在政治领域，国际货币基金组织原主席卡恩和意大利原总理贝卢斯科尼，因为性丑闻而遭到社会舆论铺天盖地的质疑与批判。在法律领域，世界各国的法官行为规范中，大多包含了司法工作之外的行为规范，①这些规范实质就是要求法官私生活检点。根据信任逻辑，人们对法律决定结果的不满意很容易被归责于法官的私生活品质，但如果法官私生活存在道德问题，人们在对法律决定结果不满意的情况下就会以道德问题为愤怒的宣泄点。在网络论坛上，我们很容易看到一种现象：在发生极具争议性的公共法律案件时，人们很容易将法律不公归因于腐败与徇私枉法。因为腐败与徇私枉法作为道德问题，更容易被理解，更容易引起讨论与共鸣。不仅仅是法官，其他执法者，在遭遇争议时，都容易被人们从道德的角度进行评价。

　　法官或执法者之所以在日常生活中都要保持一种良好的道德形象，原因在于道德因素在日常生活中更容易被人发现与识别，其相比于专业合理性更容易为人们所认知，人们也更容易监督法官私生活是否廉洁，而不是其行为与决定在专业上是否公正合理。上海五法官集体嫖娼案之所以引起激烈的社会反响，原因就在于这一事件进入了大家所喜闻乐见的道德沟通领域，而且这一事件不仅是道德危机，也是司法信任危机，法官的道德错误相比于其法律错误对判断司法的可靠性更具有"指标性"的信息价值。普通公众往往能从道德角度以更低的认知成本去评价法官，并将道德品质好坏的判断延伸至法官专业行为的合理性上。

　　道德话语作为无知的替代品，还具有自我正当性，道德话语的正确性不需要参照外在标准，也不需要诉诸理性分析，道德能够自己论证自己的正当性。道德话语滋生于无知的环境中，如公共领域，而且正是由

---

　　① See Code of Conduct for United States Judges, *Guide to Judiciary Policy*, Vol. 2A, Ch. 2, pp. 1 - 19. 关于中国和美国的比较，参见郭念华、左石《中美法官行为规范比较》，《人民法院报》2011年4月29日，第05版。

于无知，理性分析是难以反驳道德话语的，因为道德话语缺乏判断理性分析本身正确性的能力。正所谓"秀才遇见兵有理说不清"，说理也要对具备说理知识的人说才有效果。法官在面对法律知识匮乏的当事人与公众时，能够博取他们信任的手段很多情况下就不是专业分析的正确无误，而是其道德形象的无瑕疵性。法律人是无法通过专业分析来说服外行当事人与公众的。公众与当事人会更多地通过判断法官是不是一个"好人"或"熟人"来推断其判决是不是正确的。将法官打造成"制度化的好人"，是我们建构法律信任的重要一环。我们更容易判断一个人是不是道德上的好人，而不是其是否能够做出专业上的好决策。

因此，法律职业的道德形象也构成了法律系统的印象管理方式之一，这要求法律人特别是法官应具备道德上的廉洁性。这里所探讨的"道德形象"不同于富勒的"内在道德"与"外在道德"对法律本身的道德品质的强调，[①] 而是法律专业人士所应具备的非法律性的道德品质。现实当中是具体的法律人而非僵死的法律条文在与当事人打交道，法律人所展现出来的道德形象会影响人们对法律的认知与信任。我们常常要求官员"廉洁奉公"，但实际上多数情况下我们只能通过"廉洁"来推断"奉公"。为了使当事人与公众建立对法律的信任，我们必须从制度上保障法律人的高度廉洁性。廉洁是一个道德问题，相比于各种法律上的专业问题，非专业人士更容易判断法官是否廉洁。普通民众虽然未必能够准确判断法官的判决是否一定符合形式正义或者实质正义，却能够准确判断法官是否拒绝贿赂，是否接受吃喝宴请。法律人的廉洁性是法律信任最基本的底线。如果一个法官与执法者连廉洁性都做不到，那么要人们相信其法律决定具有公正性自然是不可能的。这里我们需要注意，法官与执法者不贪污受贿仅仅是廉洁性的一方面，其他足以导致人们怀疑法律人道德廉洁性的行为都可能损害法律的道德形象，如法官出入灯红酒绿的娱乐场所，参与商业性活动，或从事一些与公共道德相违背的活动；

---

① 参见〔美〕富勒《法律的道德性》，郑戈译，商务印书馆，2005，第二章，第40页及以下。

等等。

综上所述，我们可以看到，大多数人进行信任推断的根据不是法律判决是否符合法律条文或者实质正义，而是这些浅显的道德因素。由于信息匮乏与知识局限性，普通民众就会根据法官与执法者的道德形象推断法律决定的专业合理性或者不合理性。而且，道德判断是整体性的，道德上的瑕疵也会将人们的不信任从法官个人延展到法官判决的公正性上。信任是根据低成本的外在信息潜在地推断未来的可靠性，如果要建立民众对法律的信任，那么就不要让民众看到法官或执法者任何背德的行为，这些背德行为是普通民众所易于理解、易于批判的。

# 第三节　法律过程外在形象的塑造

法律运作的过程很大程度上也是高度专业化与抽象化的，也有着很多的不确定性成分。如果我们不能将法律运作的过程以一种形象化的方式展示出来，那么对于有着传统道德文化直觉的人来说，现代法律制度就可能显得光怪陆离，这也就很难博得人们的认同与信任。而且法律运作的过程只是一种达至可接受的决定的过程，过程本身并不可能做到绝对完美，因此必然会存在各种反复、偶然性失误与纠错，这构成法律过程内部不可避免的风险，也是法律系统"后台"的风险。如果这些风险不能以一种适当的方式被"掩饰"起来或以一种易于接受的方式被当事人与公众认可的话，那么这些风险即便是法律过程所固有的，也是合理的，也可能导致他们对法律的盲目质疑与不信任。

## 一　作为信息媒介的司法仪式及其信任功能

司法仪式本身就是一种符号表象体系与媒介信息，仪式不仅在向人们传达法律运作的信息，法律系统也通过仪式控制人们的情感与信念。伯尔曼认为法律仪式与宗教仪式有着同样的功效："法律仪式与宗教仪式一样，是将内心深处体验的价值以庄重的戏剧化形式表现出来。法律与宗教需要这种戏剧化，不仅是为了体现这些价值，也不仅是为了表明这些价值有益于社会这一思想信念，还是为了唤起一种充满激情的信仰，即这些价值是生命终极意义的一部分。"① 司法审判过程的各种符号，如法律袍服、法庭布置、尊敬的辞令，以一种戏剧化的方式表达了法律正义的崇高理念。② 法律信念再崇高，也不是"自在之物"，也需要通过一定的信息符号被凡夫俗子所认知，否则这些崇高信念就什么都不是。仪式是一种观察与组织世界的方式，目的在于认识与控制神秘的实在，这在宗教人类学中已经成为共识。③ 仪式的这种功能不论对于现代社会的司法礼仪，还是传统社会的宗教仪式，又或者是初民社会的神明裁判、巫术驱邪都是类似的，都是人类在一种无知的环境中建构世界的"实在"与可信性的方式。激发人们对法律的执着信念的不可能是完美的事实，而只能是完美的虚构。司法仪式将复杂的法律运作，如法官的实际思考过程、法律解释的过程、判决书制作过程，简化为一套可操作的固定程式，以满足人们的安全性期待，但这一套固定程式的复杂性与实际法律运作的复杂性是远远不可比拟的。司法礼仪尽管有肤浅之嫌，但在人类的理性有限性这种基本事实情况下，也可以起到某种说服作用，如法庭庄严的气氛在一定程度上可以使人们肃然起敬，消解掉人们的批判精神，使人们接受司法决策。④ 尽管如此，我们也不能说司法礼仪就是纯粹的欺骗。一方面，人们需要法官做出有说服力的决定，另一方面，法官与当事人无论如何都不可能掌握案件的所有信息，其中信息上的鸿沟可以通过司法礼仪来进行某种程度的弥补，司法礼仪提供了一种人们可以由之推断法律决定的内在合理性的信任符号。法官身着法袍，手持法槌，法官高高在上，双方当事人堂下分立两边，法官仪态必须高度严肃，当事

---

① 〔美〕伯尔曼：《信仰与秩序》，姚剑波译，中央编译出版社，2011，第9页。

② 参见〔美〕伯尔曼《法律与宗教》，梁治平译，中国政法大学出版社，2003，第21页。

③ 参见〔英〕菲奥纳·鲍伊《宗教人类学导论》，金泽、何其敏译，中国人民大学出版社，2004，第173~180页。

④ 贺卫方：《超越比利牛斯山》，法律出版社，2003，第266页。

人在言辞上也必须高度恭敬，这一切都营造了一种不可侵犯、无须质疑的威严，能够在某种程度上使人们从心理上确实感受法律决定的可信性。根据前面所提到的戈夫曼关于"前台"与"后台"的划分，将司法仪式视为"前台"是完全合适的，司法仪式不仅包括"舞台设置"，如法庭格局的安排，也包括审判参与者的程序行为，如法袍、言谈方式、面部表情、行为举止。① 在司法仪式中，法官必须严肃地对待仪式，要严格遵守法庭规则，法官面对任何案件与当事人时都不能表现出个人情感。当事人也是如此，对如果放在日常生活中就会显得夸张、荒唐、无意义的法官的种种举动必须给予充分的尊重，不得大声喧哗，发言要有秩序，陈述要与案件相关，不得发表情绪化的言论。"前台"是人们认识司法审判公正与权威的信息来源，"前台"与"后台"的区分客观上有利于形成对司法的信任。没有"前台"与"后台"的区分，人们就会看到法官判决作出过程中的不确定性，人们就无法建立对法律权威的信任，正如吉登斯所说的，"假如病人对发生在病房里和手术台上的种种错误知根知底的话，他们就不会对医护人员如此深信不疑了"，② 而且即便极尽人之所能，任何抽象的制度体系都不能保证完全没有失误，未来没有争议，都能百分百地满足人们的愿望，但与此同时，即便抽象体系有着不可避免的风险，我们也需要与抽象体系打交道，正如即使手术有风险，我们也不应该完全放弃通过手术拯救生命的可能性。很多情况下冒一定的风险是值得的。为了促进信任冒险，有时需要将法律过程"后台"难以解释的信息掩藏起来。同时，我们也需要将"前台"装扮起来，法庭布局要有威严，法官要身着法袍，手持法槌，法官仪态要严肃、拘谨、自信、没有犹豫，要给当事人与社会公众以法律确定性与权威性的信心，即使案件有争议，也只能放在幕后商量。

从社会学、人类学的角度来观察司法仪式，始终会存在着这样的问

① 参见〔美〕欧文·戈夫曼《日常生活中的自我呈现》，冯钢译，北京大学出版社，2008，第19~20页。
② 〔英〕安东尼·吉登斯：《现代性的后果》，田禾译，译林出版社，2000，第75页。

题：人们是如何相信外在的仪式信息就代表了法律决定的内在合理性？这个问题只有在卢曼所谓的"二阶观察"层面上才能成立，二阶观察是对观察的观察，也即观察观察者如何进行观察，只有在这个层面上，我们才能看到司法仪式与法律决定正确性之间的偶然性联系。但在"一阶观察"的层面上，人们直接观察现象，人们所能看到的仍然只是司法仪式，而不是内在合理性，即便案件有错误要再审，也是通过司法仪式展现出来的，人们只能通过司法仪式进行潜在的信任推断。① "一阶观察"有着"二阶观察"所没有的实践压力，这种实践压力要求行动者快速决策，不应过度犹豫。这种实践压力排除了"二阶观察"的理论反思。在第一人称的实践层面上，观察者是看不见决定者自身的风险的，其会不自觉地将表象当成实在。正如前文提到的，法官嫖娼虽然和司法公正没有必然联系，但在直觉当中就足以导致信任的崩溃。反过来说，法官的廉洁性往往被当事人等同于司法的公正性，但实际上廉洁性也并不能完全避免错误判决的产生。对于当事人来说，他们没有时间、精力与知识去深入考察法律的专业过程。因此，二战之后很多法学流派在理论上对法治的解构，并没有导致法治在实践当中的解体，现实当中的多数人仍然坚信法条主义。理论上的"二阶观察"并不能直接切入作为"一阶观察"的法律实践。正如读过批判法学著作的法律人都会意识到法律可能存在的不确定性，而大多数普通人却未必认识到这一点，而且法律运作本身在大多数情况下是可以预测的，对于少数不可预测的部分，即使存在，对于大多数普通人来说也是不可知的，而对法律的信任已经将一种弥散性态度扩展到这一不确定的部分。另外，由于法律话语对法律理论话语的"操作关闭"，② 法律人在法律运作中会极力满足当事人的规范性期待，即便这种规范性期待是虚构的，不符合法律理论话语的描述。法

---

① 关于一阶观察与二阶观察的概念，See Niklas Luhmann, *Theories of Distinction*: *Redescribing the Descriptions of Modernity*, Stanford University Press, 2002, pp. 79 - 112。

② 参见〔德〕贡塔·托依布纳《法律：一个自创生系统》，张骐译，北京大学出版社，2004，第 19 页。

官的法条主义宣称因此有着实践性的必要与压力，人们需要一个安定的法律秩序，这只能通过冒险性的信任来假定，因为法律不可能做到百分百的公正、平等与有效。由于信息局限性，司法礼仪即使是虚构的，人们也极有可能相信，也正由于信息局限性，司法仪式并不仅仅是被人们被动地观察，同样具有塑造人们法律信念的功能。当然，我们并不能仅仅通过司法仪式来建构法律信任，还需要其他更复杂的制度设置。

## 二　客观程序正义与主观程序正义的信任功能

程序正义既是公民与法律系统进行沟通的组织机制，也是法律系统展示自己外在形象的一种认知成本比较低的媒介。相比于无法准确度量的实体正义，程序正义相对来说是更容易认知与控制的判断标准。这里我们需要区分两种程序正义：客观程序正义与主观程序正义。客观程序正义是学界通常意义上的程序正义，其通过规范的方式规定出来，主要体现于各种程序法。在客观程序正义之外，还有学者提出了所谓的主观程序正义，主观程序正义也是观察法律过程的一种指标，也有认知成本较低的特点，对于信任推断也非常重要，只不过很难通过规范化的方式将其固定下来。

客观程序正义可以通过程序法的方式固定下来，其能够提供长期内群体或组织如何行动的信息，[①] 在符合人们的正义直觉的前提下，客观程序正义可以被当成规定信任与不信任之间界限的"阈限系统"：程序当中的每一个节点都代表了信任向不信任转化的阈限，只要没有超过阈限，我们就可以假定法律决定是可信的，但一旦超过阈限，法律决定就会被根本性否定。法律过程实际的复杂性肯定会超过程序正义的复杂性，但程序正义能将某些公众认为值得关注的因素挑选出来，作为判断法律过程整体可靠性的关键依据，使人们能够以极为简单的方式假定法律什么

---

① 参见〔美〕乔尔·布罗克纳等《理解程序公正和分配公正之间的相互作用》，管兵译，载〔美〕罗德里克·M. 克雷默、汤姆·R. 泰勒编《组织中的信任》，中国城市出版社，2003，第536页。

时候是可靠的，什么时候是不可靠的。程序正义降低了人们的认知负担，使法律系统的内在可靠性以一种较为简单的方式被展示出来。程序作为阈限系统也有着高度的敏感性，戴克与维尔班在对公民纳税态度进行调查后指出，对政府信任度较低的公民对程序上的瑕疵会特别敏感，程序正义对于这一类人是否自愿纳税有着强有力的影响。① 程序上一个微不足道的错误就足以使法律信任全然无效，程序错误的后果与程序本身的重要性往往极不相称，因此带有近乎冷酷无情的严格性，例如美国的米兰达规则在法律信任的建构上所发挥的作用远远超出其应有的重要性。

由于程序正义是对法律过程的一种简化，因此程序正义无疑会遗漏很多也许对实现实体正义很重要的法律过程，尽管学界都熟知"程序正义是通过看得见的正义来实现看不见的正义"的信条，但程序正义并不能将法律以完全透明、可信赖的方式展示给公众。在表面的程序正义背后，似乎仍然有看不见的黑幕。实际上，程序正义不仅可能使程序执行者产生"逃避自由"的仪式主义倾向与表演倾向，而且各种掺杂了自私考虑的潜规则还可能在程序表象之下"波澜起伏、汹涌澎湃"。② 程序正义对于信任与不信任的界定可能也显得相当武断，从而使不可见的风险在程序标准的掩盖之下任意滋生。例如，我国婚姻法中形式化的举证责任分配实际上很难使家暴现象得到法律上的认证。③ 因此，基于程序正义的信任推断始终是有风险的。尽管如此，对于信息与知识匮乏的外行民众来说，程序正义即使并不能完全涵盖所有的法律过程，也足以左右他们对法律过程与法律决定的判断。动机和语义结构是不可分离的，④ 人们对法律的态度并不一定是自发的，而实际上也会受到程序标准的引导与

① See Marius van Dijke and Peter Verboon, "Trust in Authorities as a Boundary Condition to Procedural Fairness Effects on Tax Compliance", *Journal of Economic Psychology*, 2010 (31), pp. 80 – 91.

② 参见李佳《实质法治与信任》，《暨南学报》（哲学社会科学版）2014 年第 4 期。

③ 参见〔美〕黄宗智《过去和现在：中国民事法律实践的探索》，法律出版社，2009，第 132 ~ 136 页。

④ Niklas Luhmann, *Love as Passion: The Codification of Intimacy*, Translated by Jeremy Ganies and Doris L. Jones, Harvard University Press, 1986, p. 39.

控制。

　　主观程序正义主要是指执法者在执法过程中对当事人所采取的一种道德态度，这种道德态度和客观程序正义有一定的关联，但也存在相当大的差距，因为主观程序正义主要从心理学的角度来评价法律程序是否公正。根据汤姆·R. 泰勒等学者的研究，我们可以大致将主观程序正义归纳为：是否有机会向当局表达自己的意见，是否觉得当局努力实现公正，是否与其他人一样受到了同等对待，态度是否公正无偏，是否受到了礼貌对待，是否尊重他们的合法权利，是否诚信，是否提供信息、建议或解释，是否信任公民；等等。① 其中的很多因素都很难以程序规范的形式规定下来，例如，当你家里失窃报警时，警察是否第一时间赶到，态度是否友好，对当事人的损失是否表现出关心与同情，在听取当事人的意见时是否表现出耐心认真的态度。这些道德态度很难通过程序法将其标准确定下来。正如我们可以通过立法规定商场不卖假货，却很难要求商场的销售员应提供微笑服务。尽管如此，这些因素对于人们是否信任法律也极为重要。在主观程序正义的意义上，泰勒等根据对加利福尼亚等美国地区的问卷调查的研究得出结论认为：根据程序正义进行判断的被访者比根据分配正义进行判断的被访者更多，人们认同与接受政府决定的主要原因不是结果的有利性与可预期性，而是对善意的信任，而程序正义比社会层面上的分配正义和个体层面上的结果有利性对于人们信任与接受政府的决定都有着大得多的影响力。② 泰勒等学者还在关于公众接受组织权威决策的动机机构的经验研究中指出，具体结果的好坏与对决策过程的完全控制并不能够显著影响人们对组织权威的信任，而组

---

　　① 参见〔美〕汤姆·R. 泰勒《人们为什么遵守法律》，黄永译，中国法制出版社，2015，第201~276页；Martina Harter, Silvia Rechberger, Erich Kirchler, and Alfred Schabmann, "Procedural Fairness and Tax Compliance", *Economic Analysis & Policy*, Vol. 38, No. 1, March 2008, pp. 137 – 152。

　　② See Tom R. Tyler and Yuen J. Huo, *Trust in the Law*, Russell Sage Foundation, 2002, pp. 53 – 55；Tom R. Tyler, "Public Trust and Confidence in Legal Authorities: What Do Majority and Minority Group Members Want From the Law and Legal Institutions?", *Behavioral Sciences and the Law*, 2001 (19), pp. 215 –235.

织正当程序所表现出来的对个人的尊敬对待，才与信任有最强的关联。[①]
另外，克里斯蒂娜·墨菲、玛蒂娜·哈特那等学者对澳大利亚也进行了
类似的经验研究。[②] 就前面的例子而言，如果警察能够表现出关心和认真
负责的态度，那么即使没有抓到小偷，也会让当事人假定警察已经尽到
自己的职责，小偷至今逍遥法外是因为小偷的狡猾，而非警察的无能与
腐败。总体上来说，主观程序正义具有独立的信息价值与非工具主义价
值，即使最终的结果并没有反映自己的意见，但只要过程被认为是公正
的，不论何种结果，人们的满意度都是类似的。[③] 主观程序正义也能够为
政府实施某些短期内对公民不利却符合公民的长远利益的法律提供信任
的空间，但主观程序正义也可能使人们产生"错误意识"，因为某些主观
上令人满意的程序会被延伸至实质上并不公正的结果上，[④] 正如饭店良好
的服务态度也可能提高人们对难以下咽的饭菜的满意度。因此，建立主
观程序正义基础上的信任也是有风险的。

## 三　法律论证与修辞表达的信任功能

法律论证本属于程序范畴，但这一部分主要从内容角度来考察程序
对于建构法律信任的意义。在绝对意义上，法律论证也是形式性的，法
律论证所使用的语言，与司法仪式、程序过程以及道德形象一样，都只
是一种符号表象体系。语言背后并没有所谓的确定本质，这在现代语言
哲学当中已经成为通识。这里提出的问题是：什么样的语言形式会比较

---

① 参见〔美〕汤姆·R. 泰勒等《对组织权威的信任》，载〔美〕罗德里克·M. 克雷默、
汤姆·R. 泰勒编《组织中的信任》，中国城市出版社，2003，第 457 页。

② See Kristina Murphy, "The Role of Trust in Nurturing Compliance: A Study of Accused Tax
Avoiders", *Law and Human Behavior*, Vol. 28, No. 2 (Apr., 2004), pp. 195 – 206; Martina Harter, Sil-
via Rechberger, Erich Kirchler, and Alfred Schabmann, "Procedural Fairness and Tax Compliance", *Eco-
nomic Analysis & Policy*, Vol. 38, No. 1, March 2008, pp. 137 – 152.

③ 参见〔美〕汤姆·R. 泰勒《人们为什么遵守法律》，黄永译，中国法制出版社，2015，
第 219、222、247、261 页。

④ 参见〔美〕汤姆·R. 泰勒《人们为什么遵守法律》，黄永译，中国法制出版社，2015，
第 258 页。

有说服力，能够成为人们对法律决定进行信任推断的有用信息媒介。

阿列克西将法律论证区分为内部证成与外部证成，内部证成主要就是三段论逻辑推理及其扩展形式，外部证成涉及内部证成前提的正确性问题，外部证成方法有解释规则、教义学论证、普遍实践论证、经验论证等。① 内部证成并不是对法官对判决的实际思考过程，② 而是对判决过程进行语言上的重构。我们所熟知的法律推理方法与法律解释方法主要不是一种认知方式，不是从未知到知的递进过程，而是事后的说明，其从直觉出发，寻找理由论证直觉的正当性。③ 直觉是一种"无言之知"，不论法官认为自己的直觉拥有多大的合理性，他都需要向当事人展示出直觉的合理性所在。法官与当事人和公众之间的直觉心理由于信息不对称是不可以直接交流的，而必须通过语言媒介来进行沟通。相比于内部证成，外部证成与逻辑推理更是相去甚远，主要是以非逻辑语言为媒介的说服过程。

不论是内部证成，还是外部证成，都是对法律文本与经验事实进行的语言重构，既然是重构，就肯定不能保证绝对的正确性。法学方法论中"法律推理"这一语词本身就已经透露了法律论证的不确定性，这意味着"推理"只是推测，而绝不完全等同于对正确法律结论的正确展示。沃尔顿认为在演绎推理与归纳推理之外，还有第三种推理方式，并且是最主要的推理方式，也即似真推理，似真推理根据"通常情况"猜测性地判断相关法律规则与法律事实的正确性；似真推理承认例外，可根据新的证据被废止；由于似真推理承认自己为合理假设，否认似真推理者

---

①　参见〔德〕罗伯特·阿列克西《法律论证理论》，舒国滢译，中国法制出版社，2002，第二编的第二章，第273页以下；也可参见〔德〕罗伯特·阿列克西《法、理性、商谈：法哲学研究》，朱光、雷磊译，中国法制出版社，2011，第3~43、87~101页。

②　参见〔德〕罗伯特·阿列克西《法律论证理论》，舒国滢译，中国法制出版社，2002，第284页。

③　参见〔美〕理查德·A. 波斯纳《法理学问题》，苏力译，中国政法大学出版社，2001，第90~98页。

要证明似真推理不成立。① 根据这一理论，司法审判中的很多情形，如证人作证前先要进行起誓，尽管说谎也极有可能发生，不采纳一个曾经作过假证的人的证言，不支持传闻证据的效力等，都可以归结为似真推理，这些推理形式的偶然性是显而易见的。

无论是外部证成，还是内部证成，都有着特殊的信任功能。两者都实际上通过语言的手段将法律决定的内在心理过程包装起来，使法律决定能够以一种易于理解的方式被公众所接受。实际上，法律决定的内在过程中的很多信息也是不适宜展示给当事人与公众的，因为法官也是人，是人就不可避免地带有各种价值偏见、主观憎恶以及其他来自法官的复杂经验及可能会影响公正判决的各种心理因素。因此，法官某些"忍不住"的内在心理想法是不适宜展示给当事人与公众的，这些与法律制度的公正性承诺不一致的信息必须被适当地"掩饰"起来，而法律论证的功能就在于赋予实际的法律决定过程一种"冠冕堂皇"的外在形象，从而赢得当事人与公众的信任。这并非一种恶意的欺骗，而是一种必要的社会沟通技巧，正如我们在人际交往中，不论我们对他人的实际看法是什么，基本的礼貌是必不可少的，否则人际交往就很难被启动，将自己对他人的恶劣评价都公之于众只会妨碍必要的合作。

当然，法律论证在今天的法律制度中也是一种高度专业化的活动，大多数法律论证对于大多数公民来说是不可理解的，很多人更多的是从结果与直觉的角度来理解法律决定的正确性。但法律论证对于建立法律共同体对法律的信任是极为重要的，如果没有法律共同体对于法律的信任，那么外行公民就更不可能信任法律了。

在外部证成当中，修辞有着一种极为重要的地位。尼采认为，语言就是修辞，语言传达的是意见，而不是系统知识，一切语言都是比喻，

---

① 参见〔美〕道格拉斯·沃尔顿《法律论证与证据》，梁庆寅、熊明辉等译，中国政法大学出版社，2010，第110~112页。

指称事实的语词与比喻没有区别。[①] 与其说修辞是发现真理与事实的认知方式，不如说修辞是组织与建构真理和事实的方式。通过修辞，我们能够说服人们将修辞当成真理与事实。即便是对于众所周知的逻辑推理，如演绎推理、归纳推理，我们也可以将其当成一种修辞，只不过是一种比较具有说服力的修辞，是一种"强烈确信的表达"。[②] 修辞的必要性与交往主体之间的信息不对称相关，修辞具有降低信息成本的意义。[③] 由于商家与消费者之间的信息不对称，广告中的修辞因此是一种必要的沟通媒介，尽管广告完全存在虚假宣传的可能。与此类似，法律系统中也存在着一系列的信息鸿沟：法律事实与经验事实之间所存在的或多或少的差距，形式正义对于实质正义所存在的或多或少的背离，当下的法律决定被未来的经验事实与价值变迁所否定的可能性，以及当事人与公众对于法律运作存在知识上的匮乏。尽管如此，法官仍然有着做出决定的制度性压力，并且决定还要具有正当性，而修辞恰恰具有弥补这些信息鸿沟的功能与意义。修辞在法律论证中的意义在于将建立在不可靠的规范与事实基础上的法律结论包装起来，提供一种正当化的说明，使法律结论易于被人们接受。修辞并不仅仅是一种与真理、事实有着无法消除的隔阂的说服手段，修辞与真理和事实之间的关系并不是简单的现象与本质关系。当我们说修辞是一种说服手段的时候，这是法律专家冷静的"二阶观察"。在具体实践者的"一阶观察"的层面上，修辞所展现的东西就是真理与事实。法官、当事人与社会公众一般在做出决定的当时无法区分修辞相对于事实与真理是对还是错，是一种掩盖不确定性的纯粹手段还是对某种确定本质的真实符号表达。通过修辞去观察的人是看不

---

[①]　参见〔德〕弗里德里希·尼采《古修辞学描述》，屠友祥译，上海人民出版社，2001，第20～22、180页。

[②]　参见〔美〕理查德·A. 波斯纳《法理学问题》，苏力译，中国政法大学出版社，2001，第51页。

[③]　参见〔美〕理查德·A. 波斯纳《超越法律》，苏力译，中国政法大学出版社，2001，第574～576页；也参见〔美〕理查德·A. 波斯纳《正义/司法的经济学》，苏力译，中国政法大学出版社，2002，第177页。

见修辞本身的。虽然修辞的建构功效可以被反思性发现，但人们在反思的同时也是无法"反思"反思话语所用的修辞本身的。

修辞是建构法律信任的重要方式，是使人们潜在地推断法律决定的内在可靠性的重要信息来源。尽管如此，不是任何一种修辞都具备说服力，在特定的社会语境当中，修辞如具备说服力，必须符合一定的论证规则。阿列克西对此总结如下：任何言谈者不得自相矛盾，言谈者应具有真诚性，言谈者的法律主张应具有普遍适用性，不允许用不同的意义来做相同的表达，普遍证立规则，论辩负担规则，任何人都应认同其主张的普遍规则之后果，满足个人利益的规则必须为所有人接受，规则应予公开并普遍可传授，过度规则；等等。① 这些规则都是形式规则，无法完全保证法律决定的正确性。② 但由于信息局限性，很多情况下法律系统只能通过以修辞为媒介的论辩来展示法律决定的可靠性，而当事人与社会公众也只能通过以修辞为媒介的论辩来推断法律决定的可靠性。修辞既是法官赢得信任的策略，也是当事人与公众控制法律、付出信任的信息基础。

毫无疑问，和其他信任建构方式相同，修辞为人们认识法律过程与法律决定提供了沟通媒介，但遗留了不可避免的风险：修辞完全可能成为一种带有欺骗性的话语策略。修辞是一种必要的展现"真相"的方式，但修辞术完全可能成为诡辩术。③ 由于修辞受众的无知与信息匮乏，他们也极易被操纵。④ 修辞在这种意义上构成德里达所谓的"文字的暴力"。⑤ 文字与意义是不可分离的，意义完全在于人们如何使用文字，文字的局

---

① 参见〔德〕罗伯特·阿列克西《法律论证理论》，舒国滢译，中国法制出版社，2002，第234~256页。

② 参见〔德〕罗伯特·阿列克西《法律论证理论》，舒国滢译，中国法制出版社，2002，第360~361页。

③ 参见〔古希腊〕亚里士多德：《修辞学》，第一章，载《罗念生全集》（第1卷），上海人民出版社，2004，第147~148页。

④ 参见〔美〕理查德·A. 波斯纳《超越法律》，苏力译，中国政法大学出版社，2001，第588页。

⑤ 参见〔法〕雅克·A. 德里达《论文字学》，汪家堂译，上海译文出版社，1999，第50页。

限性就是人们的经验局限性。尽管如此，通过修辞所建立的信任的风险在以下三个方面可以被适当地降低。第一，在法律论证当中，抗辩的制度设置能够使一方当事人考虑到另一方可能会反驳，这会大大震慑其不诚实的修辞。① 第二，修辞的说服力依赖于特定的社会语境与社会结构，不是任何修辞都会具有说服力，只有符合特定论证规则的修辞才能得到当事人与社会公众的支持，修辞不可能是任意的，俗话说"事实胜于雄辩"，再华丽的修辞也难以颠倒黑白、否定确切无疑的事实与共识。修辞作为主要说服手段一般只限于疑难、模糊的边缘性情况，不会致使整个法律系统关于法条主义的意识形态承诺变得完全"假面化"。第三，在社会层面上，通过修辞达成的法律决定也许并不完全可靠，但在时间层面上，我们总能期待今天无法发现其不合理的法律决定在将来还有通过立法与司法被修正的可能性。不论是法律规范本身，还是法律规范的解释，都存在随时代环境变化而变化的机会与可能性。

修辞作为一种语言符号，有着特殊的稳定性与敏感性，其稳定性在于使我们能够撇开法律决定复杂的内部实在，从符号的层面进行信任推断，显得比较简单与方便，而其敏感性在于修辞上的任何微小谬误都有可能成为引发激烈否定的导火索，修辞符号构成了人们透视实在的信息渠道，也是信任与不信任之间相互转化的"阈限机制"。修辞固然提供了表述内在真实的简便手段，但在使用这一手段过程中也必须小心谨慎，要尽量符合修辞受众的价值取向与相关的事实证据，否则就极有可能遭遇他人的强烈反驳。在信息匮乏的情况下，他人极有可能抓住芝麻当成西瓜，对修辞表达咬文嚼字、吹毛求疵，放大修辞所代表的不合理性，进而否定法律过程与法律决定的整体。修辞符号所具有的这种敏感性在政府部门的新闻发布会上特别明显，任何一个微不足道的语词表达错误都可能成为人们激烈嘲讽的对象。人们的信息越匮乏，就越会抓住一些

---

① 参见〔美〕理查德·A. 波斯纳《超越法律》，苏力译，中国政法大学出版社，2001，第576页。

微不足道的信息符号进行信任判断或不信任推断。在有着成熟对抗制的国家，法庭上的吹毛求疵是非常常见的。规范解释与法律事实越不确定，法庭上的论辩就越容易"抠字眼"，"抠字眼"就是对信息成本高昂的一种回应。

# 第六章

# 法律信任的意识形态基础：法条主义

　　任何制度的社会正当性都必须有一定的意识形态基础，意识形态一方面构成了该制度的理想目标，另一方面也构成了该制度的解释模式。通过意识形态，我们能够对复杂而又矛盾的现实进行完整而又圆通的解释，从而使制度所固有的功能价值以及其不可避免的内在风险能够被人们一体化地接受。对任何制度的信任都会有其意识形态支撑，否则即便这种制度对整个社会有着极大的用处，但由于其固有的内在风险无法得到人们的理解与认同，最终也会导致人们对该制度的整体性拒绝。法律系统同样有其意识形态，这就是在法律实践中人们将之作为法律行为的普遍观念基础的法条主义。长期以来，法条主义一直被当成一种错误的法律理论与法律方法。法条主义作为一种法律理论由于对现实法律运作的过度简化，现已成为法学者唯恐避之不及的过时理论；法条主义作为一种法律方法由于缺少灵活性也成为不通情理、脱离现实的形式主义代名词。在国内法学界，法条主义几近于人人喊打的过街老鼠。① 从实证主义的角度来看，法条主义无疑不是对法律实践的准确描述；从道德正义的角度来看，法条主义无法顾及个案中的具体情境。更高明的批判则是实用主义的批判，如在波斯纳看来，法条主义本身就可能是一种实用主义选择。② 如果从纯粹理论的角度来看，这些理论批判都是正确的，但理论的正确性代替不了实践的正确性。正确的理论可能植入不了真实的实践。而法条主义的捍卫者大多从法治的必要性来论证法条主义的正当性，③ 这种理论吁求固然非常可贵，但始终还是理论，而理论意识难以替代实践意识，④ 实践仍然遵循着自己的逻辑。尽管近百年来无数法学家对法条主义有着不间断的批判，但由于社会的功能需求与实践压力，法条主义在法律实践中仍然是一种不可替代的话语模式，这是同时符合法律人与普通公民双方期待的一种潜在共识。对法条主义的理论解构固然难以破坏法条主义作为一种实践意识在现实当中难以撼动的地位，而对法条主义的理论辩护也有杞人忧天之嫌，其要么夸大了理论解构对实践的负面影响，要么低估了实践相对于理论的自主能力。本书认为，法条主义作为法律系统的意识形态，本身就是法律实践的一部分，没有法条主义，法律就是不值得信任的，很多法律实践甚至非法条主义的法律实践就是不可能的。法律是一套不以具体情境为转移并能够代表未来的普遍化标志，这一套标志稳定了人们对未来风险的理解与接受，

---

① 参见王国龙对法条主义批判理论的总结，王国龙《捍卫法条主义》，《法律科学》（西北政法大学学报）2011 年第 4 期；另外也请参见邓正来《中国法学向何处去》，商务印书馆，2006，第 65～70 页；苏力《法条主义、民意与难办案件》，《中外法学》2009 年第 1 期；柯岚《法律方法中的形式主义与反形式主义》，《法律科学（西北政法学院学报）》2007 年第 2 期；陈瑞《法理学中的法律形式主义》，《西南政法大学学报》2004 年第 6 期；等等。

② 参见〔美〕理查德·波斯纳《法官如何思考》，苏力译，北京大学出版社，2008，第 224 页；也可参见国内学者对此的回应，如于明《法条主义、实用主义与制度结构——基于英美的比较》，载《北大法律评论》2013 年第 14 卷第 1 辑；王立军《能动与克制之间的功利追求——读波斯纳〈法官如何思考〉》，《政法论坛》2011 年第 3 期。

③ 参见王国龙《捍卫法条主义》，《法律科学（西北政法大学学报）》2011 年第 4 期；解永照、王国龙《能动司法与规则治理》，《学术界》2012 年第 7 期；黄卉《论法学通说（又名：法条主义者宣言）》，载《北大法律评论》2011 年第 12 卷第 2 辑。

④ 参见〔法〕皮埃尔·布迪厄《实践感》，蒋梓骅译，译林出版社，2003，第 125 页。

从而建立对他人的信任关系，实现有风险但也可能有益的合作。但前提是，这一套标志的意义至少能够维持象征性的稳定，哪怕这种稳定只是一种"幻觉"，而法条主义就是法律系统维护这种"幻觉"的有着实践用途的意识形态策略。功能主义是这一部分的基本方法论视角，其思想基础是卢曼的功能－结构主义，这不同于早期功能主义的本质主义色彩。卢曼的功能主义既不是演绎式的，也不是归纳式的，而是启发式的，[①]功能主义以问题为出发点，探索社会所能提供的解决机制。功能主义不否认功能替代物，甚至看似不相关的现象从功能主义的角度来看可能都属于功能等价的。这一部分内容一方面在于阐明法律的功能定位以及法条主义作为一种意识形态对法律实践的功能，另一方面在于阐明为了实现法条主义的信任功能，法律系统演化形成了哪些功能上类似的制度机制。

# 第一节　通过法律的普遍信任

在传统法学理论中，我们基本是围绕解决纠纷这一功能基点来建构理论体系的，但这种功能基点更偏向于控制功能，不足以解释法律的实际运作与社会影响。为了更准确地解释法律现象，本部分选取了控制与信任这一组二元对立概念作为功能基点。这些功能基点并非对法律本质的界定，而只是一种特殊的理论视角，因此本书也不排除对功能基点的其他理论选择。理论视角的不同会影响到理论对现实的解释力，而任何理论在某种程度上都是对现实的人为建构，都多少带有一点追求元叙事的野心，本部分也希望通过这一组功能基点来更自洽、更准确地解释法律的社会意义。

## 一　社会交往的控制模式与信任模式

社会交往无疑是充满风险的，用信息经济学的术语来说，这是源于

---

① 参见〔德〕尼克拉斯·卢曼《信任》，瞿铁鹏、李强译，上海世纪出版集团，2005，第5页。

信息不对称，① 而用卢曼的社会学术语来说，这是源于双重偶然性，② 虽然两者用语不同，但道理同一。社会学与经济学其实只是从各自不同的角度发现了相同的问题，这个问题都源于一个基本的事实：交往双方都掌握了一些对方所不知道的信息。由于我们无法掌握他人的未来行为信息，这不仅使我们预测他人行为变得困难，而且也使他人预测我们的行为变得困难，而且这种信息不对称还会自我循环，他人的行动不仅会影响到我们的行动，而且我们对他人的行动的期待会进一步影响他人的反应，由此循环往复，使行为语境变得更加复杂、不可预测，由此就使双方对彼此失去安全感。不论我们是面对单一的个体，还是面对一定规模的组织，甚至复杂的系统，我们都可能面对信息不对称的难题，其他个体、组织或者系统作为外在于我们的他者都有着一些我们无法共享的信息。如果不解决信息不对称问题，我们不仅难以建立对他人、对社会的安全期待，也难以根据对他人的行为期待来安排自己当下的行为。

为了克服这个问题，社会演化成两种不同的降低交往风险的模式，一种为控制模式，一种为信任模式。③ 控制的重点在于通过收集更充分的信息来消除不确定性，以降低客观风险，而信任则不谋求完全的信息，而通过有限的信息潜在地推断未来的可靠性，侧重于降低主观风险。控制与信任是管理学与组织社会学所普遍使用的一对概念，但也可以用于法律领域，因为法律领域与管理领域都有着类似的问题，也即如何在特定的信息条件下规范与激励人们的行为。因此，这里控制（control）的含义也是借自管理学与组织社会学，④ 不同于法学家庞德那种宏观意义上

---

① 参见张五常《受价与觅价》，中信出版社，2012，第287～288页。

② See Niklas Luhmann, *Social Systems*, translated by John Bednarz, Jr. with Dirk baecker, Standford University Press, 1995, pp. 103 – 136.

③ 参见〔德〕尼克拉斯·卢曼《信任》，瞿铁鹏、李强译，上海世纪出版集团，2005，第21页。

④ 控制与信任这一对不同降低风险的行为模式在管理学与组织社会学中的应用非常多，但对本书也极具启示意义，参见 T. K. Das and Bing-Sheng Teng, "Between Trust and Control: Developing Confidence in Partner Cooperation in Alliances", *The Academy of Management Review*, Vol. 23, No. 3. (Jul., 1998), pp. 491 – 512。

的社会控制，① 庞德的"社会控制"是一个包括任何能够实现某种社会秩序的制度与机制的概念，甚至本书的"信任"也是这样一种机制，但本书严格区分控制与信任。任何降低交往风险的社会机制都可能包含控制因素与信任因素，而且两者还存在一定的功能替代关系，② 当由于信息匮乏而无法进行控制时，信任就是一种降低风险的替代方式，反之也能成立。尽管如此，不同的社会机制对两者的偏重是不同的。控制指向现在，目的在于通过现实性的物质力量并在掌握充分信息基础上对行为进行精确安排，因此侧重于降低客观风险。而信任指向未来，并通过有限的信息符号对未来的可靠性进行潜在性的正面推断，因此侧重于降低主观风险。

控制主要通过设置严格的标准对他人行为做出精确安排，从而保证行为目标的预期实现，以降低他人行为的客观风险，③ 控制试图在当下就能够规划好未来，要求在当下就必须能够制定详细的规范标准，收集充分的信息，对未来的风险进行精确的评估和预防。控制不信任未来才能兑现的安全，只求掌握现在，要求在现在就安排好所有事务。控制可能表现为：科层制、管理、合同、权力、等级制、惩罚、计划、评估，等等。④ 这些控制机制都力求能够收集充分的行为信息，从而实现对人际行为的精确安排。如科层制要求严密的档案分类与整理；而管理要求建立严密的监控机制；合同要求对未来才会发生的各种异常情况设定详细的权利义务条款；等级制要求具备严格而又详细的职责定位以及为防止越

---

① 参见〔美〕罗斯科·庞德《通过法律的社会控制》，沈宗灵译，商务印书馆，1984，第9页。

② See Guido Mollering, "The Trust/Control Duality", *International Sociology*, 2005, 20 (3), pp. 283 – 305.

③ See T. K. Das and Bin-Sheng Teng, "Trust, Control, and Risk in Strategic Alliances: An Integrated Framework", *Organization Studies*, 2011 (22), p. 254; Andrej Rus and Hajdeja Lglic, "Trust, Governance and Performance: Role of International and Interpersonal Trust in SME Development", *International Sociology*, 2005, 20 (3), pp. 371 – 391.

④ See W. Richard Scott, *Organization: Relational, Natural, and Open Systems*, Prentice-Hall, Inc, Englewood Cliffs, New Jersey, 97632, 1987, p. 282.

位的惩戒机制；惩罚如做到赏罚分明，也必须有观察入微、准确区分对错的监控机制；计划的有效性则依赖于对计划外的变化的准确预知；等等。这些控制机制克服信息不对称的方式就是收集更多的信息，从而在此基础上对行为实现精确安排，以降低客观风险。由于控制的有效性是建立在充分信息的基础上，只有在具备发达的信息收集能力、综合能力以及分析能力基础上，我们才能实施有效的管理与控制，[①] 这不仅要求具备强大的物质力量，也要求具备出色的认知能力，只有当我们有着足够的人手、设施与能力去收集、存储与分类信息时，才能将正确的信息落实到具体的违规者与合规者身上，由此才能实现赏罚分明，实现预期的行为控制目标。

但由于人类理性的有限性与社会交往的广泛性，我们的信息收集能力以及控制能力往往是十分有限的。特别是由于现代社会时空的错位，人们的交往范围已经远远超出时空一体的面对面互动范畴，[②] 这大大加强了现代社会交往的风险性，但风险介于现实性与非现实性、规范与事实、主观与客观的双重性特征，[③] 也意味着降低客观风险并不是减少风险意识的唯一方式，我们同样可以通过降低主观风险的方式来减少风险意识。而信任就是减少主观风险的一种机制。

与控制对未来的不信任不同，信任对未来的不确定性持一种包容态度，信任不谋求对他人行为的精确控制，即便他人的行为在未来是不确定的，安全仍然是可以期待的。信任是根据有限的信息对未来可靠性的潜在性推断，是一种促进风险交易的机制。[④] 在信任当中，对未来的确定性假定使我们在一定程度上能够漠视当下的不确定性事实。正如前文所

---

① 可参见吉登斯对现代民族国家控制条件的论述，参见〔英〕安东尼·吉登斯《历史唯物主义的当代批判》，郭忠华译，上海译文出版社，2010，第 173 ~ 174 页。

② 参见〔英〕安东尼·吉登斯《现代性的后果》，田禾译，译林出版社，2000，第 15 ~ 18 页。

③ 参见〔德〕乌尔里希·贝克《风险社会》，何博闻译，译林出版社，2003，第 26 ~ 35、90 页。

④ 参见〔美〕詹姆斯·S. 科尔曼《社会理论的基础》（上），邓方译，社会科学文献出版社，1999，第 108 页。

述，信任介于知与无知之间，并通过知推断无知，通过有限的过去推断无限的未来。信任是一种信息透支，尽管信任并非完全没有信息基础，但信任却超越其收到的信息去冒险地界定未来。因此，信任与风险密切相关，信任某种程度上是建立在幻觉之上的，因为可利用的信息少于保证成功的信息。人们在难以完全看透现实的情况下，通过对经验的粗糙提炼，将某些信息符号标志挑选出来作为证明信任与不信任的指标性事件与关键性变量，[①] 如血缘、种族、学历、肤色、着装、谈吐甚至面相都有可能在信息匮乏环境中被人们作为决定是否付出信任的关键性标志。在特定的制度条件下，法律也是这样一种信任标志。在信任关系中，人们会想当然地将容易获知的表面信息当成内在可靠性的外在标志，从而放弃对深层次信息的追问，并由此在主观层面上假定风险已经得到控制。

但是人们如何会接受这种不充分信息引导下的交往呢？这和信任特殊的复杂性简化方式有关。在信任关系中，系统用内在的心理确定性代替外在的现实确定性，因而提升他对外部关系中不确定性的承受力。与控制不同，信任主要通过增加对行为风险的内在承受力，也即通过降低主观风险的方式，来保证外在世界的可靠性。因此，信任往往并不在于增加安全并减少不安全；相反，它在于以减少安全为代价来增加对不安全的心理承受力。信任的意义主要就不在于对风险的实际减少，而在于即使在风险未必实际减少的情况下提高了对风险的内在承受力。就此而言，信任可以说是认知与情感的复合体，但信任既不能化约为纯粹的理性认知，也不能化约为盲目的情感，信任是两者有条件的内在结合。信任当中虽然含有理性化的经验考虑，但这种经验考虑是潜在性的，当信任的相关事务被议题化时，就已经说明信任不存在了。付出信任者往往并不能意识到自己是在正确地相信还是错误地相信。即使信任有风险，

---

① 参见〔德〕尼克拉斯·卢曼《信任》，瞿铁鹏、李强译，上海世纪出版集团，2005，第99页。

人们也不会产生心理负担。这就为人们在缺少充分信息的情况下积极从事有风险的交往提供了心理基础与社会动力。

因此，通过信任，人们会超越有限的认知，将交往范围扩展到认知所无法把握的新领域，但信任并没有保证新领域中客观风险的实际减少。例如，在家族企业内部，家族成员更易得到信任，即便其并不具备经营的必要能力。[①] 血缘构成了信任推断的基础，即便其未必可靠。又如，欧洲历史上一个少数教派瓦勒度教派所建立的信任网络即便在基督教会的打压下也能够将重大而长期的集体性事业置于其他成员的失信、失误或失败的风险之中。[②] 教派也是一种可信性符号，即便其潜含有巨大风险。在日常人际关系中，当面对自己值得信任之人时，如家人、朋友、同学，即使对方偶尔失约，我们也仍然会将其解释成意外，并继续坚持对方仍不失诚意的规范性期待。人们能够超越这些特定的关系纽带信息，建立远远超出这些纽带所能保证的可靠性的信任关系。信任所特有的包容性就在于即使遭遇他人的非预期行为，仍然在主观上保持对他人稳定的安全期待。在更广泛的政治领域，民主国家的公民尽管享有极为宽泛的政治自由，但只要没有超出法律的界限，不同的观点与行为并不被视为威胁，而是被视为有价值与值得信任的创造力。自由意味着不确定性，但只有在信任态度之下，不同的观点或行为才能作为一种正面性因素得到规范性期望的坚持。而极权国家的公民由于不被信任，会被看成"可疑的，永远不忠诚的，不服从的，会犯罪的"，因此一有异常举动就可能被严密监视与控制，[③] 这两种不同的态度就是信任与控制的差别。极权社会比民主社会更不可欲，主要不是因为极权社会的控制更加严密，而是因

---

① 可参见福山的相关论述，〔美〕弗兰西斯·福山《信任：社会美德与创造经济繁荣》，彭志华译，海南出版社，2001，第61~148页。
② 参见〔美〕查尔斯·蒂利《信任与统治》，胡位钧译，上海世纪出版集团，2010，第5页。
③ 参见〔波兰〕彼得·什托姆普卡《信任：一种社会学理论》，程胜利译，中华书局，2005，第197~198页。

为极权社会因缺乏社会信任而产生的普遍恐惧感。① 恐惧感就是对不确定性的极度焦虑。通过以上所述，我们可以认识到，信任不谋求对他人行为的完全控制，信任虽然需要具备一定的认知基础，但其对信息的要求明显比较低，信任能够超越有限的信息对未来进行潜在性推断，通过降低主观风险的方式来实现安全感，从而大大降低人们的认知负担。

## 二 作为符号体系的法律与通过法律的普遍信任

法律作为一种降低交往风险的制度体系更偏向于信任。而传统法学理论主要从控制角度来界定法律的功能，法律系统中的各种制度机制，如严密的规范体系、精确的权利义务安排、轻重得当的法律责任体系、烦琐的法律程序、严明的制裁机制，都具有明显的控制指向。这些制度机制长期以来都是法学研究的重点，但都以纠纷的解决为功能导向，强调对充分信息的掌握与对行为的精确安排，目的都在于通过法律机关的实际行为控制来降低客观风险。法律中的各种行为控制机制仍然很重要，但法律对整体性社会秩序的维持却不能完全通过行为控制本身得到解释。法律的功能更大程度上不在于实际的行为控制，而在于通过行为控制所展现出来的符号化意义，来激发更广泛的合法行为。如果从控制的角度来界定法律的功能，就会发现法律是一种非常低效的机制。

卢曼曾指出，"如果法律的功能在于依靠权力和制裁来保证所规定的作为或不作为的贯彻，那么实际的法律运行就会经常甚至多数情况下不能自己运转"，② 前文我们已经提到，执法者实际的执法能力是非常有限的，法律之所以难以做到追究大部分的违法行为，是因为执法资源总是非常有限的。因此，执法机关常常选择性执法，执法机关几乎总是从最容易侦破的那些案件中选择他们的追诉对象，警察部门往往还根据对违法行为严重性的主观感觉来决定是否执法。以上所述也仅仅是刑事法律

① 参见〔美〕汉娜·阿伦特《极权主义的起源》，林骧华译，生活·读书·新知三联书店，2008，第 574~596 页。

② 参见〔德〕卢曼《社会的法律》，郑伊倩译，人民出版社，2009，第 78 页。

的社会控制功效。对于数量更多的民事违法行为，我们有理由相信在政府与公民对这些违法行为的重视程度远逊于刑事犯罪的情况下，法律实施效率会低得多。因此，如果客观风险与主观风险完全一致，那么人们不论对社会还是政府都会丧失信心，而违法行为在理性的指导下也会变成一项有利可图之事。

如果从控制的角度来界定法律的功能，那么法律将无法维持社会秩序。尽管很多学者都能从法律之外发现能够解决社会纠纷的非正式社会控制机制，但这并不意味着非正式的社会控制机制可以替代正式性的法律控制机制，① 如果是这样，那么国家的法治建设就失去了必要性。在这里，我们不是要否定法律对维护社会秩序的作用，而是重新解释法律发挥这种作用的方式。在我们对完善法律体系、提高法律解决纠纷能力的强调中，往往着重的是法律系统的信息收集能力与社会控制能力，如司法的信息化建设与强制执行力，但法律系统的信息收集能力与社会控制能力往往难以满足社会控制的要求。实际上，法律的运作除了产生信息需求外，还会产生"信息冗余"，"信息冗余"不是一种信息，而是对其他信息需要的排除。② 法律运作的格式化与可重复性特征，能够使我们排除对经验环境中各种复杂信息的需求。我们在大多数情况下只需要关注法律规范是如何规定的，而不必考察当事人复杂的具体动机、社会舆论的道德要求或者宏观的政治需求与经济需求。例如，法官在判断是否成立抢劫罪时，只需要认定是否存在抢劫行为的证据即可，不必去考察犯罪嫌疑人是否生存困难，是否为了筹集病危家庭成员的医疗费，或者是否因为经济下滑而失业。即便这些法律运作之外的信息可能影响法院最终的判决，但也不构成审判的必需信息。法律实际上减少了社会交往的

---

① 典型如埃里克森的观点，〔美〕罗伯特·C. 埃里克森《无需法律的秩序》，苏力译，中国政法大学出版社，2016，第 167 ~ 179 页。

② 参见〔德〕卢曼《社会的法律》，郑伊倩译，人民出版社，2009，第 185 页；类似观点还请参见〔美〕阿德里安·沃缪勒《不确定性状态下的裁判》，梁迎修、孟庆友译，北京大学出版社，2011，第 74 页。

信息负担，因为人们假定可以依赖可见的明文法律规范来推测他人行为，由此可以对各种复杂的背景因素进行"选择性失明"。法律适用的可重复性不在于具体案件的类似性，而是其符号化的效果，只有简单化的符号才具有可重复性，而依赖于具体情境的行为控制是无法原封不动地扩展到未来的个案的。就此而言，法律就是一套不随情境转移的普遍化标志，其之所以必要，那是因为我们无法看见标志背后的东西，很显然，这套标志也存在虚假与错误的可能性。符号是对存在诸多可能性的未来的简化，通过符号化，我们就超越人类在经验上的时空局限性，[①] 减少对未来的忧虑与信息需求，因为符号表象在当下的可见性以及能够延续到未来的稳定性，能够保证我们对不可见未来的安全感。

　　法律在此主要以信任模式发挥其功能，法律规范是判断现代社会人际交往安全性的重要信息符号，[②] 但法律运作只能提供非常有限的关于未来的信息，人们只能在此基础上进行有风险的信任推断而无法进行完全的行为控制。以法律为指导的人可以一定程度上忽视法律符号背后的信息与后果，并在面对不确定风险时能够假定社会交往的可靠性。正因为如此，法律能够超越多变的具体情境建立广泛的交往关系，但同时也不可避免地遗留了失望的风险。类似于一般性的信任关系，通过法律的信任也是一种"谨慎的不介意"，因为其放弃了某些他人行为深层次的信息，以及对行为结果的持续控制。各种法律运作也并不能实现对未来的完全控制，但能够让人们超越有限的法律运作，将正面性期待扩展到法律能够实际保障的范围之外。正式性的法律运作仍然很重要，但正式性法律运作的信息符号意义远远大于对纠纷的解决意义，其象征意义远远大于其对行为的实际控制意义。

　　例如，法律制裁的信息符号意义就源于暴力的高度结构独立性，暴

---

　　① 参见〔英〕A. N. 怀特海《宗教的形成/符号的意义及效果》，周邦宪译，贵州人民出版社，2007，第101页。

　　② 关于法律的信号功能，参见张维迎《信息、信任与法律》，生活·读书·新知三联书店，2006，第38~44页。

力是以"行动取代行动"。① 暴力可以脱离语境的限制，仅仅以力量优势为前提，而不受等级秩序、角色语境、群体身份或价值判断等结构性因素的限制。② 暴力诉诸人类最原始的生物本能，是最直观的信息符号，因此超越多元化的个体与群体而被广泛认知，从而可以构成信任的普遍信息基础。不论是古代社会各种戏剧化、仪式化的酷刑，还是今天法院对公开审判的要求，实际上都是在强化法律制裁特别是暴力制裁的符号意义，暴力制裁的实际效率则鲜有人知。符号层面上的暴力制裁的失败，如对公开被发现的违法犯罪行为无法进行暴力制裁，其所导致的社会影响会远远超出暴力制裁效率的实际降低。

即便是我们熟知的合同控制也有着显著的信息符号意义，由法律所保障的合同对于合作关系的维续往往不在于其实际的条款有多么详细，而在于合同本身已经构成了一种交易双方的约定俗成的信任标志，③ 合同对于社会合作的促进效应往往远远超越合同中的条款。

当人们信任法律或以法律运作作为信息基础对他人做出正面性的信任推断时，即使在遭遇法律的不公正或者他人的违法行为时，只要法律作为信任标志的意义未受到破坏，人们也能够不介意当下遭受的失望，期待法律仍然能够保障自己的未来，期待未来其他个体不会破坏自己的安全感。

为了维护法律作为一套普遍化的符号体系的稳定意义，法律系统演化出一系列制度保障机制，如高度统一性的知识体系、受过同质化法律教育的法律共同体、统一性的司法考试、普遍设置的司法机关、纠纷的普遍可诉性。这些制度机制一定程度上保障了法律符号体系在不同的处

① 〔德〕尼克拉斯·卢曼：《权力》，瞿铁鹏译，上海世纪出版集团，2005，第70页。

② 参见〔德〕尼克拉斯·卢曼《法社会学》，宾凯、赵春燕译，上海世纪出版集团，2013，第144~145页。

③ 芬兰与挪威有学者对一所大学与软件供应商之间合作关系的变迁进行了研究，发现合同控制对于每一次信任的建立都是必要的。See Ari Heiskanen, Mike Newman, and Merja Ekin, "Control, Trust, Power, and the Dynamics of Information System Outsourcing Relationships: A Process Study of Contractual Software Development", *Journal of Strategic Information Systems*, 17 (2008), pp. 268 –286.

境中能够得到相同或相似的理解，从而成为各色个体与群体中最畅通的符号标志。法律是"铁面无私"的，正因为法律不通人情，因此法律能够超越人情，成为最值得大多数人信任的符号标志。现代社会中法律符号的信任效果远远超出其他类型的可信性符号，如种族、血缘、宗教教派等，这些符号体系不仅涵盖范围有限，而且缺少普遍化制度机制的支撑，不足以超越现代社会的多元化特征，建立真正稳固的普遍信任。而且这些符号由于意义指向的局限性还可能成为不同种族、血缘、教派之间不信任的来源。① 不同群体的成员之间往往因为外在符号的差异而对收益与风险都不可观察的公共决策持强烈怀疑态度，如在欧洲的整合过程中，民族身份成为难以逾越的"前政治信任基础"，民族的不同严重妨碍了互相承担义务、互相为彼此牺牲的信任关系的形成，因为任何统一的政策都可能被怀疑对其他民族造成了损害。② 实际上即便在单一民族国家内部财富分配都无法做到绝对的公平，但不可知的不公平在信任条件下就是可以接受的。而人们可以借助法律这个高度普遍化的沟通符号，超越不同个体与群体，建立相互之间的信任，从而即便在仍然残留风险的情况下，还能保持有风险的合作。

# 第二节　法条主义作为意识形态：对法律意义的象征性稳定化

不论何种法律运作，如成为信任的稳定信息基础，就必须维持其意义的稳定性，不论这种稳定是实质性的还是象征性的。稳定的信任关系

---

① 关于种族身份导致不信任的情况，请参见 Russell Hardin, *One for All: Logic of Group Conflict*, Princeton University Press, 1995, pp. 46 - 70；关于血缘作为信任基础的局限性的情况，请参见郑也夫《信任论》，中国广播电视出版社，2001，第93~94页；关于宗教派别导致不信任的情况，请参见〔印度〕阿马蒂亚·森《身份与暴力——命运的幻象》，李风华等译，中国人民大学出版社，2012，第1~14页。

② 参见〔德〕尤尔根·哈贝马斯《后民族结构》，曹卫东译，上海人民出版社，2002，第112~114页。

必须以有着稳定意义的信息标志作为基础。前述的普遍化的制度机制无法完全保障法律规范意义的稳定性，不确定性风险仍然存在，而这需要法条主义这样一种"虚幻"的方式从主观上来降低风险。家庭成员之间之所以存在难以撼动的信任关系，很大程度上也是因为血缘纽带被家庭伦理所赋予的高度稳定性的意义，而且这种稳定性在很多情况下还是象征性的，而非实质性的。正如前文所述，血缘纽带并不能保证家庭成员在新环境中的可靠性，不确定性风险仍然存在。同样的道理，对于作为社会信任的普遍信息基础的法律，法条主义在面对多变的具体情境时也维护了规范运作意义的象征性稳定。如果说家庭伦理是掩饰家庭成员风险、维护家庭关系稳定的一种意识形态，那么法条主义也是掩饰法律运作风险、维护法律规范意义稳定性的一种意识形态。法条主义在立法层面假定法律体系有着严密的逻辑结构，在执法与司法层面则假定可以通过严格的逻辑推导得出法律决定。法条主义作为一种意识形态的意义就在于能够使法律规范适应多变的情境，成为指引行为的稳定标志。

## 一　作为意识形态的法条主义

法条主义批判者基于理论与实践的二元划分，将法条主义与法律实践绝对对立起来，并试图用种种更具解释力、更有灵活性的法律理论代替这种错误的法律理论，进而能够有效地指导法律实践。固然，法条主义不论是作为法学理论还是作为法律方法，都是非常贫乏的。法条主义作为一种意识形态不论是在法律教义当中，还是在法律实践当中，从实证的角度来看都是虚构的。法条主义掩盖了立法的不完善、解释的主观性与历史性、法官在审判过程中的价值权衡与政治权衡。而且由于普通公民与法律系统之间所存在的高度信息与知识不对称，人们大多也无法观察到法官在何种情况下进行了政治权衡，何种情况下将个人的价值偏见带入判决当中，在多元化的规范当中何时进行了主观性的选择。人们也很难凭借法条主义对案件审判进行具体指导与批判，并对法官的实体判断进行有效约束。很多判决中的推理也属于法官的潜意识，即便要求法官就他们的判决说明实际出自何种动机，他们也未必能够做到这一点。法条主义不仅从理论角度难以解释现实当中法官所拥有的大量自由裁量权，而且从方法论上也无力应付具体案件中的实体正义。

如果说法条主义是一种错误的法学理论或者法律方法，并且近百年来经过社会法学、现实主义法学、批判法学、实用主义法学等各种理论的批判，那为什么这种批判丝毫没有撼动法律实践中法官对法条主义的坚持，也没有撼动普通公众对法治的法条主义认知与追求？由于法律系统的功能压力，不论是法律人还是普通公众都倾向于以法条主义来理解法律系统的运作，法条主义是符合法律人与普通公民共同期待的潜在性共识，① 构成了法律人与公众所共同坚持的正统性意识形态。即便美国联邦最高法院这种政治性极强的法院在公众心目中的形象都是法条主义式的，② 如果联邦最高法院破坏这种形象，则就会遭致社会舆论的一片谴责，如在 1954 年布朗案判决著名的脚注 11 中引用了社会科学领域的文献，就立刻有人抱怨该判决更像是一个社会学的论文，而不是法律意见。③ 对于法官来说，法条主义是他们关于司法行为的"官方"理论与被他们所内在化的司法"游戏"规则，④ 在很多法官看来，对他们最恶劣的批评就是被标签为政客，并被认为在审判中以结果而不是以规则为导向，⑤ 法律人普遍厌恶政治中的谈判、权宜与武断。而与此相应的就是，

① 参见周赟《一百步与五十步：法条主义与其批评者的差别》，《江汉论坛》2014 年第 2 期。

② See Vanessa A. Baird & Amy Gangl, "Shattering the Myth of Legality: the Impact of the Media's Framing of Supreme Court Procedures on Perceptions of Fairness", *Political Psychology*, Vol. 27, No. 4 (Aug. , 2006), pp. 597 – 614; J. M. Scheb & W. Lyons, "The Myth of Legality and Popular Support for the Supreme Court", *Social Science Quarterly*, 81, 2000, pp. 928 – 940.

③ 参见〔美〕劳伦斯・M. 弗里德曼《评判法官：关于法官思维方式和行为方式的一些评论》，载〔美〕约翰・N. 卓贝尔编《规范与法律》，杨晓楠、涂永前译，北京大学出版社，2012，第 161 页。

④ 参见〔美〕理查德・波斯纳《法官如何思考》，苏力译，北京大学出版社，2009，第 38、42 页。

⑤ 参见〔美〕哈里・T. 爱德华兹《从法官的视角谈司法规范》，载〔美〕约翰・N. 卓贝尔编《规范与法律》，杨晓楠、涂永前译，北京大学出版社，2012，第 272 页。

公众普遍认为政治不可避免是肮脏的。① 法条主义因此是法律人与公众双方最易于接受的共同假定，即便这个假定不是真实的。而且法条主义作为一种意识形态也不仅仅是一种理论虚饰，还是一种实实在在的实践压力，因为在任何法律论证的框架内，一种行为如想成为正当的，就必须能够证明在所有的类似情境中均为正当，可普遍化、要求同等情况同等处理是任何法律论证的基本属性与潜在假设。② 这正是法条主义的要求。

对于这种坚持与追求，我们就不能仅仅停留在对法条主义作为一种法律理论或法律方法是正确还是错误的简单批判层面上，而必须超越正确与错误，挖掘法条主义更深层次的功能与意义。从知识社会学的角度来看，法条主义作为法律系统的意识形态既非蓄意的谎言，也非单纯的谬误，而是"从某种因果决定因素产生的必然和无意的结果"，意识形态作为一种理论不论真假，都是实践的一个功能。③ 意识形态也不仅仅是对实践的一种描述，而是实际上参与到实践的构成当中。按照齐泽克的观点，"意识形态不是用来掩饰事务的真实状态的幻觉，而是用来结构我们的社会现实的（无意识）幻想"，④ 以"真/假"来看待意识形态是肤浅的，意识形态不是对现实的虚假描述，其本身就是现实的一部分，并推动着现实的运转。即便法条主义对于解释法律实践是一种错误的理论，错误的理论如同形形色色的意识形态一样，也能够服务于特定的法律实践功能。没有法条主义这样一种"错误"的理论，很多法律实践就是不可能的。法律实践很大一部分是由"幻觉"构成的，如果我们"知情太

---

① 参见〔美〕朱迪丝·N.施克莱《守法主义》，彭亚楠译，中国政法大学出版社，2005，第15~16页。

② 参见〔英〕尼尔·麦考密克《修辞与法治》，程朝阳等译，北京大学出版社，2014，第63、122页。

③ 参见〔德〕卡尔·曼海姆《意识形态与乌托邦》，黎鸣等译，商务印书馆，2000，第23、62、128页。

④ 参见〔斯洛文尼亚〕斯拉沃热·齐泽克《意识形态的崇高客体》，季广茂译，中央编译出版社，2014，第30页。

多"，看穿了社会现实的真实运作，这种现实就会瓦解。① 如果我们知道法官在判决中掺杂了各种政治考量、个人好恶、偏执情感，甚至奇思妙想，我们也就无法放心地将自己的权益交给法官的自由裁量权来处理了。我们之所以信任法官，并愿意接受法官的判决，正是基于对法官作为法律化身的假定：法官能够不带个人观点与好恶，持之以恒、一以贯之地适用法律。这种假定使人们不必计较法律运作中实际存在的不确定性，大大降低了人们对法律的认知负担。按照林毅夫的说法，意识形态是节省信息成本的一种工具。② 用本书中的术语来说就是，人们在法条主义这个意识形态的支持下有了更大的"信息冗余"。在法条主义这个意识形态的"迷惑"下，我们可以适当地漠视规范之外的不确定性风险，这提升了我们在充满风险的社会中进行积极冒险的能力。我们向来将意识形态当成一种阻止人们进行思考的障碍物，但意识形态之所以能够塑造生活，恰恰是因为意识形态也会积极引导人们去思考。③ 任何社会结构都具有"结构二重性"：使动性与制约性。④ 意识形态同样也不会例外。法条主义作为法律系统的总体性意识形态，使人们能够假定法律规范作为信息符号的意义稳定性，从而能够对法律付出信任，或引导人们以法律作为信息基础对他人付出信任，积极参与各种有风险的社会活动。很多学者不论是通过理论分析还是实证研究都会得出结论：法治国家由于对财产权的明确划分与保护而有着更高的社会信任度，⑤ 或者以法律为基础的正式

① 参见〔斯洛文尼亚〕斯拉沃热·齐泽克《意识形态的崇高客体》，季广茂译，中央编译出版社，2014，第15页。
② 参见林毅夫《新结构经济学》，苏剑译，北京大学出版社，2014，第279页。
③ 参见〔美〕帕特丽夏·埃维克《意识与意识形态》，赖骏楠译，载〔美〕奥斯汀·萨拉特编《布莱克维尔法律与社会指南》，高鸿钧等译，北京大学出版社，2011，第86~87页。
④ 参见〔英〕安东尼·吉登斯《社会的构成》，李康、李猛译，生活·读书·新知三联书店，1998，第89~92页。
⑤ 参见张维迎《产权、政府与信誉》，生活·读书·新知三联书店，2001，第10页；Lanlan Wang and Peter Gordon，"Trust and Institutions：A Multilevel Analysis"，*The Journal of Socio-Economics*，40（2011），pp. 583–593。

合作能够促进以信任为基础的非正式合作的繁荣。① 法律能够促进社会信任是毫无疑问的，但法律能够实现这一点并不完全是因为严密的规范与严明的制裁，也相当大程度上依赖于法条主义意识形态对法律普遍有效性的虚构。

为什么我们难以从理性认知出发建立对法律的信任呢？首先，完全准确的信息会导致人们对法律丧失信任，正如上文所言，客观的法律制裁风险会使违法行为成为一项有利可图之事。其次，即便只有少数案件是不公正的，但关键是我们无法知晓这少数的不公正案件到底是哪些。无知使我们无法基于充分信息准确辨别哪些案件是公正的，哪些是不公正的。为了降低认知负担，我们对于复杂的法律现象只能做出完全肯定或完全否定的泛化性判断。这是人类面对无知时所普遍采取的一种认知模式。这就是一种信任的态度，其不能忍受矛盾，也不能忍受模糊不清，信任的逻辑决定了我们不能"差不多地信任"。② 前文提到，信任遵循"全赢或全输"的原则。法律系统中少数不公正的案件，只要其成为公众的认知焦点，就足以使我们难以建立对法律的整体性信任，进而延伸到未来无数个案当中人们对法律的拒绝。而且这少数不公正的案件一旦被公众发现，还具有指标性和代表性价值，成为公众判断法律整体的公正性进而决定是否与法律合作的重要信息依据。正如南京彭宇案所产生的恶劣社会影响并不仅仅限于个案本身，而是现实当中根本不会进入诉讼程序的无数人的行为决定，当人们再次看到摔倒的老人时，决定他们行为的既不是当下这个老人的"碰瓷"风险，也不是法律支持他们的胜诉概率，因为这些都不得而知，而是彭宇案中法律在制裁"碰瓷"上的无能为力这一众所周知的信息。这少数不公正案件当然不可能通过法律系

---

① See Jack Knight, "Social Norms and the Rule of Law: Fostering Trust in a Socially Diverse Society", edited by Karen. S. Cook, *Trust in Society*, Russell Sage Foundation, 2001, pp. 354 – 371; Karen S. Cook, Russell Hardin, and Margaret Levi, *Cooperation Without Trust?* Russell Sage Foundation, 2005, p. 84.

② 参见〔德〕扬·菲利普·雷姆茨玛《信任与暴力——试论现代一种特殊的局面》，赵蕾莲译，商务印书馆，2016，第14页。

统自身得以实际消除，但如果我们还认为法律即使不完美还是需要遵循的话，那么就必须通过法条主义这样一种虚幻的方式将这一个案解释成事实上的意外，而不是当成规范固有的缺陷。由此，我们才能在法律本身即使存在风险的情况下，也能使人们继续以法律为基础保持普遍合作。

## 二　法条主义对法律规范意义的象征性稳定化

为了建构赢得信任的信息，法条主义是最根本性的意识形态策略。按照现代语言哲学理论，法律规范作为一门独特语言的意义取决于特殊的语境与解释者，正所谓"世界上没有两片完全相同的树叶"，这意味着法律规范的意义是不可能具有绝对的确定性的。但法律规范是判断现代社会人际交往安全性的重要信息符号，为了使人们建立对法律的信任或基于法律运作的社会信任，法律系统只能通过维护法律规范意义的象征性稳定来实现这一点。法律系统在实现社会交往安全的功能压力之下，甚至可能采取一种欺骗性的"虚幻"方式来保证自己的功能承诺，外在世界是高度复杂的，但行动仍然必须做出，而行动又不能是任意的，必须有某种确定的依据，而法律系统正是通过法条主义这种"虚幻"的意识形态使行动的确定性得到假定。尽管西方法学理论长期以来就有对法条主义不间断的批判，但这种批判恰恰表明法条主义的持久生命力，因为法条主义适应了法律实践的功能需求，或者说法条主义本身就是法律实践必不可少的一部分。法条主义能够使法律作为穿梭于复杂的外在世界的主线，使人们在面对有诸多失望可能的现实时，仍然能够相信法律的普遍有效性。

通过法条主义的意识形态装扮，法律能够成为政府与公民或公民与公民之间值得信任的沟通媒介，使人们相信法律是客观中立的，可以成为指引行为的稳定标志。法条主义因此可以被用以说服那些遭遇失望风险的人，不论他们遭遇何种失望，法官总是在法条主义的名义之下宣称这是根据客观性法律规范逻辑推导之结果，这就使规范的可信性与正当性在遭遇失望时仍然能够得到坚持，因为法律并未歧视任何人。即使在实际不符合法条主义的法律实践当中，法官都以法条主义来掩饰实际的价值权衡与政治权衡。例如，英国法官关于先例的理论一般认为，先例只能要么被遵守要么被区别，[①] 不论是遵守还是区别，都没有否定原有法律规范的既定效力，因此并没有破坏法律规范作为信任的稳定信息基础的象征意义。法条主义在法官意识当中甚至被不自觉地适用。法官往往并不会煞费苦心地去确认适用法律与创制法律的界限，法官在他认为是纯粹适用法律的过程中也可能制定新法律。[②] 法官对法条主义的自我宣称实际也是在迎合公众对法律的规范性期望，没有法官对法条主义的自我宣称，就无法取信于民。如果实在达不成法条主义的结果，那么就必须予以掩饰。在美国，联邦最高法院大法官会议的内部讨论是不能对外公开的，因为"偶尔出现的不和谐音符"会极大地影响在任法官的声誉。[③] 声誉就是一种信任现象，通过法条主义的外在表象，人们即使对法官的实际想法并非充分知悉的情况下也能信任法律的确定性与完美性。在法国，合议庭也不允许出现异议，要用同一种声音来表述法律，而不能破坏法律中的清晰性与确定性。[④] 不仅法律人的职业意识形态认为法官是在释法而非变法，公众也期望法官是在释法而非变法，法律职业理念与公众期望共同决定了只有法条主义才能满足双方的互信要求，[⑤] 才能使法律成为双方沟通的可信标志。尽管法条主义掩饰了实际的法律运作，但只有通过掩饰，人们才会将法律当成稳定的信息标志，并在此基础上进行信任推断，实施有风险的合作。法条主义附属于整体性的法律实践要求，

---

① 参见〔英〕约瑟夫·拉兹《法律的权威：法律与道德论文集》，朱峰译，法律出版社，2005，第162页。

② 参见〔英〕约瑟夫·拉兹《法律的权威：法律与道德论文集》，朱峰译，法律出版社，2005，第180~181页。

③ 参见〔美〕杰弗瑞·A. 西格尔、哈罗德·J. 斯皮斯、莎拉·C. 蓓娜莎《美国司法体系中的最高法院》，刘哲玮、杨微波译，北京大学出版社，2011，第314页。

④ 参见〔英〕尼尔·麦考密克《修辞与法治：一种法律推理理论》，程朝阳等译，北京大学出版社，2014，第329页。

⑤ 参见〔美〕朱迪丝·N. 施克莱《守法主义》，彭亚楠译，中国政法大学出版社，2005，第11页。

在法律系统的功能压力之下，法条主义是一种必要的与无意识的虚构。

法条主义为了稳定化法律规范的意义，还采用了一项我们熟知但也极具迷惑性的法律技术，也即规则与原则的区分。众所周知，规则与原则在法律系统中一般作为两种不同的规范来对待，规则一般较为具体，而原则较为抽象。法条主义涵盖整体性法律实践，但有着严格适用条件的规则并不能涵盖所有社会问题。这就可能导致失望，为了避免可能产生的失望，维护法律值得信任的"幻想"，原则应运而生。原则具有高度的抽象性，高度的抽象性意味着即便是互相冲突的规则也都可以归结到同一原则之下，即便在规则上遭遇失望的人也都能够被说服其失望是符合原则所代表的期望的。不仅如此，即便不同原则的适用之间存在冲突，也不会导致相互否定，因为对于冲突的原则我们只能进行相互衡量或平衡。① 原则能够掩盖法官对不同规则进行选择时的价值权衡与政治权衡，制造法律系统统一性的"假象"，维护法律规范的连贯性与稳定性。原则类似于卢曼所谓的"或然性公式"：能够不知不觉地穿越确定性与不确定性之间的界限。② 原则基本没有明确的适用条件与适用范围，原则只是给人们画了一个可以任意伸缩的"框框"。原则本身虽然没有确定性却显得毋庸置疑，并要求比规则得到更大程度的尊重，使人们即使在实际遭遇不平等时，还能高呼不可名状的法律正义。原则由于高度的不确定性，当然无法做到解决纠纷、控制行为，但在符号层面上却具有实践意义：原则具有高度的象征稳定性，人们能够以此作为信息基础对法官、执法者与他人付出信任，并愿意承担可能的风险。

在法律规范体系当中，宪法基本就是原则的集合，宪法规定了公民的基本权利与义务，但这些权利义务缺乏明确的适用条件，解释的弹性极大。同时，这也意味着宪法规范无须经常性修改。高度稳定的宪法却能够维护国家的象征性统一，不同种族、不同利益群体、不同阶层在某

---

① 参见〔美〕迈克尔·D. 贝勒斯《法律的原则——一个规范的分析》，张文显等译，中国大百科全书出版社，1996，第13页。

② 参见〔德〕卢曼《社会的法律》，郑伊倩译，人民出版社，2009，第116～117页。

种程度上都可以被整合到一个宪法框架当中，从而能够避免公众因无法直观判断财富与资源分配的公平性而对统一性政治决策产生的不信任。哈贝马斯认为现代民族国家的认同应由民族主义爱国主义转向宪法爱国主义，其实质就是由建立在民族身份基础上的政治信任转向建立在宪法基础上的政治信任。宪法爱国主义就是通过普遍性的民主与人权来建立超越民族身份的普遍信任关系，从而维护国家的象征性统一。① 众所周知，马丁·路德·金所领导的民权运动力求在既有的联邦宪法框架内通过非暴力方式谋求黑人的平等权利。黑人的民权运动在抗议白人政府歧视的同时，也坚持了人权法案的正当性。美国民权运动之所以能够赢得白人群体的信任，正是因为对在美国社会享有崇高地位的宪法的坚持，宪法成为实际上可能会导致社会秩序失控的民权运动最显著的可信性标志之一。② 因此，宪法作为一套解释弹性极大、无须进行经常性修改的原则体系，在一定程度上能够成为不同群体相互信任的稳定信息标志，从而即使在实际上遭遇可能不公平的政治决策时，还能够对政府的未来抱以稳定的信任。当然，宪法替代民族作为国民信任的符号，还存在很大的局限性，可能还受一国的法律文化、法治状况、社会平等状况等因素的影响。宪法作为信任的基础，必须在一个有着尊崇宪法的传统的社会才有可能，该社会的文化传统必须赋予宪法必要的神圣性与符号意义。

## 第三节　法条主义的风险掩饰技术：对不确定性因素的象征性隔离

　　法条主义作为对确定性的虚构，除了维护法律运作意义的象征性稳

---

　　① See Jurgen Habermas, *The New Conservatism*：*Cultural Criticism and the Historian's Debate*, edited and translated by Shierry Weber Nicholsen, MIT Press, 1989, p. 255；〔美〕扬－维尔纳·米勒：《宪法爱国主义的一般理论》，徐霄飞译，《清华法治论衡》2009 年第 2 期。

　　② See Jeff Wallenfeldt, *The Black Experience in America*：*From Civil Rights to the Present*, Britannica Educational Publishing, 2011, pp. 34 – 39.

定外，还采取了一系列的风险掩饰技术。这些技术使法条主义的制度承诺看起来更加可信。尽管通过法律的普遍信任不可避免地存在风险，但法律如果完全无法兑现自己的承诺，肯定也不会得到人们的信任。在这一点上，法律类似于货币与权力的信任功效，尽管货币的价值不必等同于实物的价值，权力的效率不必等同于暴力制裁的效率，但如果货币完全脱离实物的价值，权力承诺的暴力制裁基本不可能实现，则货币迟早会贬值，权力迟早会退化，成为不值得信任的沟通媒介。[①] 为了能够使法条主义具备一定的可信性基础，仅仅使法律语言更加精确、立法体系更加严密稳定、司法与执法更加严厉，是远远不够的。这些控制机制不能完全保证对不确定风险的消除，法律系统还必须通过一系列的分化技术对其他社会领域中的不确定因素进行隔离、消解、掩盖，由此使法条主义的承诺显得更加纯粹，也因此更加可靠。其他社会领域的干扰可能会使法律的意义失去稳定性，破坏法律的信任功能。但与此同时，如果法律值得信任，也必须能够适当回应其他社会领域的要求，如果完全拒绝其他社会领域的合理要求，那么法律的公信力也必然会因此遭到破坏。为了一方面继续保持法条主义对法律规范意义的象征性稳定化，另外一方面又可以在法条主义的外在名义下正当地考虑其他社会领域的合理要求，法律系统就通过种种象征性的方式将其他社会领域的不确定因素隔离、消解、掩盖起来，但同时又不会过分阻碍对其他社会领域合理要求的吸收。

　　在现代社会，其他社会领域的不确定性因素对法律确定性的干扰主要来自对判定事实的科学要求、政治领域中的利益权衡以及道德领域中的价值争议。通过规范与事实、政治与司法、程序规则与实体规则的分化，法律系统就可以将判断事实真假、权衡政治利害、调和价值争议等众口难调而可能遭受不公正非议的事务排除在法律的规范承诺之外。这

---

　　① 参见〔德〕尼克拉斯·卢曼《信任》，瞿铁鹏、李强译，上海世纪出版集团，2005，第74页。

些规范承诺之外的因素即使实质上参与了法律决定的做出，并导致不符合法条主义意识形态的不确定性，那么不确定性也不会被归责于法律规范本身，法律规范意义的象征性稳定仍然能够得到维持，法律规范的正当性仍然值得坚持。这些分化有着类似的功能，目的都在于将法律系统之外的因素与法律系统象征性地隔离开来，从而维护法条主义意识形态的有效性。至于为什么这些象征性隔离会有实践效果，我们也许要将其归因于制度符号类似于福柯的"知识－权力"或者布迪厄的"象征权力"所具有的对认知与意识的塑造能力。[①] 这些所谓的"权力"也不完全是一种外在的压制，在某种程度上也源于公众基于自身安全需求所做出的制度选择，尽管这种安全可能是虚幻的。

## 一 对事实判断的象征性隔离

法律规范作为一套符号体系代表的是对未来的稳定期望，相比于不稳定的未来，符号具有更大的稳定性。现代社会的法律基本都是实证法，实证法必须能够通过白纸黑字的符号化方式被书写出来，而书写能够帮助我们摆脱熟人社会具体互动处境的束缚，大大扩张我们的交往潜力，因为书写是"讨论与交流的普遍载体，它可以使人原封不动地普及建议、理论与规范"。[②] 因此，法律能够借助书写的符号形式将现在原封不动地扩展到未来。[③] 但未来始终是不可预知的，因此规范所指示的未来与未来才会发生的经验事实之间必然会存在难以克服的张力。但法律的特殊性还在于其对经验事实的免疫力。卢曼认为，法律就是对抗现实而稳定化

---

① 参见〔法〕米歇尔·福柯《知识考古学》，谢强、马月译，生活·读书·新知三联书店，2000，第203页；以及〔法〕皮埃尔·布尔迪厄《帕斯卡尔式的沉思》，刘晖译，生活·读书·新知三联出版社，2009，第200~201页。

② 〔法〕阿兰·佩雷菲特：《信任社会——论发展之缘起》，邱海婴译，商务印书馆，2005，第66页；也请参见〔德〕尼克拉斯·卢曼《权力》，瞿铁鹏译，上海世纪出版集团，2005，第8页。

③ 参见〔英〕安东尼·吉登斯《历史唯物主义的当代批判》，郭忠华译，上海译文出版社，2010，第39页。

的行为期望（expectation），主要功能在于保持规范性期望的稳定化。[①] 规范性期望的稳定化不意味着期望在事实上的完全实现，而在于即使在期望没有实现的情况下，还能坚持期望的正当性。这实际上就意味着信任，信任对于异常风险有着特殊的包容性，信任的意义在于：在风险未必实际降低的情况下，增加对风险的内在承受力。通过法律的信任就意味着，即使人们实际遭遇不符合法律规范的失望时，还能坚持法律规范的正当性，也即法律规范对行为的符号指示价值。通过法律的信任也并非源于法律所要求的行为在经验上的规律性，我们也不应指望所有人都会自觉遵守法律，规范的目的不在于控制未来，我们单凭规范无法预测未来，规范更大的意义在于增加我们对未来风险的内在承受力。

规范所具有的这种对抗现实的能力并不意味着规范的适用可以脱离具体的事实，而在于规范对事实的象征性隔离。抽象的规范的适用肯定是离不开具体的事实的。如果法律完全杜绝非法律事实的影响，规范性期望会更加不可靠，因为事实本身也有一定的规范性力量。[②] 虽然法条主义要求我们将规范制定得尽量精确一些，以保证无须法官特别解释就能够根据日常语境得到准确适用，但规范的过分僵化也会妨碍规范功能的实现。任何可信的制度体系都必须有一定的实在基础，任何可信的制度都不能忽视经验上长期被人们感受到的失败，因此任何制度都必须保持对非制度事实的一定开放性，法律不能蛮横地忽视科学上的新发现与现实的行为困境。但规范对事实的开放性并不必然导致规范的不确定性。美国法学家弗兰克认为法律的确定性只是一种法律人与公众为获得安全感所有意无意制造出来的神话，因为在事实认定这一对法律适用至关重要的环节并没有确定性，事实更多地源于法官在确认证据过程中的主观猜测，与此相应的就是法律权利只是在法律诉讼中关于未来的一种赌

---

① 参见〔德〕卢曼《社会的法律》，郑伊倩译，人民出版社，2009，第68页。
② 参见〔德〕尼克拉斯·卢曼《法社会学》，宾凯译，上海世纪出版集团，2013，第167页。

博。① 弗兰克的观点颇为偏颇，但确实道明了事实的不确定性对规范确定性的破坏。但弗兰克无法解释为什么在法律系统如此不可靠的情况下，其还能够正常运转？我们为什么不用更加变化多端的政治来代替同样变化多端的法律？针对弗兰克的批判，现在需要解决的问题是法律如何在保持对不确定事实的开放性的情况下，还能维持人们对法律确定性的信任。根据信任的逻辑，这个问题就意味着在法律对未来才会发生的事实保持适应性的同时，还能维持法律规范作为信任的信息基础的象征性稳定化。规范通过与事实之间的分化解决了这一问题。

正如哈特所认为的，法律规范作为语言本身就是一种对外界事实有着认知能力的"开放性结构"。② 但法律规范语言的特殊性还在于采取了"条件程式"的形式，也即"如果……那么……"的形式，③ 这更明确地将对外界事实的考虑纳入规范结构当中。通过"条件程式"，规范与事实得到了重新组合，法律在保持规范上的封闭的同时，也实现了认知上的开放，一方面即使在遭遇异常行为时也不会使规范无效；另一方面，也能够响应认知方面重新确立事实的要求。④ 规范将事实的认定留给了未来，当下唯一能够确定的就是条件程式的结构。条件程式在坚持法律规范意义的稳定性的同时，也正当地将对事实的认知要求纳入法律决定当中。法律通过条件程式在保持对事实的开放性过程中，也维持了自己的形式化象征地位。如果从动态的角度来看，事实与规范之间实际上有着类似于齐佩利乌斯所说的"眼光的往返流转"的关系，也即两者是多阶段、逐步尝试、深入的相互选择过程，在此过程中，不相关的规范与事

---

① 参见〔美〕杰罗姆·弗兰克《初审法院——美国司法中的神话与现实》，赵承寿译，中国政法大学出版社，2007，第15～38页。

② 参见〔英〕H. L. A. 哈特《法律的概念》，许家馨等译，法律出版社，2006，第119～131页。

③ 参见〔德〕卢曼《社会的法律》，郑伊倩译，人民出版社，2009，第102页。

④ 参见〔德〕尼克拉斯·卢曼《法律的自我复制及其限制》，韩旭译，载《北大法律评论》1999年第2期；〔德〕卢曼《社会的法律》，郑伊倩译，人民出版社，2009，第38～42页。国内有学者也曾表达过类似的意思，如刘星认为法条主义本身及其所对应的实践本身是内在地富有弹性的，参见刘星《怎样看待中国法学的"法条主义"》，《现代法学》2007年第3期。

实以及不恰当的解释被逐步排除。① 但在这一过程中，只有规范性条文作为可见的主线贯穿其中，这保证了通过法律的信任的稳定化。事实的不确定性在貌似确定性的条件程式的遮蔽之下，退居不可观察的幕后，变成了可接受的风险。

由于法律文本作为书写与文字符号的属性以及条件程式对这种属性的加强，法律脱离了信息传递的时间束缚与信息传递者的意向束缚，能够作为信息被重复使用，因此能够实现对抗事实的高度稳定性，但对法律的意义理解也失去了情景上与意向上的一目了然，而这必须被解释所取代。② 法律解释在此具有一个重要功能：弥补规范与事实之间的张力。当法官试图作出相对于以前案例的不同判决时，能够将当下的案件事实当成普遍规范的例外情况，在此过程中，不符合规范的现象被象征性地消解，规范还可以继续被看成持续有效的。③ 当法官需要对某个案件作出不同于既定规范或者前期判例的判决时，会强调该案的特殊性而不是普遍性，但特殊性恰恰在另一面衬托了规范的普遍性。公民的权利主张即使被法律所否决，也只是对事实的否决，而不是对既定规范的否决，法律仍然值得信任。

## 二　对政治权衡的象征性隔离

政治历来被当成对司法独立与法律公正的最大威胁，但是正如现实主义法学与批判法学的研究所表明的，实际的司法审判中往往不可避免地包含有政治权衡的成分，法条主义很多情况下只是一个神话。当然，不是说法律与政治就没有区别，但由于法官实际决定动机的复杂性与不可观察性，如果法律制度不能以显而易见的符号化方式表明法律独立于政治，那么即便实际的司法审判没有政治因素的干涉，人们也不会信任

---

① 参见〔德〕齐佩利乌斯《法学方法论》，金振豹译，法律出版社，2009，第130页。
② 参见〔德〕卢曼《社会的法律》，郑伊倩译，人民出版社，2009，第129~134页。
③ 参见〔德〕尼克拉斯·卢曼《法社会学》，宾凯、赵春燕译，上海世纪出版集团，2013，第93~96页。

司法的独立性与公正性。重要的不是司法审判是否实际存在政治权衡因素，而是司法的独立性能否得到象征性的确立。因此，法律秩序必须通过一种象征化的方式来树立法律独立于政治的可信性，而这就是三权分立的意义。通过制度符号的建构效果，司法、行政、立法之间变得泾渭分明，符号上的显著区分掩盖了三者实际上都存在的政治权衡的成分。通过三权分立的宪政制度安排，三权之间设立了一系列符号化的职能范围与程序界限，只要不逾越这些可见的界限，那么司法的独立性及其法条主义的意识形态承诺就可以被假定是可信的。人们在各种争议性案件中，一旦发生不满意的结果，只要对方和政府存在某种关系，都会假定对方利用权力影响了司法。在这个时候，政治是否实际干预司法反而变得次要，因为在符号层面，我们确实看到了司法与政治的某种"斩不断、理还乱"的关系。

另外，通过立法与司法的分化，法律系统在维持法律规范意义的象征稳定性的同时还能保持对政治压力的适应性。立法与司法的分化意味着将政治与司法分隔开来，立法属于政治协商与妥协的范畴，立法无须顾及与前期法律规范或判例的延续性。立法变革只有在政治领域而非法律领域才具有正当性，将法律的变革转移到政治领域后，人们就不会对政治领域也提出法条主义的要求。由此，法律系统就能够正当地通过立法对政治要求做出一定的回应。在政治系统，政治家对失望风险的处理方式是灵活变通，而在法律系统，当人们遭遇失望风险时，还能够继续坚持规范是可靠的。人们对政治家与法官的态度也因此有着根本性不同：人们对政治家感兴趣的是他的独特性格特征，如勇敢、诚实、灵活、机智、随机应变，① 而对法官性格特征的要求则是严肃、古板、不通情理、持之以恒。简而言之，对法官性格特征的要求也就是没有性格特征。如何维持法官的这种形象？法官只有将政治权衡转移给立法。但这种转移

---

① 参见〔英〕泽格蒙特·鲍曼《自由》，杨光、蒋焕新译，吉林人民出版社，2005，第103～104页。

也许是象征性的，法官在审判过程中仍然可以在法条主义的名义下进行大量的政治权衡，但是当人们提到政治时，首先想到的不会是法官，而是政客。这种意识形态化的社会认知"掩护"了法官的政治权衡。因此，司法与立法的分化转移了法律系统通过规则治理的功能压力，在保持法律对政治要求的适应性的同时，也维持了法律规范意义的象征性稳定。尽管法治绝不意味着仅仅依照稳定规则进行治理，但法治也必须形成依照稳定规则进行治理的假象。立法当中的各种政治权衡与妥协是公开化的，但法条主义意识形态支配下的司法实践却不允许这么做。为了回避缺乏操守的指责，即便政治性极强的美国联邦最高法院在遴选案件时都极为自制，以避免那些极具争议性的案件，并将其留给政治部门去处理。① 即便法官进行了实质上的政治权衡，也要声称是依法判决。这不仅是法官一体遵循的"司法游戏规则"，也是公众对司法应有品质的期望。为了维护人们对司法的信任，法条主义是信息成本最低的说服方式。近年来不少学者提倡司法能动主义，认为司法应该及时回应多变的民意、社会情势或公共政策，这实际上就是强调司法的政治功能，② 能动司法本意在于提升公众对司法的满意度，但对于目前中国社会中普遍存在的信任危机，只有法条主义作为低成本的假设才能大大方便公民对法律的信任以及公民之间以法律为基础的信任。

立法与司法的分化也使法律解释变得必要，"解释"这个词本身就是修饰实际司法运作的一种修辞，因为在日常语义理解中，解释只是阐发

---

① 参见徐清《美国联邦最高法院的案件受理决定权——历史的另一个视角》，载何勤华主编《外国法与比较法研究》（第 1 卷），商务印书馆，2006，第 286～338 页。

② 这方面的文献极其繁多，如苏力《关于能动司法与大调解》《中国法学》2010 年第 1 期；龙宗智《关于"大调解"和"能动司法"的思考》，《政法论坛》2010 年第 4 期；刘旺洪《社会管理创新：法院的职能定位与实践路径——兼析能动司法的范围和限度》，《法制与社会发展》2012 年第 6 期；姚莉、显森《论能动司法的社会管理功能及其实现》，《法商研究》2013 年第 1 期；公丕祥《当代中国能动司法的意义分析》，《江苏社会科学》2010 年第 5 期；李清伟《司法克制抑或司法能动——兼论公共政策导向下的中国司法能动》，《法商研究》2012 年第 3 期；王德玲《论我国社会转型期的能动司法》，《山东社会科学》2012 年第 9 期；等等。另外对能动司法可能导致本末倒置的一个批评，参见张超《能动司法与实用主义后果论——基于"法治"理念的一个检讨》，《法律科学（西北政法大学学报）》2012 年第 5 期。

法律，但不创造法律，因此契合法条主义的意识形态要求。尽管根据伽达默尔的哲学解释学，任何解释都具有主观性、历史性与创造性，[①] 但在法学领域，施密特也曾对文本解释方法进行"去魅化"，认为由于法律规范无法自行适用，也无法自为解释，法律适用很多情况下实际上是一种源自规范上的"虚无"的"无中生有"，是一种创造性决断。[②] 波斯纳也认为，法官都是从当下政策目的、公共福利需要出发并具有未来指向的实用主义者。[③] 但理论上的暴露不会导致法律的解构，由于实践话语对理论话语的"操作关闭"，对解释的解构基本不影响解释在法律实践中的意识形态功能，解释本身附属于整体性法律实践。解释在日常语义当中被当成法律规范的"再现"，"再现"不影响法律规范本身的完整性，尽管解释过程中存在创造性，但这一点并不能直观地被观察到。恰恰相反，法官在修辞上仍然坚持法条主义，因此带有政治色彩的立法与强调法条主义的司法被象征性地隔离开来。即使解释从事后看来是错误的，人们一般也仅仅将其责任归结到做出解释的法官，而不会破坏法律规范本身的正当性，因为规范的制定与语义的解释已经被象征性隔离。法律规范在基于日常语义对法律解释的理解当中能够"万变不离其宗"，不论法官如何解释规范，规范仍然是原来的规范。即便社会秩序实际上可能不符合规范条文，法条主义维护下的规范仍然是社会秩序的关键象征，成为公民与公民之间、公民与政府之间最清晰可辨的可信性标志。

## 三 对价值争议的象征性隔离

现代社会是一个价值多元化的社会，而法律中的实体规范可能涉及

---

① 参见〔德〕汉斯-格奥尔格·伽达默尔《诠释学Ⅰ：真理与方法——哲学诠释学的基本特征》，洪汉鼎译，商务印书馆，2007，第364～395页。

② 参见〔德〕卡尔·施密特《论法学思维的三种模式》，苏慧婕译，中国法制出版社，2012，第49～69页。

③ 参见〔美〕理查德·波斯纳《法理学问题》，苏力译，中国政法大学出版社，2002，第339～358页；〔美〕理查德·波斯纳：《超越法律》，苏力译，中国政法大学出版社，2001，第453～464页。

各种难以调和的价值争议，极具争议性的实体规范会破坏人们对法律的信任。但法律系统很多情况下也拿不出能够得到大多数人认可的共识来解决价值争议。法律系统为了减轻实体规范的功能压力，就将法条主义的意识形态要求从实体规范一定程度上转向程序规范。程序规范是形式化特征更显著的规范类型。在程序规范领域，我们更容易坚持法条主义。通过将价值问题转换为程序问题，人们即使在遭遇价值上的失望风险的同时，还能坚持程序规范的可信性与正当性。而且过于僵硬的规范反而不利于规范性期望的稳定化，因为这会导致更多的失望，适度地容忍偶尔失望的规范会更加有利于保持规范性期望的稳定化。① 而过于具体的实体规范会难以容忍失望，因为实体规范越具体，被违反的可能性就越大，失望的可能性也就越大。程序规范则要容易遵守得多，对于失望的包容性也更大，因为程序规范一般只是一种形式上的要求，其本身并不做出具体的价值要求与承诺。程序规范将结果的最后确定留给了未来。程序的实质内容就是商谈，而未来的不确定性是商谈中唯一真正不变的东西，决定在最终做出之前仍然是开放性的。② 每个参与程序性商谈的人都将自己托付给未知的未来支配。程序规范不仅更容易满足法条主义的意识形态要求，而且仍然保留了对各种道德价值的开放性，尽管法律系统在貌似公平的程序外观之下，对多元化的价值不可避免地进行了有选择的吸收，但在表面上我们是看不出这种吸收是有歧视性的。用我们熟悉的术语来说就是，程序规范具有合法化功能，通过参与的开放性、选择的自主性，能够达到"作茧自缚"的效果：程序结果不论好坏都成为可以接受的。③ 在本书的语境当中，这就是程序的信任效果，程序通过自身的特殊信息标准增加了对未来的不确定性风险的内在承受力。由于程序规范并没有严格限定未来，因此我们无须就指向未来的实用主义考量而频繁

---

① 参见〔德〕尼克拉斯·卢曼《法社会学》，宾凯译，上海世纪出版集团，2013，第167页。

② 参见〔德〕尼克拉斯·卢曼《影响到每个人的事务》，王小钢译，载邓正来主编《西方法律哲学家研究年刊（2008）》，北京大学出版社，2009。

③ 参见季卫东《法治构图》，法律出版社，2012，第128～129页。

改变现有程序规则。就此而言，程序可以构成信任推断的稳定信息基础。程序本身就是一种关于组织行动的信息，对于不可直观判断的实体正义，程序正义能够提供认知成本较低的判断标准。程序规范通过过程的正当性来推断结果的正当性。基于程序的信任能够使人们在遭遇失望时仍然坚持程序本身是公正的，从而不必介意当下结果的好坏，并相信下次继续参与程序仍然是值得的。程序规范对不可调和的价值争议进行了"搁置"，使价值上的失望更容易被人们接受。

毫无疑问，正如我们在前面关于主观程序正义的论述中提到的，现代程序规范本身就可能体现了平等、尊重等道德价值，但对这种价值的认知与辨识要远远易于实体规范，也比实体性规范更少争议，因此是建立信任的一种有效方式。这些较容易取得共识，也较容易实现的价值规避了更为复杂的价值争议。程序上平等、有尊严的对待，在一定程度上能够使人们接受不利的实质性后果。很多经验研究都能够说明这一点，如美国学者汤姆·R. 泰勒等人根据对来自加利福尼亚等美国地区的问卷调查的研究也指出，根据主观层面上的程序正义进行判断的被访者比根据分配正义进行判断的被访者更多，尽管程序正义与实质正义对法律决定的信任与可接受性都有影响，但程序正义比宏观层面上的分配正义与微观层面上的结果有利性对人们是否信任与接受法律决定有大得多的影响力。[①] 具体而言，泰勒还指出，塑造公众对司法机构与执法机构的信任的主要不是对决定结果的评价，如诉讼成本、办案是否迟延、打击犯罪是否高效，而是对以过程为基础的程序公平性的评价，如是否公平对待、是否尊重公民权利、是否有尊严地对待公民。[②] 又如，澳大利亚学者克里斯蒂娜·墨菲通过对纳税者的相关问卷调查的研究也证明了主观层面的

---

[①] See Tom R. Tyler and Yuen J. Huo, *Trust in the Law*, Russell Sage Foundation, 2002, pp. 53 – 55；也可参见〔美〕汤姆·R. 泰勒等《对组织权威的信任》，载〔美〕罗德里克·M. 克雷默、汤姆·R. 泰勒编《组织中的信任》，中国城市出版社，2003，第 457 页。

[②] See Tom R. Tyler, "Public Trust and Confidence in Legal Authorities: What Do Majority and Minority Group Members Want From the Law and Legal Institutions?", *Behavioral Sciences and the Law*, 2001 (19), pp. 215 –235.

程序正义对信任的效果：相比于结果的有利性，程序正义对公民是否信任决策者有着更大的影响力。[①] 人们更倾向于通过认知成本较低的程序正义信息来建立对法律运作的信任。因此，即便我们把程序正义当成一种独立的价值，其在一定程度上也规避了更为复杂的价值争议。

---

[①] See Kristina Murphy, "The Role of Trust in Nurturing Compliance: A Study of Accused Tax Avoiders", *Law and Human Behavior*, Vol. 28, No. 2 (Apr., 2004), pp. 205 - 206.

# 第七章

## 法律信任的生理基础：物理暴力及其符号功能

物理暴力（physical violence）向来在法学理论中作为一种反道德因素被置于一种边缘性的地位，中外的各种法学理论与法学教科书都会简单提到法律是由国家强制力保障实施的，尽管这种表述都隐约指向物理暴力对法律实施的意义，但对于这种强制力的特征与功能的分析和探讨仍然不够充分与深入，各种法学理论流派研究的更多的是法律的道德特征、社会意义与程序基础，理论的潜在道德取向与合法性追求使学者不自觉地忽视了物理暴力这样一种显而易见的因素在法律领域中的功能，从而使对物理暴力功能的研究在法学领域显得极为贫乏。鉴于这一现状，本部分将参照相关的社会学理论，并适当联系现实，对物理暴力作为制裁机制在法律领域中的信任功能及其限度进行专门的论述。本书并没有使用我们常用的"强制力"一词，而是使用"物理暴力"这个词来直观地表达这种对任何人就可达到类似生理与心理效果的法律实施机制。在法律系统中，物理暴力作为一种和人的生理与心理反应有关的信息符号机制能够为法律的普遍效力提供支持，也构成人们推断法律的内在可靠性的重要依据。任何社会制度都必须考虑人作为一种生物在生理上的特征，制度不能突破人的生理特征所划定的界限，也无法忽视人的生理特征所能够提供的支持。法律制度也同样不会例外。物理暴力作为一种激发人普遍生理与心理反应的机制，构成了一种任何人在认知上就能够理解也难以忽视的信息符号，也构成了人们决定是否信任法律的普遍效力的重要依据。基于物理暴力的法律制裁大多数情况下并非作为一种身体强制机制发挥功能，其更大的意义在于作为一种普遍生理与心理威慑机制所拥有的符号与象征功能。

# 第一节　物理暴力与法律之间的共生关系

## 一　物理暴力对于社会结构的高度独立性

物理暴力是一种纯粹的行动机制与有形的物理现象，其通过对身体或物体的强制、侵犯、伤害或消灭而实现对人与行为的直接控制。按照卢曼的观点，物理暴力是以"行动消灭行动"。① 物理暴力是一种机械力学，其对于社会结构具有高度的独立性。物理暴力能够仅仅依赖于力量优势，并不受等级秩序、角色语境、群体身份、信息分配以及价值判断的约束。② 在法律领域，我们就很容易发现物理暴力的这种特征，例如法律有很多制裁机制，如人身强制、剥夺人身自由、死刑、公开赔礼道歉、剥夺政治权利、罚款、开除公职等。在这些制裁机制中，只有人身强制、剥夺人身自由与死刑这一类暴力制裁机制才能对不同的人实现相同或类似的生理与心理效果。其他制裁机制都会存在各种结构上的限制，如公开赔礼道歉对于厚颜无耻之人是没有效果的，剥夺政治权利对于大字不

---

① See Niklas Luhmann, *Trust and Power*, translated by Howard Davis, John Raffan and Kathryn Rooney, John Willey & Sons Ltd, 1979, p. 149.
② 参见〔德〕尼克拉斯·卢曼《法社会学》，宾凯译，上海世纪出版集团，2013，第144～145页。

识几个的文盲没有任何威慑价值，开除公职对于那些在市场自由择业的打工者也没有意义，而富人对于罚款则可能根本不在乎。只有暴力性的制裁机制才能在生理与心理上实现高度统一性的普遍效果，不论是人身强制与打击、剥夺人身自由，还是死刑，对于所有人都能够在心理与生理上达到类似的威慑性效果。根据人的生物性，任何人都会抗拒身体强制或打击，都会害怕失去人身自由，都会恐惧死亡。因此，物理暴力几乎在任何情境中以及在针对任何人时都能够达到相同或类似的震慑效果，因此几乎可以被普遍使用。[①] 这正如日常生活中的常见现象：当孩子不听话时，父母对其未必能够讲得通大道理，但打一顿就能立竿见影。即便对于动物，物理暴力也能够同样有效。虽然现实当中也存在以死抗争等物理暴力无效的情况，但总体上来看，物理暴力相比于社会结构机制具有"高度可预见的成功确定性"，[②] 在真正具有优势的力量面前，没有人能够抵挡暴力。物理暴力作为一种建立在生理与心理反应基础上的机制对文化、道德、权威、声誉或身份等社会结构的依赖程度非常低，[③] 基于这些社会结构的惩罚高度依赖于具体的语境，实施效果也往往很难保证实质性的统一，如一个社会声望很高的人可以将他人的辱骂视作低素质的表现而不屑一顾，[④] 但难以无视他人对其身体的暴力攻击以及由此引发的疼痛与恐惧。物理暴力的后果凭借直觉就能够被所有人感受到，特别是在蒙昧的古代社会，酷刑的公开展示能够让所有人心惊胆战，这种恐

---

① 参见〔德〕尼克拉斯·卢曼《法社会学》，宾凯译，上海世纪出版集团，2013，第 145 页。

② 参见〔德〕尼克拉斯·卢曼《法社会学》，宾凯译，上海世纪出版集团，2013，第 312 页。

③ 当然，不是说物理暴力对社会结构并非完全没有依赖性，而是这种依赖性是比较低的，正如中国历史上的游牧民族，其文明结构远没有中原农耕文明复杂，但在军事上的效率却远胜于农耕文明。

④ 如果要采取非暴力性措施惩罚某人，则需要根据该人的社会地位采取不同的策略，如鲁迅在《说面子》一文中就提道："而'丢脸'之道，则因人而不同，例如车夫坐在路边赤膊捉虱子，并不算什么，富家姑爷坐在路边赤膊捉虱子，才成为'丢脸'。但车夫也并非没有'脸'，不过这时不算'丢'，要给老婆踢了一脚，就躺倒哭起来，这才成为他的'丢脸'。"参见鲁迅《且介亭杂文》，人民文学出版社，2006，第 127 页。

惧效果是超越多元化的社会身份与文化背景的，能够为所有人所深切感受到。正如 19 世纪的西方传教士来到中国所看到的"凌迟处死"所产生的心理效果和中国人是类似的，① 这种极端的物理暴力不论在基督教背景的西方传教士看来还是受儒家文化熏陶的中国人来看都是令人震惊的。

　　由于物理暴力的强迫性，很多社会学理论在隐喻意义上将一切结构约束视为暴力，如布迪厄的"符号暴力"，② 或齐泽克的"客观暴力"，③ 本书将这些隐喻意义上的暴力都称为"隐喻暴力"。但这种通过隐喻暴力对暴力的"扩展性定义"，不仅会使暴力这个概念变得毫无意义，④ 也遮蔽了真正意义上的暴力与隐喻意义上的暴力之间的显著差异。最终物理暴力作为任何社会秩序的潜在基础反而被普遍无意地忽视了。隐喻暴力是无形与潜移默化的，其甚至以被压迫者的不自觉认同作为基础。隐喻暴力是一种非常复杂也非常精巧的社会结构，其依赖于文化、道德与知识的演化与建构，有着细致入微的操作技术与深入灵魂的渗透力，而非朝夕之间就能实现其效果。人们对隐喻暴力的学习与接受会是一个非常长期的过程。如学校的道德教育以及监狱的各种改造，要使人们认同某种规范模式，自我归类为善与恶、好与恶或合法与非法，并以此作为行为的内在标准，都非朝夕之功。因此，与物力暴力不同，隐喻暴力的效果会受到社会结构的严格限制。不仅如此，物理暴力往往给人以血腥的形象，而隐喻暴力则是"杀人不见血"。隐喻暴力深入灵魂的控制似乎刺激

---

　　① 参见〔加〕卜正民、〔法〕巩涛、〔加〕格力高利·布鲁《杀千刀：中西视野下的凌迟处死》，张光润等译，商务印书馆，2013，第 33~40、167~224 页。

　　② 参见〔法〕布迪厄、〔美〕华康德《实践与反思——反思社会学导引》，李猛、李康译，中央编译出版社，2004，第 186 页；〔法〕皮埃尔·布尔迪厄：《帕斯卡尔式沉思》，刘晖译，生活·读书·新知三联出版社，2009，第 200~201 页。

　　③ 参见〔斯洛文尼亚〕斯拉沃热·齐泽克《暴力：六个侧面的反思》，唐健、张嘉荣译，中国法制出版社，2012，第 1~2 页。齐泽克在这里又将客观暴力区分为"符号暴力"与"系统暴力"。

　　④ 参见〔英〕约翰·基恩《暴力与民主》，易承志等译，中央编译出版社，2014，第 23 页。

了学者们更大的愤慨。福柯认为，现代社会的控制方式已经从粗暴、血腥、短暂并带有公开羞辱特征的针对肉体的惩罚技术演变为更规范、更精巧、更具有普遍性的改造灵魂的知识－权力，[①] 这种观点在现代学者中深入人心，使很多学者误认为现代社会变成了一个无形暴力更多而有形暴力更少的社会。现代社会的文明化实际上与其暴力化是同步发展的，因为文明化所创造的制度条件使更大规模的有组织暴力成为可能。[②] 而且现代国家所拥有的强大物理暴力以及对物理暴力的完全垄断使对私人化暴力的限制更为有效，增加了人与人之间的和平。

尽管隐喻暴力看似更加文明化，但物理暴力在现代社会仍然有其难以忽视的存在与功能。物理暴力对于社会结构上的高度独立性使物理暴力对于社会秩序有着特殊的价值，但也产生了特殊的危险。物理暴力一方面能够为社会规范的实施提供一种一般性与普遍性的保障，因为我们能够假定任何人都会恐惧并服从暴力。因此，物理暴力是一种底线担保，能够杜绝任何极端的个人或情况对规范的破坏。在任何社会当中，总会有一些人由于其偏执性格、成长背景、意志之外的行动压力等难以克服的因素而容易偏离正统规范，或者秩序由于价值、信息、利益等难以平衡与协调的原因而陷入紊乱，这时都需要物理暴力来提供一种能够同等有效地施行于所有人、清晰而又明辨的约束机制，从而实现秩序的统一与稳定。基于物理暴力的法律制裁不仅具有普遍性的行为控制意义，也具有普遍性的符号价值。物理暴力在生理与心理上所激发的恐惧与痛苦是任何人都能够认知与理解的，因此也构成了判断法律制裁风险的普遍信息基础。正如雷姆茨玛所说，暴力将"忍受暴力的人简化到肉体特征上"，与此相应，"心理暴力存在于被简化到肉体这种威胁中"。[③] 肉体是

---

① 参见〔法〕米歇尔·福柯《规训与惩罚》，刘北成等译，生活·读书·新知三联书店，1999，第81~114页。

② See Siniša Malešević, *The Sociology of War and Violence*, Cambridge University Press, 2010, p. 332.

③ 参见〔德〕扬·菲利普·雷姆茨玛《信任与暴力：试论现代一种特殊的局面》，赵蕾莲译，商务印书馆，2016，第131、137页。

任何一个人所拥有的，与肉体相关的恐惧与痛苦也是任何人无须任何文化教养就能够凭借直觉所感受到的，因此，物理暴力几乎具有了一种"普世性"的信息价值与心理效果。很多情况下，物理暴力无须实施，凭借想象就足以震慑所有人。即便是伤害或破坏死去的肉体也能够实现恐怖的效果，如中国古代社会的"戮尸"。[①] 为了避免产生恐惧感，现代社会也是禁止随意伤害与破坏死去的肉体的。

但物理暴力也因此产生了特殊的危险。正由于物理暴力对于社会结构的高度独立性以及其对于人类心理与生理的普遍效果，物理暴力也具有摧毁一切社会结构的能力，正如法国大革命、苏俄革命等暴力革命有着将一切推倒重来的激进特征。物理暴力本质上具有工具性特征，[②] 其在目标上是高度自由的，也几乎可以被任何人使用，民国时期很多文化程度甚低的军阀也可以借着枪炮为所欲为。由于几乎不受结构性束缚，物理暴力可以被用于任何目标，[③] 哪怕被用于不正当的目标，如纳粹德国对犹太人的大屠杀。在现代高度发达的工业潜能与技术知识支持下的有组织暴力，即便在号称文明社会的今天，也能够对文明本身爆发出极大的破坏能量。[④] 因此，物理暴力并没有随社会的现代化而减少，而是随着现代化的进程表现出更大的威力。而隐喻暴力由于深嵌于社会结构当中，很多情况下可能涉及规范、道德或知识上的正当性，其效果可能会受到实施者与实施对象的权威、身份、形象、地位或知识水平等语境特征的限制。因此，隐喻暴力的使用不可能是任意性的，其效果在不同的语境之下就很难得到相同的保证。隐喻暴力在国民能够接受普遍教育、社会知识高度发达的文明化的现代社会是非常有效的。但这不意味着物理暴力在现代社会就完全失去了其功能与意义。只要人还是一种生物，那么

---

① 例如，《后汉书》，孝灵帝纪，第八；《晋书》，列传，第六十八，王敦、恒温。

② 参见〔美〕汉娜·阿伦特等《暴力与文明：喧嚣时代的独特声音》，王晓娜译，新世界出版社，2013，第19页。

③ 参见〔德〕尼克拉斯·卢曼《法社会学》，宾凯译，上海世纪出版集团，2013，第145页。

④ 参见〔英〕齐格蒙·鲍曼《现代性与大屠杀》，杨渝东、史建华译，译林出版社，2011，第8~16页。

物理暴力所产生的生理效果与心理效果对人类行为就仍然具有普遍的控制意义。

## 二 物理暴力作为法律的共生机制

任何一种社会制度或社会系统都有一个无法分割的外在环境，那就是作为生物物种之一并有着共同生理特征的人类，具体说来就是人类的肉体。① 这些生理特征构成了各种社会制度共同的条件与限制。任何社会制度都无法忽视这些生理特征。这构成了卢曼所谓的"共生机制"（symbiotic mechanism）。② 人作为生物有机体在社会交往当中有着一系列的生理上特征，这些特征既是社会制度正常发挥功能的前提条件，也构成对其功能难以摆脱的限制。例如，在科学领域，真理的共生机制是人的知觉，真理如想具备普遍说服力，就必须能够解释得了人的知觉现象，如爱因斯坦的相对论极为抽象，但最终必须归结为知觉上的可视化验证，例如科学家能够发现卫星上的时间与地球上的时间的速度不一样，而这是人类可以在经验上直接观察到的。在经济领域，货币的共生机制是对人类需求的满足，如货币价值能够坚挺的基本前提是，一国经济系统能够生产出满足需求的产品，如中国货币价值有着强大的升值空间，很大程度上就是因为中国是"世界工厂"，而俄罗斯卢布之所以容易贬值是因为一旦世界油价下跌其就很难提供其他工业产品的出口。在情感领域，爱情和性密切相关，在一个自由恋爱的时代，性能够为爱情提供一锤定

---

① 这一观点来自卢曼，卢曼认为，人不是社会系统的一部分，人只是社会系统的环境的一部分，人身上的心理系统、神经系统、生命系统都构成了社会系统的环境。参见 Niklas Luhmann, *Social Systems*, translated by John Bednarz, Jr. with Dirk Baecker, Stanford University Press, 1995, pp. 103 - 138、255；Georg Kneer/Armin Nassehi：《卢曼社会系统理论导引》，鲁贵显译，台湾巨流图书公司，1998，第 85~94 页；Niklas Luhmann, *Theory of Society* (*Volume* 2), translated by Rhodes Barrett, Stanford University Press, 2013, pp. 87 - 88。

② See Niklas Luhmann, *Trust and Power*, translated by Howard Davis, John Raffan and Kathryn Rooney, John Willey & Sons Ltd, 1979, p. 147；See Niklas Luhmann, *The Theory of Society* (*Volume* 1), translated by Rhodes Barrett, Stanford University Press, 2012, pp. 227 - 229。

音的证明，没有性的爱情是不可持久的。[①] 在政治领域，权力的共生机制是物理暴力，对于任何政治权力，我们都难以忽视掌权者施加暴力惩罚的能力，[②] 在失去了这种能力的地方，如在某些政府还难以控制军队的国家，我们很容易看到权力的不稳定性。但社会制度与共生机制并不能相互等同，科学并不仅仅是知觉上的观察而是还包含复杂的理论构造。货币价值也并不仅仅是使用价值的直观反映，即使需求未发生变化，商品的货币价值也可能剧烈变动。在情感领域，爱情并不会退化为纯粹的性，还包含了道德上的承诺。在政治领域，权力也不会退化成为赤裸裸的暴力，还包含了合法性建设。

本书认为，与政治领域类似，在法律领域，物理暴力也构成了无法回避的共生机制。[③] 对于大部分法律制度，我们都会期待物理暴力作为"最后一招"的可能性。物理暴力一方面构成了法律的普遍基础。即便我们可以通过信用体系、社会教育、道德舆论、身份、组织等结构化的机制来保障法律的实施，但如果没有物理暴力的威胁，这些结构化的机制都会变得极为不可靠，因为物理暴力具有几乎摧毁一切的能力，在优势的物理暴力面前，任何人的肉体都是脆弱的，几乎任何人都可以基于其生物本能深切体会到物理暴力带来的恐惧和不安。正由于此，物理暴力通过其普遍的生理效果也为法律提供了极大的可信性。尽管物理暴力并不会在任何情况下都会被付诸实施，但任何人在面对法律时，都无法忽视国家有组织暴力的潜在威胁，物理暴力是一种既构成法律秩序的普遍

---

[①] See Niklas Luhmann, *Trust and Power*, translated by Howard Davis, John Raffan and Kathryn Rooney, John Willey & Sons Ltd, 1979, pp. 147 – 148；Niklas Luhmann, *Love as Passion*：*The Codification of Intimacy*, translated by Jeremy Gainess and Doris L. Jones, Stanford University Press, 1986, pp. 26 – 28、109 – 120. 关于货币与需求之间的关系，还请参见〔德〕N. 卢曼《社会的经济》，余瑞先、郑伊倩译，人民出版社，2008，第 124 ~ 157 页。

[②] See Niklas Luhmann, *Trust and Power*, translated by Howard Davis, John Raffan and Kathryn Rooney, John Willey & Sons Ltd, 1979, p. 147.

[③] 由于物理暴力大多情况下是由政治领域的权力机制组织起来的，法律在这方面对政治制度与政治权力有着特别的依赖。正如下文我们所看到的，国家对有组织暴力的垄断对现代法治至关重要。

生理基础，但又常常为我们所忽视的潜在保证。在多数情况下，没有物理暴力作为共生机制的存在，任何大型国家的法律秩序都是不可想象的，中东国家的乱象就足以说明这一点，民主、自由、共识保证不了任何秩序。有些法学家认为，很多并不依赖于国家强制力的民间规范也是能够维持社会秩序的。① 但这忽视了非常重要的一点：这些社会规范与秩序都是非常碎片化与高度分散的，不足以维护现代大型国家的整体性社会秩序。我国很多研究民间法的学者也试图挖掘民间规范当中的合理性资源，从而为国家法秩序提供借鉴，但这些民间法研究都陷入了无可救药的多元化困境当中。② 强调法律面前人人平等的现代司法在面对这众多的民间法规范时只会变得更加无所适从。而国家法基于物理暴力能够实现对人作为肉体的普遍控制力，相比于高度依赖具体语境的结构化机制，只有物理暴力才能超越行动在语境上的极度复杂性，实现普遍化的效果。对于个体来说，当他们面对复杂多变的行为语境时如果还要有确定感，那么物理暴力就是一个理所当然的前提与假设。

不论是在古代或现代的大型国家，由于个体及其动机的数量极为巨大与复杂，以及很难绝对禁止结构性角色的自由流动，大多数人的行为语境是高度多元化的，心理学意义上的共识实际上是不可能的，我们不可能期望多数人会对自己根本不了解或者没有参与的法律决定有普遍的认同。作为个体的人是极度复杂的，无论是历史性的成长环境与前期教育，还是当下的生活环境与角色期待，都是极为多样化的。因此，我们多数情况下不能和多数他人"一条心"，由人构成的社会往往是极不安全的。就此而言，大型国家的法律的正当性基础不在于心理层面的普遍共识，而在于"对接受的假定"："当一个人可以认为，任何第三方都规范性地期望，那些直接受到决定影响的人能够认知性地把决定生成者们以

---

① 例如，参见〔美〕罗伯特·C.埃里克森《无需法律的秩序——邻人如何解决纠纷》，苏力译，中国政法大学出版社，2003，第297～304页。

② 参见伍德志《论民间法研究的犬儒主义色彩》，《法律科学（西北政法大学学报）》2014年第6期。

规范性期望的形式进行沟通的内容当作行动前提，那么决定就是正当的。"① 简而言之，正当性就在于我们能够普遍信任他人都会去遵守可能违背自己内在意愿的规范性决定。这只涉及纯粹期望的保证而不是实质性共识。这种正当性也体现于守法行为的集体行动逻辑当中，在集体行动中，人们是否合作很大程度上取决于对别人是否合作的信任与期待，而不论这种合作对个人是有利还是有害。② 如在税法的遵守当中，如果人们信任他人都会依法公平纳税，那么自己也会倾向于合作并缴纳自己的那一份税额，③ 即便自己所纳的税和所得的公共服务并不能完全对等。为了维护这种对彼此守法的相互信任，对于"搭便车者"可信的强制与惩罚机制是必要的，其目的在于传达他人都愿意合作的印象，向合作者保证他们不会被置于"傻瓜"的境地，并能够使合作者假定他人都会服从强制。④ 在缺乏共识的情况下，法律的有组织暴力制裁在维护相互信任上有着无可替代的功能。有组织暴力的特殊能力能够让我们"假定"不仅自己会服从法律施加的暴力制裁，其他人也会服从法律所施加的暴力制裁。有组织暴力能够超越特殊的性格特征、身体体力、身份关系、社会地位与组织关系，能够构成所有人守法的动机，因为所有人都是生物人，都有着同等脆弱的肉体，都能同等深切地感受到暴力带来的生理效应与

---

① 参见〔德〕尼克拉斯·卢曼《法社会学》，宾凯译，上海世纪出版集团，2013，第 311 ~ 314 页。

② See Kim Mannemar Sonderskov, Different Goods, Differents: Exploring the Effects of Generalized Social Trus in Large-N Collective Action, *Public Choice*, Vol. 140, No. 1/2（Jul. , 2009）, pp. 145 – 160;〔美〕罗德里克·M. 克雷默等《集体信任与集体行动》，刘穗琴译，载〔美〕罗德里克·M. 克雷默、汤姆·R. 泰勒等编《组织中的信任》，中国城市出版社，2003，第 482 页;〔美〕查尔斯·蒂利《信任与统治》，胡位钧译，上海世纪出版集团，2010，第 21 ~26 页。

③ 相关的经验研究，请参见 Dan M. Kahan, "The Logic of Reciprocity: Trust, Collective Action, and Law", *Michigan Law Review*, Vol. 102, No. 1（Oc. , 2003）, pp. 71 – 103; Henrik Hammar, Sverker C. Jagers, Katarina Nordblom, "Perceived Tax Evasion and the Importance of Trust", *The Journal of Socio-Economics*, 38（2009）, pp. 238 – 245; James Alm, Erich Kirchler and Stephan Muehlbacher, "Combining Psychology and Economics in the Analysis of Compliance: From Enforcement to Cooperation", *Economic Analysis & Policy*, Vol. 42, No. 2, September, 2012, pp. 133 – 148.

④ See Dan M. Kahan, "The Logic of Reciprocity: Trust, Collective action, and Law", *Michigan Law Review*, Vol. 102, No. 1（Oc. , 2003）, p. 77, 79, 99.

心理效应。因此，有组织暴力对多样化的人类个体来说就提供了一种高度一般化并能够普遍适用的机制，并作为一种底线担保使人类树立对法律以及对多样化的人类的普遍信心。而大多数人在直觉上对法律的期待会很自然地联想到警察、监狱等物理暴力形式，这就是一种不可分割的"共生机制"。如果得到平等适用，物理暴力在社会结构上的独立性以及可预见的成功确定性，能够使每一个人很自然地假定他人都会恐惧并服从法律施加的暴力惩罚，不论他人的身体有多强壮，具体动机是什么，性格是什么，成长与生活环境是什么，社会地位是什么。

同时，物理暴力作为共生机制也构成了法律效力的普遍生理限制，凡在物理暴力无效的地方，法律的效力就会受到限制。例如，各种"老赖"现象，我国对于老赖有着各种"围追堵截"的手段，如禁止贷款、禁止乘坐高铁飞机、禁止出任企业高管，等等。但问题在于：对于那种已经退休、无须出远门、没有机会成为"人生赢家"、子女已经成家立业的"老赖"，这些制裁机制就收效甚微，因为其严重依赖于特定的社会结构条件，而并不是每一个人都有机会进入这样一种社会结构。这时，如果没有物理暴力这种具有普遍生理效果的制裁机制的出场，我们对于法律的效力就会失去信心。尽管我国刑法也规定了拒不履行判决裁定罪，但其力度明显太弱，要重拾人们对司法判决效力的信心，就必须加大刑事制裁，如对于隐瞒财产、转移财产、拒绝或抗拒执行判决的一律给予定罪与刑事处罚，即使情节较轻也是如此。由此，才能使物理暴力这个共生机制成为法律的普遍效力基础，才能使任何"老赖"都不会漏网。尽管法治也需要道德的正当性支持，但如果没有物理暴力这个共生机制，人们对道德与法律都会失去信心，物理暴力是法律普遍效力与法律平等的一种底线保证。如果老年人凭借他人对其脆弱身体的顾虑限制他人人身自由或赖在他人家里，[①] 这时执法者应依法采取强制措施，或拘留、或

---

① 参见四川省曾经发生的老太太讹人赖在别人家里的案例，单士兵《惩戒讹人老太，护佑社会良知》，《济南日报》2013 年 11 月 25 日，第 F02 版。

判刑，或强制驱离。今天很多人之所以见死不救，很大程度上就是因为对法律能否平等、严格实施对所有人都会有效的暴力制裁没有信心。在人们对碰瓷老人的态度当中，实际上也潜含了对法律强制力的强烈期待，因为在终极意义上只有物理暴力才能解决这个问题。

## 三　国家对有组织暴力的垄断与现代法治

物理暴力为法律效力提供了一种普遍性的基础保障，由此我们也能够得出一个已经为实践所证明的推论：现代法治以国家对有组织暴力的垄断为前提。国家所垄断的有组织暴力使任何人都失去了抵抗能力，没有国家对有组织暴力的有效垄断，就无法杜绝私人暴力的泛滥，我们也就难以建立起大规模的社会秩序。埃利亚斯认为，国家对体力暴力的垄断，能够通过总体性的社会强制促进个人的自我强制，从而使我们超越眼前的暴力冲动并放眼长远的未来，并最终扩展社会行动链条，增加对他人职能性的相互依赖。[1] 国家对暴力的垄断使复杂的社会结构演化成为可能。源于国家的有组织暴力对个人的本能性暴力的抑制，社会冲突被引导到理性化与文明化的社会控制方式当中，这就可能体现为稳定的市场经济、官僚体制、法治、民间组织等。国家对暴力的垄断使任何个人或群体都无法在力量上与国家进行对抗，这就使国家法获得了独一无二的优势，因为其提供了能够影响与震慑所有人的一种普遍化机制。[2] 今天我们在西方国家所看到的那种规范严密、执法严谨、司法有效的现代法治，都是以国家所垄断的强大有组织暴力为潜在基础的。国家对物理暴力的垄断能够将人类的交往从对物理暴力的恐惧当中解脱出来，由此，更广泛的交往才会发生，从而为更复杂的制度结构的演化提供社会动力。因此，那些战乱频繁的国家，是很难建立复杂、稳定的政治制度与法律

---

① 参见〔德〕诺贝特·埃利亚斯《文明的进程》，王佩莉、袁志英译，上海译文出版社，2013，第448~451页。

② 参见〔德〕尼克拉斯·卢曼《法社会学》，宾凯译，上海世纪出版集团，2013，第148页。

制度的。中国民国时期的社会问题也是如此，如果不能消灭军阀、统一中国，任何美妙的社会构想都是不切实际的。没有对强大的有组织暴力的垄断，纵使我们对美好生活秩序有着普遍的共识，也很难建立对他人行为的普遍性规范期待与信任。

任何国家如果还没有实现对有组织暴力的垄断，那么是很难在地域广阔的国土范围内建立普遍性的法律秩序的。根据吉登斯的观点，传统国家只有"边陲"而没有"国界"的概念，<sup>①</sup> 因为传统国家由于落后的运输与传播技术以及经济基础的薄弱，还无法实现对暴力的完全垄断，也无法对边界进行精确的控制。很多传统帝国虽然地域广阔，但很多地域只是范围不精确、控制软弱的势力范围，这使传统国家很难将法律落实到乡村与基层。尽管中国古代帝制王朝也可能通过连坐制度、保甲制度与特务制度来加强国家有组织暴力的有效性，<sup>②</sup> 但在当时那种非常落后的道路运输与信息传播技术之下，这些制度很难达到现代国家对公民生活与行为的全方位控制水平。这在中国不仅导致了以费孝通的差序格局为特征的乡土自治以及因"横暴权力"有限而不得已为之的无为政治，<sup>③</sup>也导致了山匪恶霸与绿林好汉的出现。<sup>④</sup> 我们熟悉的《水浒传》固然是小说，但通过其反映出的社会背景也能够看到古代国家的社会控制力非常有限，从而对落草为寇、占山为王等体制外暴力难以完全禁绝，这也就决定了古代社会难以建立以严明、精确、安全而著称的现代法治体系。这一点在民国时期同样也有体现，当时的司法信任危机很大程度就源于国家尚未实现军事上的统一，国民政府对内既无法消灭军阀割据，对外

---

① 参见〔英〕安东尼·吉登斯《民族–国家与暴力》，胡宗泽等译，生活·读书·新知三联书店，1998，第59~72页。

② 参见伍德志《权力媒介普遍化的结构条件及其信息不对称问题》，《北方法学》2013年第6期。

③ 参见费孝通《乡土中国 生育制度》，北京大学出版社，1998，第24~30、62~63页。

④ 关于传统社会的匪患，可参见鹤年编著《旧中国土匪揭秘》，中国戏剧出版社，1998；赵清《袍哥与土匪》，天津人民出版社，1990；袁文伟《反叛与复仇——民国时期的西北土匪问题》，人民出版社，2011。

也无法废除治外法权，这使中央政府的法律很难落实到基层与租界，这导致人们很难信任司法的普遍效力。①

只有现代国家借助交通与通信技术、组织技术与军事技术的发展才实现对暴力工具的完全垄断、对国家领土的精确控制与管理，② 并有能力将全国的法律统一起来并落实到乡村与基层。任何人或任何组织，特别是古代社会有能力颠覆中央王权的世家大族、民间会道门组织，在国家高效的有组织暴力面前都变得不堪一击，由此杜绝了私人暴力的滥用，保障了法律在大型国家内部的普遍效力。现代国家的有组织暴力已经确立了对于每一个人类个体与组织的绝对优势以及达至每一个个体与组织的可能性。尽管现代社会已经不允许暴力惩罚的公开性展示，但国家对于暴力的完全垄断以及暴力技术的发展从效率角度弥补了这一不足。现代国家强大的警察机构与军事机构，使任何人即使看不到古代社会血淋淋的砍头场面，也无法忽视国家有组织暴力几乎无所不在、无所不能的威胁。由于物理暴力对社会结构的独立性，只有物理暴力才能制服物理暴力。在今天，体制外暴力已经不可能推翻一个政权，现代政权的非正常更迭更多地源于体制内暴力的反叛。尽管国家对有组织暴力的完全垄断也为极权主义的产生提供了可能，但正由于杜绝了私人暴力的泛滥，人与人之间才能建立基本的安全与信任。但法律领域中的暴力制裁并不能被简单地理解为不得已情况下的"最后一招"，而是要被理解为一种对所有人都具有共同的生理与心理效果的机制。法律通过物理暴力能够实现这样一种"普泛化"的效果：其能够迫使嵌身于任何社会结构或具有任何特征的个体都遵守法律，从而让我们不必顾虑极端的违反法律的行

---

① 参见江照信《中国法律"看不见的中国"——居正司法时期（1932—1948）研究》，清华大学出版社，2010，第66~67页。

② 参见〔英〕约翰·基恩《暴力与民主》，易承志等译，中央编译出版社，2014，第49~50页；〔英〕安东尼·吉登斯《历史唯物主义的当代批判》，郭忠华译，上海译文出版社，2010，第192~196页；〔英〕安东尼·吉登斯《民族－国家与暴力》，胡宗泽等译，生活·读书·新知三联书店，1998，第127~147页。

为，因此能够使社会互动稳定下来。① 因此，与现代法治形影不离的是物理暴力这种古老控制机制的普遍可能性。

# 第二节　物理暴力作为法律信任的普遍符号基础

尽管物理暴力与法律之间存在共生关系，物理暴力对于法律信任的意义主要不在于对身体的控制与伤害、对生命的剥夺、对行为的强制与引导等物理效果，而在于对法律规范的"宣示性表达"与"象征性执行"。② 物理暴力在法律系统中多数情况下主要是一种表演与象征，是对法律规范一种非常强有力的证明与展示手段，而不仅仅是规范的实现手段。③ 在这里，物理暴力成了法律的证明与象征。但由于物理暴力在行动与事实上不可能落实到每一个人，其更多的是通过生理与心理上显著的符号效果而发挥这方面的功能。从某种意义上来说，物理暴力的实施就是对法律效力的证明，其价值不在于行为控制，而在于其普遍性的符号与象征功能。这构成了信任推断的重要信息基础，这对于人们树立对法律秩序的普遍信心极为重要。

## 一　物理暴力的符号功能及其普遍心理效果

物理暴力能够将行为选择的信息简化到这样一种地步："你不听话，我就打你！"这是一个非常简单易懂的信号，法律如果将物理暴力的使用严格化，则就能够提供一种极为直观的安全保证信息。不论是在西方古代社会，还是在中国古代社会，法律制度中的酷刑几乎是一种普遍现象。不仅如此，中西方的酷刑都普遍带有强烈的表演性特征与戏剧化色

---

① See Niklas Luhmann, *Trust and Power*, translated by Howard Davis, John Raffan and Kathryn Rooney, John Willey & Sons Ltd, 1979, p. 37.

② 参见〔德〕尼克拉斯·卢曼《法社会学》，宾凯译，上海世纪出版集团，2013，第142页。

③ 参见〔德〕尼克拉斯·卢曼《法社会学》，宾凯译，上海世纪出版集团，2013，第143页。

彩，① 如中国古代刑罚体系中的斩首示众、凌迟、戴枷示众、刺配等，西方中世纪宗教法庭所实施的烙刑、火刑、车裂、断头台、耻辱刑等。② 在中国古代社会，酷刑以辽宋以来的"凌迟"最具代表性。③ 有些学者对中国凌迟的研究更多的是从文化学的角度着眼，如卜正民等人认为，凌迟的功能既不在于"担惊受怕的短刀剜剐之时，也不在于犯人毙命的那一瞬"，而在于犯人毙命之后的尸首散落、尊严扫地与家族蒙羞。④ 也就是说，凌迟从礼法上破坏了受之父母的身体发肤的完整性以及整个家族的声誉。但这种文化学的解读忽视了凌迟在生理与心理上的效果，凌迟不论对于中国人，还是西方人，都能营造出类似的心理恐怖效果。如果我们从更广阔的视野来看待中西古代社会普遍存在的酷刑，那么这种文化学的解读是不能令人满意的，因为在西方也存在着大量的肢解犯人身体的酷刑。尽管不同的社会对暴力的意义会有着不同的文化理解，也有可能出现老子所说的"民不畏死，奈何以死惧之"的极端情况，但这并不能改变暴力和人的肉体反应密切相关这一普遍的共性。

从社会学的角度来看，酷刑与社会结构的不完善密切相关，这也赋予了在结构上高度独立的物理暴力以特殊意义。社会结构能够为人们提供沟通、认同与约束的机制，使国家层面的集体行为成为可能。众所周知，现代社会对于规范的灌输与执行可以依赖于多种结构化的机制，如学校教育、媒体宣传、信用体系、身份登记制度、档案系统、民间组织等。但在古代社会，由于没有普及基础教育，民众文盲比例非常高，接

---

① 参见〔德〕尼克拉斯·卢曼《法社会学》，宾凯译，上海世纪出版集团，2013，第 142 页；〔法〕米歇尔·福柯《规训与惩罚》，刘北成等译，生活·读书·新知三联书店，1999，第 35～80 页；〔加〕卜正民、〔法〕巩涛、〔加〕格力高利·布鲁《杀千刀：中西视野下的凌迟处死》，张光润等译，商务印书馆，2013，第 22～23 页；〔美〕查尔斯·蒂利《集体暴力的政治》，谢岳译，上海人民出版社，2006，第 80～84 页。

② 关于西方的酷刑历史，请参见〔美〕马克·P. 唐纳利、丹尼尔·迪尔《人类酷刑史》，张恒杰译，经济科学出版社，2012；关于中国的酷刑历史，请参见吴晓《中国历代酷刑史》，内蒙古文化出版社，2012。

③ 刘治：《酷刑与文明——凌迟的谱系学考察》，《读书》2016 年第 4 期。

④ 参见〔加〕卜正民、〔法〕巩涛、〔加〕格力高利·布鲁《杀千刀：中西视野下的凌迟处死》，张光润等译，商务印书馆，2013，第 12、107 页。

受普法宣传的渠道非常有限，也缺乏纸质媒体与电视媒体，这使法律规范很难通过书写出来的文字符号或图像符号展示给公众。同时，由于书写技术与技能尚未普及以及缺乏发达的信息储存、分类与传播技术，① 政府不仅很难对违法行为进行准确的标记与识别，民众也很难根据社会规范对自己进行自我归类，从而将自己纳入复杂的法律系统当中。由于缺乏较高级的社会结构的支持，民众与法律之间的沟通能力非常有限，而暴力与沟通是相互排斥的，② 社会结构越不完善，沟通越难以成功，对物理暴力的需求就越大。在蒙昧的古代社会，人们很难通过在今天看来文明化的结构机制进行沟通，那么物理暴力就成了一种不得已的替代选择。物理暴力在古代社会很大程度上就是法律的代表与展示。③ 众所周知，在我国古代社会，刑与法就是通用的。古人即使没有机会接受礼法教育，但仍然是一种生物，其对物理暴力的恐惧感是与生俱来的，因此物理暴力对于古代大型帝制国家的法律秩序来说是一种必不可少的一般化与普遍化的担保机制。

尽管如此，古代国家还无法实现对有组织暴力的完全垄断，暴力技术的效率还远不及现代的军队与警察。但物理暴力对于法律秩序的意义主要不在于对身体与行为的实际控制，而在于其象征价值与表演价值。古代国家很接近于吉尔兹所谓的"剧场国家"，"剧场国家"很大程度上就是因为政府在实际控制能力非常弱的情况下，通过华美、壮观或残酷的象征性仪式来放大自己的力量。④ 古代国家都极为重视暴力制裁的展示效果，暴力制裁的展示有着极大的视觉冲击力和心理冲击力。例如，中

---

① 参见〔英〕安东尼·吉登斯《历史唯物主义的当代批判》，郭忠华译，上海译文出版社，2010，第 95～96 页。

② 参见〔美〕罗洛·梅《权力与无知：寻求暴力的根源》，郭本禹、方红译，中国人民大学出版社，2013，第 49 页。

③ 参见〔德〕尼克拉斯·卢曼《法社会学》，宾凯译，上海世纪出版集团，2013，第 143 页。

④ 参见〔美〕克利福德·格尔兹《尼加拉：十九世纪巴厘剧场国家》，赵丙祥译，上海人民出版社，1998，第 116～165 页；另请参见季卫东《通往法治的道路：社会的多元化与权威体系》，法律出版社，2014，第 221～222 页。

国古代刑罚中的斩首与绞刑应在菜市口进行，而辽宋以来将凌迟作为法定刑，这更是强化了暴力制裁的心理震慑。古代社会对犯人的很多惩罚都不仅仅是对肉体的单纯伤害，而是带有强烈的当众羞辱的意味，如西周与春秋战国时期的墨、劓、剕、宫、大辟、车裂，汉代的斩脚趾，宋代的刺配、折杖法，元代的刺臂、刺项，明清的枷号，尽管汉唐时期也有减少肉刑的一些改革，但总体上来看，暴力惩罚在古代社会基本都要求以仪式化与戏剧化的方式展示出来。当然，今天如果我们从人权与文明的角度来看，这些暴力制裁的展示都是一种类似于雷姆茨玛所说的"毫无意义的残忍"。① 但如果我们不带道德色彩地看待这种现象，古代社会对暴力惩罚的公开展示与表演就是一种极为强烈的符号机制，其在教育、学习、沟通都非常困难的古代社会通过一种简明直观但又触目惊心的方式展示了法律的存在与强大以及违法后果的严重性。按照福柯对欧洲酷刑的描述：在刑罚的执行仪式当中，观众是主要角色，观众在恐怖、残暴的仪式中会感到自己比任何时候都接近于那些受惩罚的人，也感到比任何时候都严重地受到不受限制的暴力的威胁。② 酷刑提供了一种认知成本较低的媒介，其对于惩罚的夸张化表达使任何人都能深刻地体会到国家法律与个人在力量上的巨大悬殊以及违反规范的后果的严重性。因此，残酷的物理暴力会有规范教育的效果，能够以一种直观的方式突出被惩罚者错误的严重性以及规范的重要性，从而以儆效尤。在这里我们还需要认识到一点：物理暴力即使只是在符号层面发挥其功能，也会有一定程度的结构依赖性，依赖于关于暴力的信息与形象的口头传播或文字传播，但这种传播相比于其他复杂的社会控制知识，仍然属于极为简明的信息，也更容易理解。正如在鲁迅小说中，即使是作为文盲的阿Q也都知道："造反是杀头的罪名呵，我总要告一状，看你抓进县里去杀

---

① 参见〔德〕扬·菲利普·雷姆茨玛《信任与暴力——试论现代的一种特殊的局面》，赵蕾莲译，商务印书馆，2016，第142页。
② 参见〔法〕米歇尔·福柯《规训与惩罚》，刘北成等译，生活·读书·新知三联书店，1999，第63~69页。

头，——满门抄斩，——嚓！嚓！"① 小说虽为虚构，但其背后的社会意识大致是没错的。

物理暴力本身的符号价值很多情况下也不依赖于其前提的正当性。例如，在清代因"叫魂"引发的恐慌中，政府为了平息恐慌，往往不问事实与证据，直接处死嫌犯，从而以儆效尤与稳定民心。② 物理暴力在这里似乎提供了一个可以战胜任何不可知妖术的强大保证。物理暴力作为符号的心理效果相比于多元化的社会结构具有一种弥散性（diffuse）与普泛性（generalized）的特征，③ 其在结构上的高度独立性与自由性以及对目的的盲目性，使其几乎在任何语境中对任何人都能达到类似的心理效果，物理暴力的实施，不论是指向自己还是他人，是指向同道还是指向敌人，其效果都是"普泛性"的。一个敢于自残的人，也是一个让他人感到害怕的人。一个内部整肃非常残酷的政权，同样也会让普通百姓感到恐惧。

在 20 世纪八九十年代，我国当时轰轰烈烈的"严打"也与此相似。"严打"放松了证据要求与诉讼权利保障，定罪执刑要求从重从快，不仅如此，很多地方对犯罪分子进行游街示众，甚至有些地方实施公开枪决。④ 对于物理暴力的这种公开性展示，从某种意义上来说也是源于社会转型时期制度的不完善。当时中国开始推行改革开放，西方文化与生活模式对中国社会产生了极大的冲击，而新兴的城市化、工业化与市场化也使民众措手不及，再加上大量知青回城形成了情绪躁动的待业青年，⑤ 在这样一个有效的法律制度以及能够适应新环境的规范意识远未成型的

---

① 参见鲁迅《鲁迅全集》（第 1 卷），人民文学出版社，2005，第 547 页。
② 参见〔美〕孔飞力《叫魂：1768 年的中国妖术大恐慌》，陈兼、刘昶译，生活·读书·新知三联书店，2012，第 185 页。
③ 此处借用了卢曼的术语，See Niklas Luhmann, *Trust and Power*, translated by Howard Davis, John Raffan and Kathryn Rooney, John Willey & Sons Ltd, 1979, pp. 27, 50–51。
④ 李川：《当前严打研究中的四个误区》，《中国刑事法杂志》2003 年第 2 期，第 114 页。汪明亮：《"严打"的理性评价》，北京大学出版社，2004；陶莹《1983"严打"：非常时期的非常手段》，《文史参考》2010 年第 20 期。
⑤ 参见陶莹《1983 年"严打"：非常时期的非常手段》，《文史参考》2010 年第 20 期。

情况下，"严打"过程的从重从快、公审公判、游街示众甚至公开枪决，就提供了一种易于识别的符号，使民众借此能够深切感受到法律的强大力量与国家惩治犯罪的强烈决心。当时民众也迫切需要这样一种能够震慑所有潜在犯罪分子并能够给予所有人以安全感的普遍化符号机制。① 古人常说的"乱世用重典"，正是利用了物理暴力的符号价值。物理暴力在社会秩序极为混乱的时期往往也会收到立竿见影的效果，尽管"严打"在程序与权利保障上存在巨大争议，但"严打"在短期内也确实肃清了风气、大大改善了社会治安。② 在执法者可支配资源极为有限的情况下，"严打"从某种意义上来说也是一种理性选择，其目的在于集中有限的资源，通过刑罚的赤裸裸展示，将国家的执法力量与决心以最为触目惊心的象征化方式放大化，从而既给犯罪分子以极大的心理震慑，也给普通百姓以强大的心理安全保证。

　　在现代社会，由于国家对有组织暴力的全面垄断以及物理暴力可以通过影像技术对人们感官上的刺激，政府与社会不再感到有必要通过血淋淋的行刑场面这种极为夸张的形式来展示法律与权力的强大了。酷刑及其公开展示变成了道德上不可接受的现象，这也被学者翻译成了人权的胜利。但物理暴力并没有从法律当中消失，而是退居幕后。③ 这一方面是因为现代社会的各种控制机制已经变得多样可用，每一个人都有条件与机会去深入阅读，接受以文字、图像为形式的各种普法宣传，人们的生活也内嵌于各种社会组织、社会信誉与身份系统当中，这使其他形式的社会控制变得简易可行。另一方面，由于国家对有组织暴力的完全垄断，国家相对于个人的显而易见的力量优势使惨烈酷刑的象征价值变得不必要，即使没有酷刑，人们也能够知道暴力革命已经不可能取得胜利。

---

　　① 参见唐皇凤《常态社会与运动式治理——中国社会治安治理中的"严打"政策研究》，《开放时代》2007年第3期。

　　② 参见陈兴良《严打利弊之议》，《河南省政法管理干部学院学报》2004年第5期；毕惜茜、陈娟《"严打"整治斗争的回顾与展望》，《中国人民公安大学学报》2003年第2期；何立波《1983：党中央决策"严打"始末》，《检查风云》2008年第17期。

　　③ 参见〔德〕尼克拉斯·卢曼《法社会学》，宾凯译，上海世纪出版集团，2013，第147页。

暴力的效率与暴力展示的必要性成反比关系。现代国家对暴力的完全垄断，使我们不再有必要通过一种让人们感到触目惊心的方式，来使人们感受到暴力的存在与法律的威严。即使在现代极为残暴的极权主义国家，惩罚都不再依赖于酷刑的公开展示，相反，极权主义被称为"光天化日之下的秘密会社"，① 无处不在的秘密警察就足以让所有人感到恐怖。这时对物理暴力的肉体想象就足以造成普遍的心理震慑效果。

尽管酷刑本身的符号价值变得不再重要，物理暴力仍然通过其他符号机制被再符号化，② 由于影像、文字、教育的普及以及各种普法宣传，物理暴力在今天能够在符号层面被更加广泛地传播，再加上国家对物理暴力的绝对垄断，物理暴力在现代社会相比于过去为人们提供了一种更大程度的安全保证。虽然物理暴力在外表上变得更加的文明化，如身着标准服装的警察与军队，法庭上严肃的程序与仪式，以及盖上司法与执法机关大印的法律决定，但这些外在形象都体现了物理暴力难以被大多数人忽视的潜在可能性，也反映了物理暴力作为法律的共生机制的特性。物理暴力仍然是现代法治秩序的潜在基础之一，如果我们现在解散国家的所有暴力机构，社会秩序就会立刻陷入混乱。由于现代法治体系是一种保障跨时空安全的"脱域化"机制，③ 其特别需要一种高度普遍化的机制保证人们在任何语境中得到同等的安全保障。因此，现代法治体系的一个重要基础就是物理暴力的高效性。物理暴力是一种高度普遍化的符号，能够超越特殊情境、超越贫富、超越身份，适用于任何目的，并能够在所有人身上实现类似的生理与心理反应。只有物理暴力利用了每一个人都具备的生物本能，从而实现一种能够被所有人，不论是外行的公众，还是内行的专家，直观地理解的法律后果，从而也就构成了法律信

---

① 参见〔美〕汉娜·阿伦特《极权主义的起源》，林骧华译，生活·读书·新知三联书店，2008，第480~481、526~547页。

② 参见伍德志《论破窗效应及其在犯罪治理中的应用》，《安徽大学学报》（哲学社会科学版）2015年第2期。

③ 参见〔英〕安东尼·吉登斯《现代性的后果》，田禾译，译林出版社，2000，第72~77页。

任的普遍信息基础。

## 二　物理暴力对于扩展法律信任的功能限度

由于学界从未重视过物理暴力在法律系统中的功能价值，自然对其功能限度问题也很少探讨。物理暴力对于构建法律信任的功能主要是指其作为威胁的符号功能与象征意义。当物理暴力作为一种符号发挥其功能，其扩展相对来说更容易，因为符号是"反事实的普遍化"，[①] 其能够使人们在不同的语境中面对不同的人时坚持相同的意义。符号在时空上能够让我们感受遥远的环境与未定的将来，[②] 物理暴力作为符号可以作为"非在场"与"反事实"的存在，甚至能够通过各种更加简化的符号机制，如文字、画面、传言、程序、决定向不特定的多数人传递威胁。而当物理暴力作为符号发挥功能时，即使没有实际实施，仍能显示自己的威力。但一旦物理暴力从符号兑现为行动，成本就会大大增加。

物理暴力作为行动与物理暴力作为符号在性质上是不同的，物理暴力是以行动消灭行动，其作为行动具有强迫性、直接性与迅速性，[③] 是"在场"的存在，其现在就要对具体的个人与事件采取具体的措施。当物理暴力从普遍性的潜在威胁变成针对具体个体的实际行动时，从偶尔为之的仪式变成频繁实施的常规惩罚时，就会变得成本高昂。尽管物理暴力作为一种建立在生理与心理反应基础上的机制，不依赖于复杂的社会结构，但物理暴力一旦实际实施，就意味着决策者放弃了通过普遍化的符号指导他人行为选择的便利，这时就必须自主承担选择和决策的压

---

① See Niklas Luhmann, *Trust and Power*, translated by Howard Davis, John Raffan and Kathryn Rooney, John Willey & Sons Ltd, 1979, p. 128.

② 参见〔英〕A. N. 怀特海《宗教的形成/符号的意义及效果》，周邦宪译，贵州人民出版社，2007，第101页。

③ 参见〔德〕埃利亚斯·卡内提《群众与权力》，冯文光等译，中央编译出版社，2003，第199页；〔美〕汉娜·阿伦特等《暴力与文明》，王晓娜译，新世界出版社，2013，第22页。

力。① 物理暴力一旦实际实施，除了表明"反事实"的威慑失效外，就会要求配备专门的人员，对暴力工具进行有效组织，掌握充分的行动信息以及根据相关信息对行动做出及时与合理的安排，因此物理暴力在事实层面的成本会非常高昂。因此，任何社会秩序都不可能完全依赖于物理暴力对大量违法者的具体强制。卢曼曾指出，"如果法律的功能被限定于通过强制性权力与制裁对预先规定的作为或不作为的强制执行，那么实际的执法或司法就会不断地、主要地处理其自身无法运转的问题"。② 即便是通过军事政变上台的独裁者在上台之后都会谋取道德上的合法性，任何人都不可能天天过着刀口舔血的日子，哪怕其垄断了所有的武器也是如此。在没有任何正当性与合法性支持的情况下，物理暴力的掌握者必须依赖于行动上对具体他人的具体强制来达到自己的目的，而这会给任何统治者造成无法承担的决策负担与信息负担。而且物理暴力是独立于社会结构之外的，是无目的性的，效果是普遍性的，物理暴力的掌控者也会害怕暴力对自己的伤害，完全通过物理暴力来夺取或维持政权，也给了反对者以物理暴力来推翻政权的启发，只要机会合适，曾经显赫一时的军事独裁者在集体性的暴力反抗面前也会变得不堪一击。正如唐太宗李世民的玄武门之变所创下的先例，不仅李世民本人极为忌惮太子夺权，后世唐朝皇帝也因此极不信任自己的子女。因为在暴力面前，任何个体都是脆弱的。

在我国，政府很多情况下无法通过法律、道德、权力等结构化的机制来平息公民的不满，法律、道德与权力能够借助书面化的符号机制来指导行动的选择，但在法律、道德与权力难以成为政府有效的管控机制的情况下，政府在很大程度上就必须依赖于物理暴力的直接强制，这就体现为政府对于上访者与异议者的各种暴力打压、劫访、拘禁，甚至劳

---

① See Niklas Luhmann, *Trust and Power*, translated by Howard Davis, John Raffan and Kathryn Rooney, John Willey & Sons Ltd, 1979, p. 112.

② See Niklas Luhmann, *Law as a Social System*, translated by Klaus, A. Ziegert, Oxford University Press, 2004, p. 164.

教等。物理暴力所要求的行动上的实际控制对地方政府施加了沉重的经济负担。① 即便当今世界各国建立了任何个体与组织都不可能战胜的强大暴力机关，都能够实现对军队与警察的完全垄断，但要想对管辖范围广泛的地域内的所有违法行为一一采取强制措施，几乎是不可能完成的任务。同样道理，即便政府每年投入巨大的资源进行"压力维稳"，并试图将各种社会矛盾消灭在萌芽状态，② 但也难以完全杜绝此起彼伏的上访、暴力抗法或群体性事件。物理暴力可以作为某种法律制度的系统出发点，也可以作为法律效力的匿名化符号机制，但如果任何政府试图在事实与行动的层面普遍使用暴力，那么政府将会变得不堪重负，这也就很难维持正常的法律秩序。物理暴力主要作为符号才能正常发挥功能，其过度泛滥很容易暴露其成本上的局限性，进而也会导致人们对法律效力失去信任。

物理暴力的符号功能同样也有其局限性，其存在于与物理暴力的行动控制功能极为悖论的关系当中：物理暴力显著的符号效果恰恰在于对物理暴力的行动控制功能的极力回避。过于频繁的物理暴力的展示会使人们变得麻木，这时物理暴力就失去表达其背后的法律与政治张力的能力，从而变得平庸，也因此就很难作为法律执行力的展示。用经济学的术语来说，物理暴力实施的增加使其在符号表达上的边际效益递减。在某一临界点，暴力斗争中胜利的增长不再扩展法律的效力范围，而变成了一种负担与限制。因为当暴力不再作为有着生理与心理效果的符号，而是作为一种行为期待时，暴力机制掌控者就会发现自己"骑虎难下"，因为一旦放松对暴力的管控，就会被人们认为暴力机制掌控者的决策能力与承受能力出了问题，导致人们不再相信暴力的普遍有效性，从而人心思动，谋求根本性体制变革。因此，很多集权国家在某一强势独裁者去世之后都会出现社会结构大规模松动的现象。我们之所以被物理暴力

---

① 参见谢岳、党东升《"维稳"的绩效困境：公共安全开支视角》，《同济大学学报》（社会科学版）2013 年第 6 期。

② 参见清华大学课题组《以利益表达制度化实现长治久安》，《理论参考》2010 年第 23 期。

所震慑，原因恰恰是在于物理暴力大多数情况下是一种稀有、非常规的现象。人们之所以关注物理暴力，也恰恰是因为物理暴力的奇特与不寻常。① 正如在宗教领域，我们之所以觉得魔鬼可怕，恰恰是因为我们从来没有见过魔鬼。物理暴力超过一定程度频率的展示将不会再提升其符号价值与象征意义，正如在历史上的乱世，当暴力惩罚成为一种长时间的普遍现象时，暴力惩罚的震慑效果会大大减弱。在这种情况下，国家暴力惩罚的大幅度增加仍然抵挡不了暴力抵抗的增加。物理暴力在其最为频繁使用的时期也是其效果最为薄弱的时期。

对于已经基本实现对有组织暴力的垄断的国家来说，如果一种法律秩序仍频繁地将行动层面的强制与惩罚作为法律效力的保障，那么往往就成了法律功能失败的标志。类似于政治领域中的情况，一个掌握绝对权力的领导如果还需通过公开性表达惩罚的威胁来督促下属执行命令的话，那么多数情况下会被人们认为这个领导实际并没有威望。对于拥有强大暴力机器的现代政府来说，不怒自威是公众的正常期待，如果政府仍大量使用暴力，这就变成了无能的标志。法律本质上也是一种指引行为的符号体系，包括法条、程序、仪式、标志性案例，也包括"偶尔"实施的物理暴力，法律一般是以公正而很少完全是以暴力的面目示人，与纯粹的军队和警察组织毕竟存在功能上的不同，其要能够正常发挥效力，必须依赖于符号来塑造人们的心理与行为，而无法直接进行全盘的暴力强制。物理暴力一旦频繁实施，就会使法律符号的效果大打折扣。暴力只有在引而不发的情况下，才能给人们留有足够的想象空间，从而达到一种普遍的心理威慑效果。另外，由于物理暴力在道德语境中是严重社会冲突的象征，物理暴力的过度使用还会导致物理暴力的符号价值走向反面。如果政府对此起彼伏的上访事件与抗议事件持续不断地暴力打压，只会让公众认为法律暴力是不公正的，这反而引发更多的暴力抗

① See Siniša Malešević, *The Sociology of War and Violence*, Cambridge University Press, 2010, p. 4.

法与上访。

同时，反面的说法也成立：法律的无能就会导致对暴力的依赖。如果法律不能通过一系列非暴力的符号机制来传达法律的公正性和可靠性，物理暴力的具体实施就变得极为重要。根据柏克的说法，"智慧不够，就用充裕的暴力来补充"；[1] 而根据阿伦特的说法，无能滋生暴力。[2] 例如，就个人层面而言，当反抗者难以找到问题的根结时，物理暴力往往就是发泄不满的渠道。英法美等国曾发生过无目的性的大规模骚乱，[3] 这种暴力也可以归因为反抗者缺乏表达自己声音的话语能力，以及在意义整体中定位自身处境之经验的无能，[4] 骚乱者因此需要通过暴力来彰显自己不可忽视的存在感。又如，极端组织"伊斯兰国"之所以频频展示最原始的暴力，很大程度上也是因为其已经不可能战胜西方。在制度层面上，如果某种社会结构吸纳诉求的能力比较弱，那么就会更加依赖于暴力的展示与实施，当社会处于暴力的高发期时，往往就意味着这个社会的制度沟通出现了严重的问题。正如医疗法律与医疗系统的高度专业化使外行的患者很难通过法律程序与医疗机构实现有效沟通，[5] 这时暴力就成了患者表达不满的重要方式，而法律对于医闹的治理很大程度上也必须依赖于暴力制裁。就更广泛的制度层面而言，查尔斯·蒂利认为，在低能力非民主制度中，暴力仪式出现的形式最多、频率最高，而在高能力民主制度中，暴力仪式出现的形式最少、频率最低。[6] 现代社会我们能够看

---

① 参见〔英〕柏克《法国革命论》，何兆武等译，商务印书馆，1999，第217~218页。

② 参见〔美〕汉娜·阿伦特等《暴力与文明》，王晓娜译，新世界出版社，2013，第21页。

③ 参见李文云、孙天仁《骚乱事件蔓延至英国多个城市》，《人民日报》2011年8月10日；齐紫剑、张崇防《英国骚乱的背后是经济社会困局》，《新华每日电讯》2011年8月11日，第003版；严明《巴黎骚乱与"法国在燃烧"》，《中国记者》2005年第12期；吴铭《透视法国骚乱四大根源》，《第一财经日报》2005年11月8日，第A04版；杨婷婷《一个燃油税何以引发法国大骚乱》，《北京日报》2018年12月7日，第003版；王谭《底特律骚乱毁了美国汽车之都》，《环球时报》2020年6月9日，第013版。

④ 参见〔斯洛文尼亚〕斯拉沃热·齐泽克《暴力：六个侧面的反思》，唐健、张嘉荣译，中国法制出版社，2012，第69页。

⑤ 参见伍德志《论医患纠纷中的法律与信任》，《法学家》2013年第5期。

⑥ 参见〔美〕查尔斯·蒂利《集体暴力的政治》，谢岳译，上海人民出版社，2006，第85页。

到暴力制裁的公开展示越来越少，很大程度上也是因为现代社会的控制能力远远高于古代社会。但在当代中国，我们仍然能够看到物理暴力作为个人无能与制度无能的一种社会表征，不论是生活重压之下的青壮年自杀，还是政府征地拆迁中的暴力执法，以及大规模的群体性事件与暴力抗法，很大程度上都是源于社会的急剧转型导致原有的制度装置对新问题以及个人在面对高度市场化的经济时的无能为力。① 在此过程中，不仅公权力特别依赖于暴力来实施法律规范，个人也特别依赖于暴力来缓解自身的压力，或向公权力与社会发出自己的声音。对于法律制度而言，暴力主要作为稀有与罕见的执行机制，为法律的普遍效力提供潜在性担保，但频繁的暴力一方面使法律制度的正当性丧失殆尽，另一方面也使公民的暴力抗法获得了正当性。这种现状对于普遍守法无疑是极为不利的。

最后，尽管物理暴力与法律之间存在不可分割的共生关系，却很难完全构成法律秩序本身。法律包含了更复杂的结构建设，而不仅仅是纯粹的物理暴力。法律还可能通过对道德的考量、规范的成文化，以及严谨的程序来扩展其效力，而物理暴力主要是对极端情况的一种底线预防，其对于形成对法律系统的总体信任也是必不可少的。尽管如此，地基虽然重要，但大厦的高度并不完全取决于地基，而是包含着更为复杂的结构性建设。早期的不少学者如奥斯丁、韦伯都曾将专门化的强制与制裁作为法律的根本性标志之一，② 甚至凯尔森都有这方面的类似倾向。③ 这是对法律结构的一种高度简化。哈特实际已经指出，这种简化的观点不能解释法律的持续性特征。④ 即便某种法律秩序能够以物理暴力为起点建

---

① 参见郑永年、黄彦杰《暴力的蔓延及其社会根源》，《文化纵横》2010 年第 8 期。

② 参见〔英〕约翰·奥斯丁《法理学的范围》，刘星译，北京大学出版社，2013，第 20~27 页；〔德〕马克斯·韦伯《经济与社会》（上），阎克文译，上海世纪出版集团，2005，第 125 页。

③ 参见〔奥〕汉斯·凯尔森《纯粹法理论》，雷磊译，法律出版社，2021，第 43~48 页。

④ 参见〔英〕H. L. A. 哈特《法律的概念》，许家馨、李冠宜译，法律出版社，2006，第 23、78~86 页。这里需要注意的是，哈特关于法律通过义务来超越单纯的强制的观点，忽视了强制本身的重要功能。

立，但法律秩序的继续扩展与深入就无法再完全依赖于暴力了。法律制度与政治权力即使都以物理暴力作为共生机制与系统出发点，但后续的演化脉络上必然会产生分叉，法律制度要求更为复杂的规范结构建设。我们基于彻底的军事胜利成立了新中国，在政治上实现了统一，但要将人们引导到通过司法而非通过上访解决纠纷的轨道上，治理隐藏在各个角落的大量腐败，打击市场上的假冒伪劣产品，严格有效地打击拒不执行判决的"老赖"现象，政治上的统一与军事力量上的强大都无法完全解决问题。而这时需要更为复杂精巧的结构装置，如通过普遍化的基础教育来强化对法律与司法的信赖，通过严密的法律监督机制以及复杂的财务账簿系统来减少腐败的漏洞，通过建立以网络信息系统为基础的防伪标志来识别假冒伪劣产品，以及通过关联到银行、就业、消费的信用系统来从根本上打击"老赖"现象。

综上而言，物理暴力在法律系统中有着特殊的功能，由于其在结构上的高度独立性而成为法律效力的一种普遍化标志。物理暴力作为法律的共生机制与生存底线能够提供一种一般性与基本性的安全保障。但物理暴力主要作为符号机制而非行动机制发挥其功能，物理暴力的显著符号效果恰恰在于对物理暴力实际实施的极力回避。只有当物理暴力是稀有与罕见的，其符号与象征价值才能凸显出来。一旦我们试图完全将法律的实施建立在暴力强制的基础上，那么物理暴力的符号功能将会大大弱化，人们对物理暴力的感官印象就会变得麻木，物理暴力也会暴露其成本上的局限性。当下我国既存在物理暴力滥用的问题，但在某些领域也存在物理暴力严格性与平等性不足的问题。但我们无须强调物理暴力本身的建设，因为现代国家已经具备了暴力打击与控制任何个人与组织的能力。这时需要强化的是物理暴力的符号展示，如扩充警察、工商、环保、卫生、检察等执法机构编制，强化治安巡逻、市场督查以及对政府的常规化巡视，从而使物理暴力的潜在可能性能够以一种可见的方式被潜在违法者感受到。另外，规范与程序上的建设仍然非常有必要，通过对实施物理暴力的前提、权限与责任的规定，一方面可以限制暴力的滥用，但另一方面也会让暴力的实施变得更加严格、公平，使物理暴力的平等实施不会因是老年人还是年轻人，是官员还是普通百姓而受到阻碍，这时物理暴力才能最大化地发挥其符号功能与象征效果，才能使人们建立对法律的普遍信心。而由于物理暴力的高度象征意义，物理暴力如果被不公平地选择性适用，那么对其普泛化效果可能会产生极为严重的后果，对于公民守法的影响也将会是深远的，最终我们将不得不用行动层面的物理暴力替代符号层面的物理暴力，从而使执法机构不堪重负。

# 第八章

# 法律信任的稳定机制：制度化不信任

在"去魅化"并有着高度反思性的现代社会，以制定法与程序正义为抽象制度符号的现代法律制度，在中国语境中大大脱离了人们的正义直觉。社会制度的演化已经进入了非常复杂的功能分化时期，而公众的认知能力仍然停留在比较朴素的道德情感层次上。公众不自觉地将道德判断与情感直觉延伸到已经和道德实现高度分化的抽象法律系统，而抽象的法律系统又难以满足这种朴素的道德情感直觉，这构成了中国法律信任危机的现代性原因。在中国，"审判被直接民主制的幻想所笼罩，每次办案过程都成为对规范秩序的民意测验或者公益立法原则的全息图"，①这种法律认知模式强调对社会道德的直觉体验，对政策利害的直接权衡，以及刚性的国家法规范与软性的民间法规范的直接互动，这种认知模式不信任现代法律制度所代表的抽象的普遍正义。因此，在中国由传统向现代转型的过程中，对现代法律制度的不信任一定程度上来说是一个"宿命"。面对这种局面，我们必须全面引入制度化不信任。制度化不信

---

① 季卫东：《法治构图》，法律出版社，2014，第71页。

任以不信任为前提预设，并界定信任与不信任之间的制度界限，对不信任的表达进行规范化以及建立对背信行为进行监控的常规化程序，进而通过对不信任的制度化排除实现制度化的信任。在高度反思的现代社会，公众基于符号化信息对现代法律制度所提出的质疑与不信任层出不穷，并导致法律信任的跌宕起伏，而制度化不信任通过将不信任的表达与处理纳入制度化的轨道，使人们对法律制度即使有不满也不会危及对法律的制度信任，并最终使法律信任维持在动态的稳定当中。

# 第一节　法律信任建构的反向逻辑：制度化不信任

## 一　法治秩序建构的先验预设：对法律的不信任

现代法律系统总体上来看是抽象、复杂的，超出了大多数人的认知能力，这使其有一种天然地不被信任的倾向。为了克服不信任，我国除了完善制度本身外，就是对制度可靠性形象的正面塑造与宣传。制度的缺陷固然会导致不信任，但制度即使没有缺陷，如果人们并不能确定这一点，不信任也仍可能产生。而实际上任何复杂的制度都是有风险的，都不可能保证万无一失，而制度什么时候以及什么情况下会出错，大多数情况下人们也不得而知。既然风险是不可避免的，这时就会产生一种悖论性现象：我们越是掩饰制度的风险，越是宣传制度的正面现象，制度越难以得到人们的信任。因为这时制度会被认为是不诚实的，这比坦率承认制度的风险更不值得信任。对法律的信任的形成并不仅仅是因为法律系统是一个只会宣称自己公正、无私、代表公共利益的制度系统，很多时候也会假定自己是可能犯错、因而需要监督与纠正的，并形成了一系列的自我否定、自我监督、自我控制机制，如权力的分立与制衡、允许公众与当事人的公开批评、制定详细的规范对司法行为与执法行为进行严厉的规范、发生错误后的各种追责程序、上诉与再审、听证与复议，等等。本部分从信任理论的角度给予其一个一般性的名称："制度化不信任"（institutionalized distrust）。而中国法律制度由于内嵌着各种关系化的人格信任以及政治意识形态与政治组织对不信任表达的排斥，我国始终未能建立可信的制度化不信任机制。在一般性意义上，与任何复杂、抽象的制度系统打交道对于个人来说都是一种高风险的活动，对于这些系统的信任都要求在系统内部建立制度化不信任，从而将系统的风险控制在可以接受的范围内以及将制度以一种诚实的形象示人。由于法律制度的内在风险性，法律信任就不完全意味着对法律自身的各种正面的优良品质与制度承诺的信任，而是恰恰相反，是对制度化不信任功能的信任。这一部分将阐发制度化不信任的这种悖论性特征及其对法律信任的功能意义。

现代法律系统已经变得高度的抽象化、专业化与匿名化，这使人们陷入无可救药的无知当中，大多数人已经不可能全盘去认知与了解现代法律制度的内在意义与运作可靠性了。现代法律系统构成了吉登斯所谓的"脱域机制"，其超越了面对面互动的地域限制，并通过非个人化的象征标志以及在知识上难以验证的专家系统为社会交往提供跨时空的"非当面承诺"，由此不同于建立在面对面互动基础上的"当面承诺"，人们所信任的也不是系统内部角色的个人品质，而是其抽象能力。[1] 也正由于现代法律系统提供的不是一种可以通过直观经验感受所把握的抽象能力，其也极有可能遭到有着正常理性自觉的人的怀疑。法律成为一种陌生与异己的存在，一种类似于卢曼所说的"暗箱操作"。[2] 对大多数人来说，法律变成了一种难以把握的风险性存在。

对于法律这种带有神秘性与风险性的抽象系统，其在高度反思性的

---

① 参见〔英〕安东尼·吉登斯《现代性的后果》，田禾译，译林出版社，2001，第18~26、73~77页。

② 此处借用了卢曼的术语，See Niklas Luhmann, *Social Systems*, translated by John Bednarz, Jr. with Dirk Baecker, Stanford University Press, 1995, p. 14; Michael King and Chris Thornhill, *Niklas Luhmann's Theory of Politics and Law*, Palgrave Macmillan, 2003, p. 30。

现代中国社会不被信任几乎是必然的。并不是说我们无法形成对法律的信任，而是说这种信任的形成，并不是一个对法律正面形象与作用的直观认知问题。尽管中国的很多制度还未完成现代化，但在一个开放性的全球社会，思想的现代化已经先行制度的现代化一步，体现出鲜明的现代性特征。从思想的角度来看，现代性源于个人的自主性与自觉性，并体现为一种高度反思的态度与精神，一种对"在场出现"进行反问，并使之"成问题化"的批判。① 正如黑格尔在 19 世纪曾说过，"在今天，时代的教养已经转变方向，思想已经站在一切应认为有效的东西的头上"。② 现代性虽然解放了人们的批评精神，但也未能阻止对它自身的文化与意识形态信条以及有意无意后果的各种批评性反动。③ 因此，现代性的自我反思与批判最终延及其自身，形成了贝克和吉登斯所谓的"反思现代化"。④ "反思现代化"实质就是现代性对其自身的反思，其既反思传统，也反思现代，传统与现代都失去了理所当然的正当性。即便我们在学理上视为理所当然的"现代法治国家"，也很难逃脱这种指向一切的"反思现代化"的严格审视。公众不仅仅可能参照所谓"先进"的法律制度对中国某些"落后"的法律制度进行批判，同样也会根据传统的道德直觉对这种"先进"的法律制度进行批判。现代法律制度由于其高度的抽象性与专业性，早已脱离了有着温情脉脉面孔的熟人社会的道德直觉，作为日常生活基础的面对面互动模式已难以把握现代法律抽象能力的可靠性。在高度反思性的现代性意识下，公众与现代法律制度之间的认知错位与抽象冲突，使争议案件背后的法律制度信任问题受到挑战。

---

① 参见高宣扬《后现代论》，中国人民大学出版社，2005，第 106～112 页。

② 参见〔德〕黑格尔《法哲学原理》，范扬、张企泰译，商务印书馆，1961，第 18 页。

③ 参见〔美〕马泰·卡林内斯库《现代性的五副面孔》，顾爱彬等译，商务印书馆，2004，344 页。

④ 关于反思现代化的概念，请参见〔德〕乌尔里希·贝克《风险社会》，何博闻译，译林出版社，2003，第 190 页；〔英〕安东尼·吉登斯《超越左与右：激进政治的未来》，李慧斌等译，社会科学文献出版社，2000，第 84 页。

中国法律的文化特征也使其更容易在现代社会遭遇不信任。一方面是因为中国法律的世俗化特征。与带有神圣与神秘色彩并强调绝对正确性的宗教信念相对，世俗化意味着非神圣性与非神秘性，以及可人为改变的偶然性。在西方国家，由于基督教作为一神教以及审判曾经是重要的宗教职能，法律与神旨往往被混淆在一起，这使人为法的社会地位极为崇高，从而在司法当中形成了法律在修改前都应得以遵守的观念，[①] 这也在西方社会形成了建立在法律神圣观基础上的法治理想。[②] 伯尔曼甚至得出结论：西方法律科学实质是一种世俗的神学。[③] 或者如洛克林所说，法律的语言如同"世俗性的祈祷"。[④] 这些观念至今仍然深刻影响着现代西方社会。与西方国家不同，中国法律与司法自古以来都没有不可触犯的超验思想与普遍正义的防护。例如，相比于西方国家司法传统中"代上帝审判"的超验特征与神学内涵，中国古代社会的司法审判是"世俗"的，其官员不应受任何宗教教条的制约，或屈从于宗教权威或任何宗教魔法式的做法。[⑤] 因此，中国传统法律是缺乏神圣性的，法律在实践中往往被认为是"可变的、试行的、暂时性的、是在事实与多样性规范的相互作用中不断生成的过程"。[⑥] 法律在与政策、公益、民意与民间法规范的

---

① 参见〔美〕哈罗德·J. 伯尔曼《法律与革命：西方法律传统的形成》，贺卫方等译，法律出版社，2008，第112、161~193、216~219页；以及张伟仁《天眼与天平：中西司法者的图像和标志解读》，《法学家》2012年第1期，第2页。

② 参见〔日〕大木雅夫《东西方的法观念比较》，华夏等译，北京大学出版社，2004，第34~39页。这里需要说明的是，法律神圣的观念其实在基督教统治欧洲之前就已经存在，只不过中世纪的基督教强化了这一观念。

③ 参见〔美〕哈罗德·J. 伯尔曼《法律与革命：西方法律传统的形成》，贺卫方等译，法律出版社，2008，第161~162页；〔美〕伯尔曼《法律与宗教》，梁治平译，中国政法大学出版社，2003，第11~13、20~30页。尽管伯尔曼认为西方社会正在经历法律信仰危机，但这并没有否定法律与宗教仍然存在的深刻联系，这种联系是中国社会所没有的。

④ 参见〔英〕马丁·洛克林《剑与天平——法律与政治关系的省察》，高秦伟译，北京大学出版社，2011，第29页。

⑤ 〔法〕罗伯特·雅各布：《上天·审判——中国与欧洲司法观念历史的初步比较》，李滨译，上海交通大学出版社，2013，第178~179页。

⑥ 参见季卫东《法治构图》，法律出版社，2014，第84页；类似的观点，也请参见徐忠明《情感、循吏与明清时期司法实践》，上海三联书店，2014，第62、211~212、230~231页。

互动中，并不被认为具有超验的品质与优先的地位。这种既定的文化认知一直延续到近现代中国。由于缺乏超验宗教理念的防护，法律与司法在经过近现代的思想启蒙后被抛入激进的现代性思潮当中，已经完全丧失了传统社会被高高在上的士绅群体所垄断的社会权威了。[1] 在今天，我们在各种舆论争议案件中仍然看到，法律或司法在与道德、舆论发生冲突时，并没有得到公众的特别对待与特殊尊重，反而会遭到严厉的批判。除了法律人在苦口婆心地强调法律的重要性与神圣性外，普通公众对此没有自觉。

另一方面原因是司法与政治之间的文化连襟。相比于西方国家法院与行政机构之间的"文化断裂"，[2] 在中国的传统文化认知中，司法与政治之间是没有明显的区分的，司法与政治之间的文化连襟，又使其也被置于与政治机构类似的不被信任的境地当中。不论古代司法与行政之间在职能与组织上如何分分合合，司法和政治在文化上都没有割裂开来，更无法对抗作为最高行政权的皇权。这与西方近代法官借助上帝名义对抗国王不可同日而语。在西方法律传统中，法律的历史性总是和"自治性以及超越政治统治者的权威性的概念相联系"。[3] 通过基督教的特殊塑造以及西方法律文化的特殊演化，西方国家的法律体系形成了一种自治并能够凌驾于政治权威的至上地位。而在中国古代社会，政府的司法职能与其他职能如救灾、兴修水利、征税等都处于同一个层面，[4] 并没有超越政治的特殊内涵。在中国古代社会，所有政府职能，包括刑名词讼，都以皇权作为最终的合法性来源。法律与司法始终无法将自身的合法性基础和政治区分开来，并获得自治与自足的品性。因此，当代中国将法

---

① 参见金观涛、刘青峰《观念史研究》，法律出版社，2009，第 277~278 页；伍德志《文盲、法盲与司法权威的社会效力范围变迁》，《法学家》2019 年第 3 期。

② 参见〔法〕罗伯特·雅各布《上天·审判——中国与欧洲司法观念历史的初步比较》，李滨译，上海交通大学出版社，2013，第 108 页。

③ 参见〔美〕哈罗德·J. 伯尔曼《法律与革命：新教改革对西方法律传统的影响》，袁瑜琤、苗文龙译，法律出版社，2008，第 5~6、17 页。

④ 参见〔法〕罗伯特·雅各布《上天·审判——中国与欧洲司法观念历史的初步比较》，李滨译，上海交通大学出版社，2013，第 154 页。

官的招聘、选拔以及待遇与政府公务员同等对待，并不是一个偶然的制度选择，而是实际上有着深刻的文化渊源。即便我们在制度上区分了立法、行政与司法，但社会认知中，人们并不会真正地区分上述三者的不同，① 反而都会笼统地称之为"政府"。② 由于在中国法律文化的潜意识中，司法职能与政治职能没有本质性的不同，法律也就"概括承受"了人们对政治权力的不信任。人们对政治权力会有一种天然的不信任，因为我们依赖于权力，但权力并不必然依赖于我们。③ 无论古今中外，人们对于权力总是有着深刻的怀疑，孔子很早就有"苛政猛于虎"的感叹，在中国文化中，民变总是被归因于苛捐杂税与官逼民反。在西方社会，按照休谟的观点，在设计任何政府体制时，必须把每个政府成员设想成"无赖之徒"。④ 杰弗逊更明确地指出："自由政府建立在猜忌之上而不是建立在信任之上。"⑤ 力量的不对等使个体与权力之间的相互信任很难建立起来。因此，在"原则上"我们是不信任政府的。尽管西方社会对政治权力也有着根深蒂固的不信任，但由于政治与司法之间的"文化断裂"，这种不信任并没有延伸至司法上，无论是在学界对司法与政治关系的理论探讨中，⑥ 还

---

① 参见四川省高级人民法院课题组《人民法院司法公信力调查报告》，《法律适用》2007年第 4 期。

② 笔者在实务当中注意到的一个现象就是，很多被关押的犯罪嫌疑人在与法院、公安机关或检察院打交道时，不分对象一律称呼他们为"政府干部"，如被开恩释放，都是感谢"政府"、感谢"党"之类。

③ See Russell Hardin, Distrust, *Boston University Law Review*, Vol. 81, 2001, pp. 506 – 509; Karen S. Cook, Russell Hardin and Margaret Levi, *Cooperation without Trust?*, Russell Sage Foundation, 2005, p. 42.

④ 参见〔英〕休谟《休谟政治论文选》，张若衡译，商务印书馆，2010，第 27 页。

⑤ 参见〔美〕詹姆斯·M. 伯恩斯等《美国式民主》，谭军久等译，中国社会科学出版社，1993，第 35 页。另请参见 T. Swann Harding, "Democracy in the American Tradition", *The American Journal of Economics and Sociology*, Vol. 6, 1947, pp. 279 – 294.

⑥ 这方面比较典型的观点，参见〔美〕约翰·哈特·伊利《民主与不信任：司法审查的一个理论》，张卓明译，法律出版社，2011，第 99 ~ 101 页；Abram Chayes, "The Role of the Judge in Public Law Litigation", *Harvard Law Review*, 1976, 89 (7), pp. 1281 – 1316; Jesse H. Choper, *Judicial Review and the National Political Process: A Functional Reconsideration of the Role of the Supreme Court*, University of Chicago Press, 1980, p. 68。

是社会舆论对司法与政治的态度上,① 人们对司法与政治的态度总是判然有别, 司法往往被认为是专业、公正无私、客观与慎思的机构, 而政治机构往往被认为充斥着妥协、腐败与无能。中国的司法在文化认知中并无此等 "运气"。特别是随着民主思想在近代中国的传入以及皇帝制度在辛亥革命之后的废除, 政治权力更是实现了完全的 "去魅化", 被抛入了有着激烈怀疑精神的现代性思想洪流当中。② 司法同样也难以独善其身, 因为其也掌控了生杀予夺的权力。

由于法律在中国传统的文化认知中一直是一个高度世俗化与政治化的存在, 中国法律制度在远未达至完善的状态下就被置身于现代社会高度反思的思想氛围当中。因此, 不论现代法治的社会价值实质上有多大, 我们对其持有的都是一种近乎先验的不信任。今天中国以西方为参照的法制改革似乎置身于一个 "错误" 的时代, 因为以形式化与抽象化为特征的现代法律制度在恰恰需要公众支持的时候, 公众因为高度反思的现代性思维与特殊的文化认知而更不愿意支持这种他们已经看不懂的复杂制度了。

## 二　法律信任的两种模式: 人格信任与系统信任

尽管我们对法律有着近乎先验的不信任, 但现代法律制度的正常运转恰恰需要信任。也许我们对法律系统的原理与构造很无知, 也许这种抽象系统的决定很难完全和我们的个人利益与道德直觉相一致, 但我们

---

① 如美国的情况, 参见 Vanessa A. Baird and Amy Gangl, "Shattering the Myth of Legality: The Impact of the Media's Framing of Supreme Court Procedures on Perceptions of Fairness", *Political Psychology*, Vol. 27, No. 4 (Aug., 2006), pp. 597 – 614; J. M. Scheb & W. Lyons, "The Myth of Legality and Popular Support for the Supreme Court", *Social Science Quarterly*, 81, 2000, pp. 928 – 940; 以色列学者对其本国法院的研究也得出了类似的结论, 参见 Bryna Bogoch and Yifat Holzman-Gazit, "Mutual Bonds: Media Frames and the Israeli High Court of Justice", *Law & Social Inquiry*, Vol. 33, No. 1, 2008, p. 53。

② 在西方民主思想的启蒙下, 近代中国的知识分子开始对皇权的正当性持一种颠覆性的态度, 如尽管康有为提倡 "君主立宪"、梁启超提倡 "开明专制", 但对于袁世凯的复辟, 两人都极力反对。参见金观涛、刘青峰《观念史研究》, 法律出版社, 2009, 第 270 ~ 274 页。

很多情况下不得不寻求法律的帮助，当发生纠纷、利益受到侵犯、遭到权力的刁难时，我们可能不得不请求法官与执法者能够根据公开性的规范来进行调处。只要我们认为法律所提供的某些公共服务是必不可少的，法律即使会对个人造成不利后果，但对于社会整体还是有益的，我们就难杜绝和法律打交道。但我们如何还能够放心地和法律打交道呢？

正如吉登斯所认为的，所有的"脱域机制"都依赖于信任。[①] 高度专业化的法律系统必然会在专业人士与非专业人士间形成行业壁垒，两者之间的信息与知识不对称，就为专业人士利用、欺骗非专业人士提供了可乘之机，但这也恰恰使信任变得必要，因为非专业人士恰恰需要利用专业人士的知识。而信任就是一种促进风险行动的机制，其能够使我们即使在对被信任对象知之甚少的情况下，也能够放心地将自己的重大权益托付给对方的自由裁量权。[②] 这一点恰恰是我们面对难以理解与掌控的法律系统时所需要的。对于抽象复杂的现代法律系统，我们需要建立系统信任，但系统信任又容易失去控制，为了保证系统的内在可靠性，我们需要在系统内部建立制度化不信任。

借鉴卢曼的区分，对法律的信任大致可以采取两种模式：人格信任与系统信任。[③] 这两种模式并不必然对应于人治与法治。在法律领域，是人格信任还是系统信任占优势取决于我们需要应付的社会复杂程度。在一个沟通方式主要限于面对面互动的小型集体或社区当中，人格信任就是一种可取的信任模式。在拥有日常的面对面互动机会的小型集体或社区，成员有着足够的机会与时间去考察具体个人的人格特征，由此就能够建立对被信任对象人格的稳定期待。中国传统社会的调解就建立在这

---

① 参见〔英〕安东尼·吉登斯《现代性的后果》，田禾译，译林出版社，2001，第 23～26、72～73 页。

② 可比较关于信任关系的一般性论述，参见 Guido Mollering, *Trust: Reason, Routine, Reflexivity*, Amsterdam: Elsevier, 2006, p. 8; Russell Hardin, *Trust and Trustworthiness*, New York: Russell Sage Foundation, 2002, pp. 11 - 12。

③ 此处借用了卢曼的术语，参见 Niklas Luhmann, *Trust and Power*, translated by Howard Davis, John Raffan and Kathryn Rooney, John Willey & Sons Ltd, 1979, pp. 39 - 58。

种信任模式之上，在乡土社会，乡民安土重迁形成了熟人社会，由于地方乡绅的熟人角色以及要处理的纠纷多限于户婚田土等日常生活事务，乡民有能力基于长期的相处与历史的声望，建立对地方乡绅的稳定信任。即便在今天，我们熟知的马锡五审判方式仍然建立在人格信任的基础上，但其前提是乡土的熟人社会以及不脱离常识的日常生活纠纷。而当代中国的法庭调解基本失去了这样一种人格信任的基础，陌生人社会面对面互动机会的缺乏使法官的人格信任很难建立起来，当事人很难将自己的重大权益在证据与规则都不清晰的情况下托付给陌生的法官。人格信任偏重于心理或情感上的"内在保证"，[①] 人格信任会非常稳固，如父母子女之间的亲情，夫妻之间的爱情，朋友之间的莫逆之交，以及乡里之间因知根知底所形成的信任，人格信任通过情感形成了与对象的稳固认同。[②] 这种"稳固认同"用卢曼社会学的术语来表达就是，人格信任是一种高度"泛化"的期待，[③] 其相信被信任对象的人格有着值得期待的"不变本性"，因此形成了所谓的"感觉的稳定化"：不论被信任对象身处何种环境采取何种行为均持有正面的期待。在法律实践中，有些当事人因为一些偶然的机缘会特别信任某一位法官，甚至点名要求这位法官审理自己的案件。这就是人格信任，其近乎"偏执"地认为这位法官对自己就是好，而不考虑案件本身的情况。但从法官背后的讨论来看，案件由谁来审理其实结果都差不多。[④] 由于人格信任关涉较为浓厚的情感以及人格的完整性，人格信任是不能被轻易否定的，对人格信任的背叛往往会导致激烈的情绪反应；同时在较为熟悉或亲密的关系中，不信任则变成了一种侮辱，变成了对人格完整性的否定。因此，人格信任的一个好处是

---

① See Niklas Luhmann, *Trust and Power*, translated by Howard Davis, John Raffan and Kathryn Rooney, John Willey & Sons Ltd, 1979, p. 50.

② 关于信任的情感性特征，参见 Bernd Lahno, "On the Emotional Character of Trust", *Ethical Theory and Moral Practice*, Vol. 4, No. 2, Jun. , 2001, p. 175。

③ See Niklas Luhmann, *Trust and Power*, translated by Howard Davis, John Raffan and Kathryn Rooney, John Willey & Sons Ltd, 1979, pp. 27 - 29.

④ 上述情况是笔者向一些基层法官做调查时所了解到的。

可以强化被信任者的自我约束。① 当我们作为个人被他人信任时，会因为人格得到认可，产生一种自豪感与满足感，以及为回报这种自豪感与满足感而变得更加忠诚。但人格信任的缺点也非常明显：由于人格信任是对特定对象的情感认同，人格信任往往显得没有弹性，没有长期的互动与经验是不容易转换到另一个人身上的，因此不适合大型秩序中的法律信任建构。人格信任对背叛风险的克服方式就是"换对象"，其一旦失去就不可再复原，正如恋人之间一旦发现出轨的线索，信任就会完全崩溃。

传统社会的法律并不仅仅建立在人格信任的基础上，因为人们也可能出远门做生意，进京赶考，和熟人圈之外的人打交道，或进行其他远程交往，这时人格信任就难以保障社会交往的安全了，因为这时人们不可能有时间和精力建立对大量陌生人行动模式的有序性认知以及建立对人格可靠性的情感认同。因此，我们必须超越具体的个人，通过匿名化的功能与规则来保证安全。这就是系统信任。

系统信任假定是系统而不是个人在发挥功能，人们信任的是系统的抽象功能而不是具体个人。② 系统信任是一种如前文所说的"非当面承诺"，其不是对个人道德品质的认可，而是对大多数人难以理解的抽象功能或专业知识的可靠性的信赖。系统信任依赖于抽象功能的保证与系统的正常运转，较少地依赖于"内在保证"，是否喜欢、是否存在深刻的情感认同是不重要的，系统信任对于新来者也更容易适应。在系统信任中，个人的变化与更替不影响社会的兴衰，这使社会获得极大的安全性与稳定性。因此，哪怕中国的传统社会被认为是熟人社会与人治社会，系统信任也是必不可少的。例如受过儒家礼法教育的士大夫群体就能够提供这样一种抽象的功能保证，士大夫群体也可以被视为一种"专家系统"，因为其受过类似的伦理规范教育，经过科举的严格筛选，并受到大一统

---

① 请参见相关的一个社会实验研究，Dmitry M. Khodyakov, "The Complexity of Trust-Control Relationships in Creative Organizations: Insights From a Qualitative Analysis of a Conductorless Orchestra", *Social Forces*, Vol. 86, No. 1 (Sep. , 2007), pp. 1 – 22。

② 参见〔英〕安东尼·吉登斯《现代性的后果》，田禾译，译林出版社，2001，第 23 页。

国家的支持。人们对士大夫群体的信任不是建立在具体人格品质的认同基础上，而是建立在大多数人也许并没有机会学习的抽象原则的基础上。士大夫群体被人们认为是"知书达理"的，这种认知不是因为对个别士大夫人格的具体考察，而是对士大夫群体背后的那一套伦理系统与官僚选拔模式的信任。[①] 一个人不论是在家乡还是在外地，都能够期待当地由读书人组成的官府能够根据礼法一视同仁地对待他们。

在现代中国，法律信任也必须能够建立这样一种系统信任。由于全国性市场经济的形成、社会交往的跨时空性以及社会纠纷的极端复杂性与专业性，我们不可能通过人格信任使公民建立对匿名化的法律系统的认同。很多法律制度，如高度统一的法律教义学体系、法律教育模式、司法资格考试、司法官选拔标准、严格详备的实体法规范、一视同仁的程序规范，目的都在于形成系统信任，使法律规范的解释与实施不因人而异、因事而异。由此，不论在何种情境之下、面对何种人，我们都能大致维持一种正面的态度。与人格信任不同，在系统信任中，不同系统代理人多样化的人格特征及其所属熟人圈，和系统的可靠性被分离开来，由此提供了一种高度普遍化与匿名化的安全保证。系统性信任可以说是一种不分"青红皂白"的正面期待，使我们在即使缺乏法律知识的情况下也能够将自己的权益托付给匿名的系统代理人。

系统信任对于法律的好处显而易见。在一个普遍信任法律的社会氛围中，人们不需要具体考察不同系统代理人的人格特征，也不需要区别不同系统代理人的法律决定，即使不懂得法律知识也会信任他们的法律决定。反过来说，如果是系统性的不信任，则变成了一种不分"青红皂白"的负面期待，不论个别法律系统代理人在人格品质上多么完美无缺，其做出的法律决定是否实质上公正合理，也不论法学家如何苦口婆心地讲解法律上的"大道理"，也很难得到人们的认同与理解。

---

① 费孝通所提到的一个很有意思的例子，参见费孝通《乡土中国 生育制度》，北京大学出版社，1998，第56页。

　　由于系统信任建立在对那些不可理解、不可直观感知的功能保证与抽象原则的基础上，系统信任很难被个体控制。系统信任不依赖于个人动机，也不受个人不满的影响。正如在法律实践中，普遍的形式正义对于个案正义有着强大的抵抗力，个案的不公正不会妨碍人们对形式正义的坚持，这是受到法律系统的内部规范与意识形态所支持的。而且人格信任所带来的物质或精神好处大致是可以期待的，但在系统信任中，我们能够得到的只是一些整体性的制度承诺或抽象的统计数字，如平等、正义、公共利益或各种法治评估指数。抽象的好处与个人的得失已经很难直接关联起来，我们也很难去切身地体会与精确地计算，个人努力也是没有太大意义的。虽然背叛人格信任可以"换对象"，但系统信任很难"换对象"。那么，在我们难以控制对法律的系统信任的情况下，应当如何处理系统信任的风险呢？如果个体的外在控制变得很难，那么就只能依赖于系统的自我控制，这就需要制度化不信任。

## 三　系统信任的可靠性保证：制度化不信任

　　系统信任由于很难转换对象，风险就必须在系统内部得到处理与控制。在一个生活已经很大程度脱离面对面互动与道德直觉的现代社会，我们对于任何复杂系统的信任都不可能建立在个体的认知与控制的基础上，而只能依赖于系统的自我控制。为了建立法律信任，法律系统必须建立完善的自我控制机制。这种控制机制应当能够使人们相信：即便他们不懂得系统的运作原理，也能够放心地将自己的重要权益交给系统来处理。

　　这种自我控制机制就是制度化不信任。制度化不信任对于法律信任建构来说是极为悖论性的，因为法律系统要建立自己的可信性的前提是先自我否定自己的可信性。卢曼认为，"需要较多信任的高度复杂的系统，同时也需要较多的不信任，因而必须使不信任制度化"。[①] 制度化不

---

　　① See Niklas Luhmann, *Trust and Power*, translated by Howard Davis, John Raffan and Kathryn Rooney, John Willey & Sons Ltd, 1979, p. 89.

信任以不信任为前提预设，通过界定信任与不信任之间的制度界限、对不信任的表达进行规范化以及建立对背信行为进行监控的常规化程序，从而将背叛信任的风险限制在可接受的范围内。对任何整体性系统的信任，都"决定性地取决于在关键时刻被消减的信任以及插入的不信任"。①而人格信任存在一定的情感认同，在情感认同的范围内，人们的信任是"无保留"的，是"全身心"投入的。系统信任因其内部的制度化不信任机制而更具理性反思意识，也因此显得冷酷无情。通过不信任的制度化，我们可以建立系统信任的自我反思机制，即时性地对信任的风险进行监督，防止其过度泛滥。越是复杂的系统，风险可能越大，信任向不信任转化的简单性与快捷性就越发重要，因为人们可以假定风险是可以通过向不信任的快速转化而比较容易拒绝的，因此最终也就更容易接受系统的较大风险。②就此而言，法律信任的本质就不是对法律的正义性、法官与执法者的良好动机和优良品质的信任，而是基于不信任是否可以得到自由表达和制度化处理的制度功能的信任。系统信任很大程度上变成了对不信任功能的信任。

信任与不信任之间的这种关系是极为悖论性的。现代社会高度的自我反思性使其陷入了极大的不确定性当中，偶然性变成了现代社会的"固有值"，③以至于一切社会关系都变成过渡、飞逝的。那种"天不变，道亦不变"的思维反而会被认为是僵化的，会让人感到不安。正如当代中国的社会心态所表明的，只有不断承认体制问题的存在、不断地自我改革，我们才能找到安全感，体制的正当性仿佛不是基于某些不变的基

---

① See Niklas Luhmann, *Trust and Power*, translated by Howard Davis, John Raffan and Kathryn Rooney, John Willey & Sons Ltd, 1979, p. 92. 郑也夫：《信任论》，中国广播电视出版社，2006，第104页。

② See Niklas Luhmann, *Trust and Power*, translated by Howard Davis, John Raffan and Kathryn Rooney, John Willey & Sons Ltd, 1979, p. 89.

③ 参见〔德〕尼克拉斯·鲁曼《对现代的观察》，鲁贵显译，台北远足文化事业有限公司，2005，第112～113页；类似观点，还参见〔英〕戴维·弗里斯比《现代性的碎片》，卢晖临等译，商务印书馆，2003，第23、29、61页。

本原则，而是基于反复的自我改革。与此相应，对于法律这种已经严重脱离个体的道德直觉的抽象系统，人们的信任就只能是"与其说学会安全的期待，还不如说更加稳固地学会不安全的期待"。① 因此，对于法律系统的信任就变成了对不可信的期待，只有预先假定法律系统是不可信的并能得到有效排除，法律系统才是可信的。

法律信任的这种建构遵循从反面出发进行论证的合法化模式，也即利奥塔所谓的"悖谬"（paralogy）逻辑。② 这也是现代性制度所普遍遵循的合法化模式。如科学系统中的"证伪"标准：只有当某个命题具有可检验性、可反驳性，并能够被排除为假时，其才能为真。③ 科学领域中的"真理"被认为是真理的前提是存在对其反驳的可能性，如果"真理"是无法从经验上得到证明，也无法被反驳的套套逻辑，或被强权禁止反驳，就很难让人心服口服。这也类似于法律系统中作为合法性"反省值"的"非法性"：合法性能够成立的前提是存在排除非法性的可能性。④ 正如很多地方政府在自己的政策与决策发生争议时，总是声称自己是在依法办事，但在缺乏独立司法能够对政府决定进行非法性审查的情况下，这种合法性声称也是缺乏说服力的。由于现代社会的高度反思性，现代社会的各种功能子系统必须承认自己的可错性以及受到严格监督的必要性，由此建立制度化的不信任，通过对不信任的制度化排除来实现有着动态稳定的系统信任，才能让人们建立对自己不了解的事务的安全感。关于这方面的典型就是现代民主政府的信任建构模式。现代民主政府也正是以不信任作为逻辑的出发点，由此建立各种制约与监控机制，最终

---

① See Niklas Luhmann, *Trust and Power*, translated by Howard Davis, John Raffan and Kathryn Rooney, John Willey & Sons Ltd, 1979, pp. 79 – 80.

② See Jean-Francois Lyotard, *The Postmodern Condition: A Report on Knowledge*, the University of Minnesota Press, 1984, pp. 24, 54, 60 – 69.

③ 参见〔英〕卡尔·波普尔《猜想与反驳——科学知识的增长》，傅季重等译，上海译文出版社，1986，第 365 页。

④ See Niklas Luhmann, *Law as a Social System*, translated by Klaus, A. Ziegert, Oxford University Press, 2004, pp. 173 – 210.

实现制度化的系统信任。什托姆普卡认为，民主制度最基本的前提就是对所有权威的怀疑，大多数民主秩序的基本原则，如多数选举、三权分立、司法审查、正当程序，都假定了制度化的不信任，这为那些愿意冒信任风险的人提供一种支持或保险，为背信行为提供障碍与矫正机制。①其实一整套的民主制度都属于制度化不信任，由此来保障政治系统的可信性。制度化不信任对于各种不完美与错误有一种"洗白"的效果，任何政府都可能存在缺陷与不足，但在制度化不信任的监督下，这些缺陷与不足更容易被容忍。为什么民主政府更值得信任？原因正在于其可以被不信任。与此相应，古典自由主义理论也以不信任为出发点，并认为政府永远存在滥用其权力为自己谋私和侵犯公民利益的风险，如果有专职的不信任者专门监督政府、提出警告或者提供负面信息，现代政府会运作得更好。②美国学者哈丁认为，不信任是政治领域一个"出色的工作假设"。③公众通过制度化不信任可以成为政府的"质量控制者"。因此，这种"不信任"是"健康"的，有利于提升政府的活力与反应速度。④与此相应，现代民主宪政以不信任作为前提性预设，通过设定不信任与信任相互转化的界限，并假定只要没有逾越此界限，政府就是可信的。不信任构成了对信任的反思与监督，有利于政府对各种不满保持警惕，从而及时排除不信任。公民与政府之间的信任关系很大程度上就是建立在对不信任进行界定与排除的制度可能性上的。在法律领域同样是如此，在西方国家，人们对于司法所形成的极为稳固的信任就源于这样一种理

---

① 参见〔波兰〕彼得·什托姆普卡《信任：一种社会学理论》，程胜利译，中华书局，2005，第 187 页。国内学者关于制度化不信任的研究，如上官酒瑞《制度化不信任：内涵、理论原型和意义》，《云南行政学院学报》2011 年第 4 期；陈朋《现代国家治理中的制度化不信任建构》，《天津行政学院学报》2014 年第 6 期；高国梁、摸纪林《政治信任风险控制的法律监督体系构建》，《广西大学学报》（哲学社会科学版）2020 年第 1 期。

② See Russell Hardin, *Trust and Trustworthiness*, Russell Sage Foundation, 2002, pp. 107 – 108.

③ See Russell Hardin, *Trust*, Polity Press, 2006, pp. 159 – 160.

④ See Karen S. Cook, Russell Hardin and Margaret Levi, *Cooperation without Trust?* Russell Sage Foundation, 2005, pp. 70 – 71.

念与实践：法官审判的正当性的前提是法官自身也可以受到审判，中世纪以来，法官不仅受到基督教世界观中"具有恐吓性的象征体系"的制约以及"上帝审判"的监督，而且也受到非常开放与频繁的多种控诉途径的制约，长期的观念与制度演化使欧洲的法官形成了极为廉洁的操守并获得了极大的社会尊重。① 就此而言，"法官审判"的可信性建立在"审判法官"的可能性的基础上。而我们在参照西方国家的制度模式并经过学者的复杂学理论证后，也建立了一套类似的司法制度，然后就要求人们付之以信任。但在实践当中这需要经受人们各种千奇百怪的不信任的考验，将其制度化，并逐步将各种不信任排除掉，信任才有可能建立起来。

对于我国的法治建设来说，制度化不信任对于建构法律信任尤其重要。在中国社会，现代法律制度遭遇了一种近乎先验性的不信任。在缺乏超验宗教防护的情况下，对法律的信任同样也需要遵循从反向出发的论证逻辑：法律系统只有首先承认自己的不可信之处，并建立制度化的不信任排除机制，人们才会"放心"地去信任法律。制度化不信任机制就构成了信任的反思与监督机制，能够防止信任风险的无限扩大。② 法律系统通过对不信任的制度化预先为各种失望安排好相应的行为模式与处理机制，不信任的风险即使发生，也能够被假定是可控的。通过保持信任向不信任自由转化的可能性，系统能够向自身施加必要的压力，使信任能够得到谨慎的维护。法律制度的制定者与执行者如果总是强调自己的可信性，并限制公众的不信任表达，人们在面对他们已经难以理解的法律制度时，只会把法律制度当成一种风险性的存在。在高度反思的现代社会，任何制度话语关于制度有着绝对可信性的声称，都会被认为是一种欺骗。因此，不信任也构成了法律信任的"反省值"。

---

① 参见〔法〕罗伯特·雅各布《上天·审判——中国与欧洲司法观念历史的初步比较》，李滨译，上海交通大学出版社，2013，第 78～82、97～98、107～108 页。

② See John Braithwaite，"Institutionallizing Distrust, Enculturating Trust", in *Trust and Governance*, Valerie Braithwaite and Margaret Levi（eds.），Russell Sage Foundation，1998，p. 356.

制度化不信任除了能够降低系统风险外，也使人们对系统风险有着更大的内在承受力。制度化不信任作为系统信任制度化的自我反思机制，使信任向不信任的转化变得简单与便捷，人们由此能够承受比较大的风险。我们不能总是强调现代法律制度对于中国社会的合理性，而必须首先假定法律制度是有风险的、是不可信的，并将不信任的表达与处理制度化。通过将不信任制度化，我们可以将失误的指责与处理纳入预先安排的轨道之中，使其也成为一种可预期的情况，因此使人们对不安全的期待制度化，有利于人们适应难以完全杜绝风险的法律制度。例如，任何国家都无法保证不发生冤案，[①] 但一个国家的法律制度是否值得信任，并不是完全取决于是否发生冤案，如果没有制度化的不信任机制，也即发生冤案后是否允许进行公开的讨论和批评，是否存在高效、专业、严厉的监督机制，以及对冤案制造者是否公开、彻底的查处，即使这个国家没有任何冤案，该国的法律制度也是不可信的。原因很简单，由于信息与知识上的不对称，大多数人根本无从了解一个实际上没有任何冤案的国家是不是真的没有冤案。

因此，我们也可以看到，制度化不信任本身也传达了一种积极的信号：法律系统能够"诚实"地承认自己的可错性，并虚心接受公众的批评，并就这种批评积极自我改正。这种开诚布公与负责任的态度本身就是一种重要的可信性标志。我们不能确保法律系统是否以及何时会发生运作错误，但我们至少能够确保一种积极纠正错误的诚实态度。相比于不可见的系统风险，这种可见的态度能够使我们相信：即使发生错误也会有纠正的机会。制度化不信任提供了一种底线性的担保机制，其至少能够将难以控制的不确定性转化为可控制的不确定性，使人们相信法律制度即使有失误也会有挽救的余地。这为我们提供了一种极为强大的心理保证。正如日常生活中那些值得信任的人不是那些喜欢"吹牛"、认为

---

① 例如，美国由于辩诉交易制度，冤案数量也非常惊人，参见〔美〕吉姆·佩特罗、南希·佩特罗《冤案何以发生：导致冤假错案的八大司法迷信》，苑宁宁等译，北京大学出版社，2012，第 303~306 页。

自己从不犯错与完美无缺的人，而是那些能够坦诚自己的不足，并愿意接受他人的批评与指正的人。而法律系统通过制度化不信任所传达出来的开诚布公的态度使不确定性的风险以一种可见的方式被降低了。人际交往很多时候实际也借鉴了系统信任的策略与机制，人们可以通过允许对自身的不信任的表达与处理使人格信任的风险得到降低并得以稳定化。当然，由于制度本身的内在逻辑限制，法律系统也不可能完全满足所有人的愿望，形式正义与实体正义多多少少存在一些差距，法律事实与经验事实也多多少少存在一些背离，守法所带来的公共利益与个人利益也并不完全一致。尽管法律制度有这样那样的不确定性，但通过制度化不信任，一种开诚布公的外在态度总是可以确定的。从心理学的角度来看，这种"诚实"的态度能够赋予人们在面对不可知的事务时以极大的安全感，以及增加对不确定性风险的心理承受力。因为人们能够假定事态是可以控制与改变的。制度化不信任所展示出来的诚恳态度也使这些源自法律系统固有的功能瑕疵的冤假错案更容易被公众所接受。

## 第二节　制度化不信任对法律信任的稳定化

制度化不信任是系统信任风险的自我控制机制。进一步来说，制度化不信任的功能可以区分为两个方面：一方面是对法律信任的稳定化；另一方面是对法律信任的去人格化。对于法律系统这样一种高度抽象与复杂的社会系统，人们极为多样性的个人体验与系统的普遍制度承诺极有可能是脱节的，人们基于自己的知识与立场对法律系统的各个运作环节都有可能提出各种不信任。由于认知局限性，人们只能基于有限的经验来判断抽象系统的可靠性，人们通过将有限的经验符号化，从而简化自己对法律系统的认知，而基于符号的认知是高度敏感的。这就可能使法律信任显得极不稳定。但法律系统作为一个保障复杂社会交往安全的社会系统，必须提供一种"反事实的稳定期望"（counterfactually stabilized expectation），① 由此避免法律系统不可避免的不可信之处对人们普遍安全感的破坏。不信任涉及的问题很多时候实际是很难解决的，将不信任制度化虽然不能绝对保证系统的运作不会出现任何问题，但通过自我反思、自我纠错的"诚恳"态度，就能够将大多数不信任消解掉，形成一种一般化的规范性态度。最终，虽然法律系统仍给个人带来各种损失与失败，却能够被人们一般性地信任。制度化不信任作为反向的信任建构策略，使各种五花八门的不信任不会颠覆人们对法律的稳定期望，从而能够将法律信任稳定下来。另一方面，制度化不信任也有利于遏制人格信任在系统内部的泛滥，这实际上也有利于法律信任的稳定化。当人们对法律很无知，为了和法律打交道，又不得不谋求对法律的信任时，人格信任往往是一种不自觉的次优选择。但人格信任本身也会构成法律风险，因为人格信任会破坏法律的客观性与稳定性，使法律的制度承诺因人而异、因事而异，这会导致人们对法律的系统性不信任。任何制度都是由人在运作，我们在和法律系统打交道时首先面对的是一个个独特的人。人与人之间首先形成的是小型的互动系统。而基于特殊互动语境的人格信任也极有可能在人们与具体的系统角色打交道时滋生泛滥，从而破坏法律系统的抽象性与普遍性。按照卢曼的理论，法律系统作为社会子系统对"否定"具有一定的"免疫力"，而"否定"在互动系统中则会导致冲突。② 人格信任与系统信任实质就是互动系统与社会系统的差异。互动系统中的不信任会导致对人格的否定，难以在道德上为个人所接受，正所谓"信人不疑，疑人不信"。而法律系统是匿名的，对不信任有一定的免疫力，因此允许不信任表达的存在，例如，对法院判决的上诉属于法律系统的常规程序，不构成对法官人格的否定。人格信任由于排斥不信任的表达与处理，难以有效控制法律系统的风险。制度化不信

---

① See Niklas Luhmann, *Law as a Social System*, translated by Klaus, A. Ziegert, Oxford University Press, 2004, p. 149.

② See Niklas Luhmann, *Social Systems*, translated by John Bednarz, Jr. with Dirk Baecker, Stanford University Press, 1995, p. 423.

任的目的之一还在于使法律信任"去人格化"，使不信任的表达与处理在法律系统内部成为一种常态，使人格信任难以庇护违法行为、消解法律系统的功能。

## 一　制度化不信任作为法律信任的稳定机制

由于大多数人的认知局限性，人们对法律系统的信任或不信任很大程度上是基于有限的符号信息所做出的判断，这一方面简化了我们对法律系统内在可靠性的判断，但另一方面也使我们对法律系统的信任变得极为不稳定。而法律系统面对的极为复杂与多样化的不信任又加重了这种不稳定。法律信任介于知与无知之间，是基于有限信息对未来的冒险推断与假设。信任是一种"信息透支"，超越其收到的有限信息，去冒险地界定未来。信任对于法律系统的运转之所以必要，恰恰是因为我们对于法律的无知。[①] 大多数人由于对现代法律制度的原理与构造的无知，只能通过对现实经验的粗糙提炼，挑选出某些认知成本比较低的信息，作为判断法律系统可靠性的关键依据，并将其符号化与象征化。这些符号化的信息虽然并不代表法律制度整体，但在无知的情况下，我们也只能以这种高度简化的方式来判断法律制度的可靠性，因为符号能够将意义上升为一种"强烈的确定效果"，[②] 因此大大降低我们的认知负担与心理负担。这些符号化的信息大多来源于日常生活中的常识或道德知识，如一个有婚外情的法官也足以让人否定其在专业上的公正性与可靠性，一个佩戴昂贵名表的官员也足以让我们怀疑其在公共决策中能否廉洁奉公，一个出入夜总会的执法者也足以让人们怀疑其执法上存在腐败的可能性，少数有着明显道德内涵的刑事冤案就足以会让我们怀疑司法制度的整体可靠性。作为外行，多数人并不能基于深厚的法律知识与充分的信息来判断一个国家的法律在整体上是否公正可靠，但只要出现类似于聂树斌

---

① 参见〔英〕安东尼·吉登斯《现代性的后果》，田禾译，译林出版社，2001，第78页。

② 参见〔英〕A. N. 怀特海《宗教的形成/符号的意义及效果》，周邦宪译，贵州人民出版社，2007，第92页。

案的道德化信息，人们就会根据这些有着高度象征性意义的信息符号否定司法整体上的公正性。

由于法律信任是通过符号得到控制的，符号在使法律系统的可靠性易于辨识的同时，也产生了特有的敏感性。符号具有高度象征性，其能够使人们在不顾及符号所指向的终极事务的情况下，非常直接地引发激烈的反应，公众常常因为一个符号上的微小谬误而对整个法律过程全盘否定。例如我国很多的公共法律案件，如邓玉娇案、胡斌交通肇事案、钱云会案、于欢案等，在社会舆论当中所引起的跌宕起伏，往往都是一些微不足道的瑕疵导致的结果。在中国的社会道德语境中，这些瑕疵具有高度的象征性意义。公权力、巨贾、裙带关系这些无论是在传统文化中，还是在现代中国，都构成了人们谴责社会不公的常用的认知落脚点，与这些因素相关的信息在法律领域也都构成了信任向不信任激烈转化的符号与阈限，人们对这些符号化的信息有着高度的敏感性，一旦出现这些信息，人们就可能不分青红皂白地全盘否定法律的可信性。与符号化的信息相比，公安机关所公布的相对比较可靠的事实证据则乏人问津。

由于符号的效果，法律的信任与不信任之间的逆转常常具有戏剧性的特征，一个微不足道的错误就足以颠覆既有的信任关系，一朝事发，全盘皆输，毫不留情，在符号的控制下，信任遵循"全赢或全输"的原则，符号的简单性往往会导致与符号所指范围极不相称的整体性后果。符号的效果往往具有冷酷无情的严格性，正如前面提到的几个公共法律案件，执法机关往往因为一个微不足道的行为、事件或一些捕风捉影的传闻，所有的努力变得一文不值。而执法机关也百口莫辩，因为其无法还原过去的历史，也无法将自己侦破案件的幕后辛苦以道德上具有感染力的方式让公众接受。

我国的法律信任之所以有着波动，很大程度上就是我们缺乏制度化的不信任机制。不信任在被制度化后可以说是一种稳定符号认知的符号，其通过对信任的任何风险进行"兜底化"的处理，能够使负面信息符号不再具有重要的象征性意义，从而不会导致过大的失望。由于缺乏对不信任的严格、全面的制度化，社会舆论与公众心理当中源自实际生活但又千奇百怪的各种不信任无法得到法律系统的有效吸收，进而在符号化信息的刺激下以一种极为情绪化的方式释放出来，导致法律信任的极端不稳定。对上述冤案以及各种争议案件，在中国的法律制度中，还找不到一种通畅的、可以让当事人与公众自由表达质疑、控诉法官与执法者以及能够得到及时回应的渠道。也就是说，我们并没有建立可以"审判法官"的完善的制度化不信任。这时人们在法律的"无知之幕"的背后，只要抓住一点蛛丝马迹，就会爆发出如潮般的愤怒。从认知心理学的角度来看，这实质是人们在对法律非常无知的情况下用情感替代事实的一种本能反应。法律系统内部制度化不信任机制的效率甚至远不如那些知名的企业。很多知名企业在发生质量事故后，会第一时间派人和消费者沟通，调查原因，如果存在过错，会及时道歉与赔偿，这时哪怕产品质量有问题，消费者的怒气也被这种诚恳的制度化不信任消弭于无形。类似于法律这样的抽象系统，其必然会或多或少脱离日常生活语境，各种令人不满意的事件必然时有发生。法律的运作也不可能完全如行云流水，没有任何错漏与反复。因此，如果任由这些来自日常生活常识与道德直觉的容易攫取的符号化信息来左右人们对法律运作可靠性的判断，法律信任必然是极度情绪化和不稳定的。为了避免这种符号的敏感性对法律信任造成的激荡，使对法律的不信任情绪能得到理性疏导，以及维护法律的尊严与权威，我们需要通过制度化不信任将高度敏感的法律信任转化为能够保持动态稳定的制度化信任。我们需要将事中、情绪化、以结果为导向的不信任表达转化为以事后、理性、以程序为导向的制度化不信任，将司法体制外道德色彩鲜明的被动型纠错机制，转化为司法体制内客观、匿名的自我激发型纠错机制，从而使符号化信息所引发的风险意识与不信任情绪及其处理变成法律系统内部的一种可预期状况、一种程序化的常规性操作，符号上的指示由此变得不再具有颠覆性意义。制度化不信任使那些不信任符号所指示出的运作错误变得可以接受，并能够得到制度化的处理，即使有发生错案，也不会导致公众对法律的极度失望，并能够通过纠错机制重建对法律的信任，从而将法律信任维持在动态的稳定当中。

## 二 制度化不信任对法律信任的去人格化

法律信任应当是一种系统信任，人们信任的是制度而不是个人，在系统信任中，不信任被制度化了，制度化不信任使公众对制度角色的批评与指责非人格化与非道德化了，从而使基于不信任的追责更易于被个人所接受；而在人格信任中，批评和指责往往关涉个人人格，往往不容易被个人所接受，因为这会导致对个人人格的整体性否定，从而使个人失去社会正当性。就此而言，制度化不信任使制度角色更容易忍受不信任的表达，保证了制度的自我反思的稳定性，从而也保证了制度对于各种不可信现象追责的严格性。

进而言之，制度化不信任有利于消除人格信任所带来的风险与不稳定性。法律系统对于大多数人如同"黑箱"般存在，人们对法律有着高度的无知，为了克服由此带来的不安全感，人格信任往往成了人们不自觉的次优选择，因为人格信任相比于系统信任更容易被个人所培育与控制。我们通过将对复杂系统的期待简化到个人身上，由此来简化自己的认知，进而获得安全感。在此过程中，人们对信息的选择与符号化因偏向于人格信息而容易形成人格信任模式。不论现代法律系统如何抽象复杂，人们对其是如何的无知，我们在和法律打交道时都面对的是一个个具体的人，人格信任因此倾向于成为降低法律风险的替代方式。但人格信任容易庇护徇私枉法，消解系统信任，特别是在中国这个关系社会，人们极有可能以个人承诺替代制度承诺，以个人信任代替系统信任，最终导致法律制度失去其普遍的可信性。如大部分腐败行为可以被视为人格信任对系统信任的渗透与破坏，通过裙带关系、人情关系之类的个别性互动来建立人格信任，进而破坏系统所代表的匿名性、客观性与公正性。法律要实现值得信赖的公正性，必须对不信任进行严格、全面的制度化，从而能够"铁面无私"地将各种不可信行为与现象排除掉。系统信任通过不信任的制度化使人格信任所难以接受的不信任表达与处理得以可能，从而极大增强系统的内在可靠性与稳定性。系统信任的特质就在于其内在地要求不信任的公开表达与制度化处理，从而通过对不信任的制度化，实现系统的非人格化与非道德化。

　　人格信任指向的是一个人人格的整体可信性，这使人格信任很难接受不信任的公开表达。人格信任关涉对个人的道德判断，实质是一种道德上的可信性。卢曼认为，道德沟通中表达出来的对人的尊重与藐视是一种涉及个人的整体性判断。[①] 道德判断不仅仅关涉一个人的某一个部分，个人在道德问题上是作为一个整体被考虑的。如果一个人道德上值得尊重或藐视，那么他的所有行为都被会尊重或藐视，道德上否定一个人实际上就意味着否定该人人格的整体可信性，这使道德沟通往往变得很难妥协。"以道德的方式涉入的人，很难做出让步，因为是以他的自尊为赌注"，[②] 如果让步，就意味着否定自己人格的完整性。道德的这种特征延伸到人格信任关系中，就意味着不信任的公开考虑与表达很难被容忍，因为不信任往往带有一种道德上的羞辱性。[③] 对他人人格的不信任往往意味着认为他人人格是不完整的，是表里不一与虚伪的，这是一种道德上的羞辱，个人在情感上很难接受。因此，人格信任要求一种"盲目的忠诚"。在人格信任中，无论是信任的表达还是不信任的表达，都有一定的破坏作用，都足以透露出潜在的不确定性。[④] 在人格信任中，信任的必要性、根据或理由一旦被公开谈论，就足以向人们暗示：信任关系其实不单纯，需要重新定位。这实际上已经是不信任的一种标志了。即使

　　① 参见 Georg Kneer/Armin Nassehi，《卢曼社会系统理论导引》，鲁贵显译，台湾巨流图书公司，1998，第 240~241 页。

　　② 参见〔德〕尼克拉斯·鲁曼《生态沟通：现代社会能够应付生态危害吗?》，汤志杰、鲁贵显译，台湾桂冠图书出版公司，2001，第 220 页。

　　③ See Niklas Luhmann, *Trust and Power*, translated by Howard Davis, John Raffan and Kathryn Rooney, John Willey & Sons Ltd, 1979, p. 34.

　　④ See Guido Mollering, "The Trust/Control Duality", *International Sociology*, Vol. 20, No. 3, 2005, p. 296.

我们向他人表达"我相信你"，也足以使他人怀疑这种表达可能隐含着言外之意，这意味着信任的理由需要被重新考虑。在人格信任中，信任的表达也会破坏"盲目的忠诚"。我们在人格信任中一般并不表达、反思或计划我们的信任，更不能公开性地表达不信任。这一点和内含制度化不信任的系统信任存在显著不同，制度化不信任是系统信任的自我反思机制，使不信任的表达变得公开化，这一方面使人格信任不至于过分泛滥，另一方面却没有破坏系统信任，因为制度化不信任本身就构成了系统信任的制度符号，因为人们是基于制度化的不信任来信任制度系统。当然在基于制度化不信任的法律信任的层面，信任同样也是非反思性的，如果我们对制度化不信任本身提出质疑，那么同样也意味着法律信任的丧失。但无论如何，制度化不信任使系统信任比人格信任对不信任的公开表达有更大的承受力。

因此，人格信任关系中的不信任表达会破坏人格信任本身。例如，在一个威权主义国家，大部分决策权被集中于某个人或某几个人手中，这导致系统信任很难建立起来，因为人们相信主宰系统的不是匿名化的功能与规则而是个人，对于统治者与被统治者来说，必须通过人格信任来建立对法律的信任，也即从个人的道德品质、人格魅力角度来宣传与建立法律的可信性。但人格信任很难容忍不信任的表达，对于独裁者来说，任何不信任的公开表达都是一种人格上的侮辱。因此，我们也能够理解为什么在这种国家统治者要限制言论自由：因为言论自由中包含的不信任表达是对统治者人格整体性的破坏，这最终导致我们常说的合法性的整体丧失。法律领域也是如此。我国各级法院举办的形形色色的关于"人民好法官""优秀法官""我最喜爱的好法官""全国模范法官""心系百姓的好法官"的宣传与评比，目的也在于建立法官在道德品质和人格魅力上的可信性。但其问题在于：因为人们面对的是一个极度复杂、抽象的系统，而不是某一个或某些法官，个别法官很难塑造系统信任，对个别法官的信任很难扩展到整个法律系统。在人格化的法律信任中，不信任的公开表达对法律系统的代理人往往也极具"杀伤力"，正如我们在各种社会舆论争议案件中所看到的，公众在对司法的不信任表达中往往指向法官或执法者个人，而且是情绪化与羞辱性的。① 法律系统虽属于匿名化的复杂系统，但很多情况下以人格信任的模式被公众与当事人所对待，不信任的指责会极大地损害法官个人的尊严与人格。而更关键的是，在公众的直觉与观感或者说在社会认知当中，法官此时也会被认为毫无尊严，社会公信力丧失殆尽。此处的核心要点在于，不信任的表达因此不仅破坏了法官的自我认同，也破坏了社会认同。法官的职业荣誉感也很难得到保障，这导致其也很难成为令人信服的正义代言人。

系统信任中的不信任表达则不会导致这种破坏性后果。对不信任的制度化有利于实现法律信任的去人格化，系统内制度化的不信任表达不涉及系统内角色的人格完整性，不会被视为对人格尊严的个人攻击，而是被视为系统自我激发的制度反映。② 不信任的表达不会招致个人的敌意与反弹，因为在不信任制度当中，不信任的控制者仅仅是在履行制度赋予的职责，而不是在个人层面上不信任他人。③ 表达不信任的个人不再是冒个人的风险，而是冒系统的风险，有利于激励个人积极举报、控诉他人的不可信行为。制度化不信任也因此使道德评价与道德批判"中立化"。制度化不信任可以使法律变得"铁面无私"。不信任的制度化意味着对法律系统代理人的不信任不是出于个人的报复与敌意，不是一种人格羞辱，而是制度的客观要求，这使不信任的制度处理者不必顾忌道德上的压力，放心大胆地打击各种违背正式制度承诺的行为。因此，不信任的制度化有利于避免安·米歇所谓的"庇护主义"（clientelism），④ 因

① 关于这一点，我们找出任何一个有舆论争议的案件的网络报道及其后面的跟帖，都能够发现网民对法官与执法者的侮辱与谩骂。

② See Niklas Luhmann, *Trust and Power*, translated by Howard Davis, John Raffan and Kathryn Rooney, John Willey & Sons Ltd, 1979, p. 93.

③ See Roy J. Lewicki, Daniel J. McAllister and Robert J. Bies, "Trust and Distrust: New Relationships and Realities", *The Academy of Management Review*, Vol. 23, No. 3 (Jul., 1998), p. 454.

④ See Ann Mische, "Spotlight: Distrust in Democracy: Complex Civic Networks and the Case of Brazil", in Tilly C. (eds.), *Contention and Trust in Cities and States*, Springer, 2011, pp. 355 – 359.

为比较亲密的人格信任网络往往容易消解与分割国家的正式制度。由于人格信任所内含的情感认同，人格信任有时被作为一种操控的工具，目的在于向被信任者强加实际上并不愿意接受的心理负担与压力。[1] 这往往是裙带关系与腐败的来源。只有通过不信任的制度化才能打破这一点。如果将其放到中国这样一个关系社会，则不信任的制度化能够避免人际关系中的尴尬，从而能够减少人格信任对处理不可信行为的"人情"压力与"面子"障碍。对于中国这样一个偏重关系互惠的社会，为培养人格信任而在"人情"上所进行的精神与物质"投资"，会对他人产生要求物质与精神回报以及"给面子"的期待，[2] 这使人格信任变成一种人情负担与道德压力，正如俗话所说的"人情大于债"。我们和熟人做生意往往因碍于人情与面子而不方便提出批评，而和陌生人做生意反而没有这方面的顾忌。对不信任表达与处理的制度化对于中国这样一个人情关系非常浓厚的国家建立严格的法治是非常必要的。

通过制度化不信任对法律信任的去人格化以及对道德评价的中立化，实际上也是对法律系统代理人尊严的一种防护。任何制度都存在风险，都有可能发生错误，但如何使对法律系统失误的公开指责不会变成对系统代理人个人人格的损害呢？如在政治领域，在允许不信任表达的民主国家，政府领导人可以对各种批评"一笑了之"，甚至在面对各种羞辱时可以变得"厚颜无耻"；而在不允许不信任表达的威权国家，统治者却无法忽视不信任，而必须进行反击，否则就会丧失合法性。法律领域的道理也非常类似。在社会认同中，不信任的表达会破坏法官与执法者的社会公信力，而通过对不信任的制度化可以使不信任的表达理性化与规范化，其非人格化与自我激发的特征有利于将公众对法官与执法者的公开指责与对他们的道德品质和道德尊严的攻击隔离开来，因此也有利于维护法律在系统层面的尊严与权威。公众有了表达与处理不信任的正当渠

---

[1]　See Fernando Flores and Robert C. Solomon, "Creating Trust", *Business Ethics Quarterly*, Vol. 8, 1998, p. 207, 226.

[2]　参见翟学伟《人情、面子与权力的再生产》，北京大学出版社，2013，第 206 ~ 207 页。

道，而且受到制度的鼓励与欢迎，会使社会舆论与当事人对法官与执法者的批评一般不会被认为是一种人格羞辱，而是被视为一种客观化的制度操作。

我国党政体制的组织特征特别能够反映出制度化不信任对遏制人格信任泛滥的重要性。在我国的党政体制内部，尽管也建立了各种制度化不信任机制，如纪委、监察机关、反贪局，直到现在的监察委，但对不信任的公开表达与处理有着天然的排斥性。中国共产党是一个有着共同意识形态与结构原则的组织，在战争年代的严酷环境中，形成了忠诚与团结这两种基本的道德素质要求，直至今天仍然体现于各种党内法规与制度当中，① 进而也扩展至政治系统与法律系统当中。由于上述原因，法律关系容易被人格化，系统信任被异化为人格信任。为强化党员人格的可信性，同志关系也被塑造成一种类似于兄弟关系的功能替代物。因此，共产党组织作为一种协作系统，其可靠性尽管一方面依赖于组织内部客观化的规章制度，但另一方面则非常依赖于情感性的人格信任。人格信任对于实现共产党组织的目标与任务来说是必要的，因为远大的政治理想与高标准的政治伦理要求党员做出超额的个人奉献与牺牲，而党内规范因过于理性化就很难保证这一点。因此，共产党组织在其组织与人事制度中，会对党员个人人格与人品进行具体、严格的考察，要求建立以团结和忠诚为情感纽带的同志关系，强调某种不计个人得失与坚持不懈的情感投入，并将组织的可靠性建立在高尚人格以及类似于熟人社会的群众考察与监督的基础上。如果党组织的规模不是很大，人格信任的风险还是可控的。但随着组织变得越来越庞大，党组织和政府已经融为一体，这时党组织开始逐步向大型政治系统演化，组织内部的行为与风险其实已经开始超出既有规范机制与组织机制的控制能力，因为党组织系统的复杂性远超个人人格所能够担保的。这时则需要对不信任进行严格、

---

① 例如，《中国共产党章程》第3、35、36条；《党政领导干部考核工作条例》第8条；《关于新形势下党内政治生活的若干准则》第十部分。

全面的制度化，由此来控制组织的风险。尽管很多党内法规鼓励批评与自我批评，但在实践当中，不信任的公开表达在党内组织关系中是严重的忌讳，会破坏党组织的一致行动与团结形象。

而且党内的组织生态还为人格信任提供了"优良"的培育环境，而人格信任又容易消解组织与系统的束缚，侵害组织系统的整体利益。如在各种会议与官方活动的沟通与互动中，在制度化不信任部门与其他部门的人事流动中，以及由于党内关系的团结要求，关于不信任的制度规范的客观性容易被大大削弱，使监督与反腐往往成为碍于人情面子的事务，并导致很多纪检部门的不作为。党政体制为制度化不信任部门与被监督部门提供了沟通与交流以及培育人格信任的环境，从而使人格信任在政治系统与法律系统成了一种普遍现象。这使得对不信任进行制度化处理的专门机关在查处同行的违法违纪行为时会产生巨大的道德压力。最终"好人主义""一团和气"就可能盛行。其实，中国共产党对党政机关内各种非正式的人格信任机制与现象是非常警惕的，如《中国共产党章程》《中国共产党纪律处分条例》《中国共产党问责条例》《中国共产党党内监督条例》等党内规范都规定了要杜绝与禁止"派别组织""小集团活动""组织秘密集团""团团伙伙""拉帮结派""结党营私""培植私人势力"，或者所谓的"好人主义""一团和气"；等等问题。①这些问题的产生部分是因为党内团结所依赖的人格信任本身就带有突破系统信任的倾向。《中国共产党党内监督条例》《中国共产党纪律检查机关监督执纪工作规则》都强调"信任不能代替监督"，并要求将信任激励与严格监督、严管与厚爱结合起来。②但在党内组织系统内，两者是存在一定冲突的。党组织作为一种组织，必须首先维护组织与行动的统一性，

① 例如，《中国共产党章程》第3条；《中国共产党纪律处分条例》第52条；《中国共产党问责条例》第7条；《中国共产党党内监督条例》第6条；《中国共产党组织处理规定（试行）》第7条。

② 参见《中国共产党党内监督条例》第3条；《中国共产党纪律检查机关监督执纪工作规则》第3条。

团结原则始终是高于监督原则的。党政体制内制度化的不信任表达与处理机制必须在党政机关内有效地建立起来，尽管有其难度，譬如党内有纪委组织，也有各种监督规范，但我们也要看到这些制度化不信任很容易在各种关系性考虑中被软化的可能。但为了严厉惩治腐败，实现"从严治党"，庞大的党组织系统需要建立对自身的严格监督机制。

# 第三节　法律领域中制度化不信任的结构层次

什么样的制度化不信任才可以有效地吸收人们对法律的各种千奇百怪的不信任情绪呢？虽然大多数人对于现代法律制度的基本原理与内在构造缺乏了解，但大多数人也会基于自身可以掌握的非专业化知识来做出对法律的内在可靠性的判断，这使对法律的不信任可能呈现为一种极为复杂的多样性，因此，制度化不信任要能够有效地吸收法律系统的风险，必须有着足够的广度。具体而言，制度化不信任应当是全面而又严格的，应包括以下三个结构层次。

## 一　精确化的不信任界定

制度化不信任首先需要精确界定信任与不信任之间的界限，这需要契合于人们基于生活常识与道德常识对法律所形成的判断标准。长期生活于西方法治国家的人都可以体会到，西方的法律制度经过几百年的发展，已经变得非常精细，这种精细几乎涵括了生活中任何一种不可信或让人产生不确定感的情况，这实际上也是对信任与不信任的高度精确化的界定。我们现有的诉讼法、行政法、法官法、反腐败法律、权力清单之类的制度也可以被视为对信任与不信任之间界限的一种界定，其在一定程度上可以让人们假定只要没有超出这些规范的范围，就可以被认为是可信的。但很明显，在前述所提到的很多争议性案件中，司法机关与执法机关的行为即使没有违反上述法律，仍然无法取得公众的信任。例如，《法官法》第46条规定了处分法官的十种情况，但这些情况难以完全概括可能破坏当事人与公众对法官的信任的复杂情形。现实当中很常见的种种其他情形，如法官在法庭上言辞粗鲁，不尊重当事人与律师，态度存在偏向性，衣冠不整，仪态随意；等等，都无法得到有效的处分，导致当事人与公众往往对法官印象恶劣。而由于当事人与公众对法律的不了解，这些外在的粗浅的符号信息往往极具象征意义，这就很大程度上决定了人们对法律可靠性的整体判断。总体上来看，现有的法律规范相比于现实当中信任与不信任的复杂性还是略显粗糙，难以完全界定出什么时候应当信任，什么时候不应当信任。因此很多时候，当人们无法信任法律时，却投诉无门。因此，我们需要根据现实生活中人们对法律关于信任与不信任的直觉制定更加详细的规则。在这方面尤其重要的是，我们需要深入研究人们是如何根据道德来判断法律的，因为对于大多数没有学习过法律知识的公众来说，他们会根据生活中的道德常识来判断法律的可信性。道德来自日常生活经验，是一种高度直觉化的知识，[①] 相比于高度专业化的法律知识，道德知识在认知上能够达到一种不假思索的地步，类似于黑格尔的说法，道德是一种"第二天性"。[②] 我们很多时候会不自觉地根据道德标准来评判世界。按照社会心理学的理论，道德是一种自动化的认知"图示"，[③] 能够作为一种认知成本较低的认知模式，来观察与理解较为复杂的现象。道德也构成了胡塞尔所谓的"生活世界"的主要背景知识，而"生活世界"有着绝对的明确性，总体化的力量以及背景知识的整体性。[④] 道德知识在现代社会有一种整体性的力量。尽管现代社会是一个高度功能分化的社会，道德也退缩为一个特殊的功能领域，但由于道德作为多数人共有的自明和整体的背景知识，产生了一种其他知识所没有的整体化效果，道德作为得到预先认可的潜在的先验前

---

① 参见〔英〕休谟《人性论》（下），关文运译，商务印书馆，1996，第498、510页。

② 参见〔德〕黑格尔《法哲学原理》，范扬、张企泰译，商务印书馆，1961，第194页。

③ 参见〔美〕Elliot Aronson、Timothy D. Wilson、Robin M. Akert《社会心理学》，侯玉波等译，中国轻工业出版社，2007，第49页。

④ 参见哈贝马斯对胡塞尔的"生活世界"概念进一步阐发，〔德〕于尔根·哈贝马斯《后形而上学思想》，曹卫东等译，译林出版社，2012，第79～80页。

提以及作为显而易见的直觉与常识具有解释一切专业问题的趋向。因此，道德在现代社会提供了这样一种可能：对无知进行沟通。① 从更广泛的意义上来说，是无知的替代品。"人们借着道德使自己免于显而可见的无知，因为道德上的较好的意见可以以它自己的论证来证实自己。"② 道德作为一种克服无知的方式，能够以规范代替事实，往往就成为无法说清楚的专业问题的替代品。当人们缺乏充分信息与知识时，就会进行道德判断。③ 在很多情况下，人们正是根据道德来判断法律是否值得信任，一个私德存在问题的法官，在专业上是很难让人相信其法律决定是公正与可靠的，因为道德信息的认知成本比较低，可以作为街头巷尾与茶余饭后的谈资，人们更容易由此来判断法律是否值得信任，即使私德问题和专业上的可靠性并无必然联系。道德由于来自日常生活中的丰富经验，相比于法律更加细腻，有着远超法律的出色辨别力，④ 能够非常敏锐地发现不可信之处。因此，制度化不信任机制除了必须处理那些由现有成文法律所界定出来的重要的不信任情形外，也必须处理那些基于日常生活常识与道德直觉所表达出来的不信任，如法官与执法者是否存在婚外情、酗酒、生活奢侈、不当应酬、作风粗暴、言辞失当、性格偏执、文书错字连篇、工作不严谨，以及其他可能在规范边缘"打擦边球"的种种不道德行为。上述不信任也必须能够得到专门化的处理，可以通过制定广泛而又详细的职业道德规范、法律规范与党内法规，或细化现有的各种法律规范，来准确地界定与排除。由于信任是通过符号得到控制，而且这些符号信息来自生活常识，非常便于获取，任何认知成本较低的微不

---

① 参见〔德〕尼克拉斯·鲁曼《对现代的观察》，鲁贵显译，台北远足文化事业有限公司，2005，第180页。

② 参见〔德〕尼克拉斯·鲁曼《对现代的观察》，鲁贵显译，台北远足文化事业有限公司，2005，第194页。

③ See David M. Messick and Kramer, "Trust as a Form of Shallow Morality", In *Trust in Society*, Edited by Karen Cook, Russell Sage Foundation, 2001, p. 103.

④ See Niklas Luhmann, *Trust and Power*, translated by Howard Davis, John Raffan and Kathryn Rooney, John Willey & Sons Ltd, 1979, p. 37.

足道的信息都有可能被符号化与放大化，从而严重影响人们对法律整体可靠性的判断。来自生活常识与道德直觉的不信任符号也必须得到不信任的制度化排除机制的排除。因此，对法律是否值得信任的标准必须参考道德进行细化、精确化。

## 二 自由化的不信任表达

信任是将自己的重大权益托付给他人的自由裁量权，从而减轻自己的认知负担与行为负担。但如果是不信任，那么意味着行动者对于他人保持高度的怀疑与警惕，由于不放心他人，行动者就必须亲自做出判断与决策，这要求其必须亲自收集信息与知识，亲自思考，这往往给其带来难以承受的信息负担与心理负担，最终在情感上表现为极度的紧张与狂乱。① 这一点在我国的公共法律案件中表现得非常明显，公众往往对那些有疑问的涉及重大正义问题的案件忧心忡忡甚至对法官与执法者心存疑虑。这实际上都是不信任所引发的情感反应。为此，为了使法律系统能够有效地消解、吸收不信任，必须允许自由化的不信任表达。从制度的角度来看，这要求控诉的普遍可能性。这要求对法律运作各个环节只要有疑问都可以表达不信任，而法律系统的复杂性早已超出了个人的控制能力，其运作必然存在各种不尽如人意之处。法律信任的建构并不是单向的过程，并不能先验地假设某种法律制度就是值得信任，不能停留在精英话语的说教与宣传中，必须经受公众的不信任情感的考验。由于多数人并不具备法律知识，其对法律系统内在可靠性的判断往往基于法律本身扫描不到的信息、知识与直觉，只有允许不信任的自由表达与控诉，才能将不信任都释放出来。人们基于自身的丰富生活经验，对法律系统提出的不信任是极为多样化的。实际生活的复杂性远超越成文法律规范所能体现的复杂性，而不信任表达的自由化有利于缓解情绪，防止

---

① See Niklas Luhmann, *Trust and Power*, translated by Howard Davis, John Raffan and Kathryn Rooney, John Willey & Sons Ltd, 1979, pp. 71 - 72.

冷冰冰的法律条文对人们的内在情感的忽视，有利于人们根据自己的复杂多变的生活经验表达自己的情感。正如前文提到的反向逻辑，自由化的不信任表达的意义在于通过对不安全感的承认来帮助人们形成对法律系统的安全感。如果形形色色的不信任无法表达出来，信任也就无法从不信任当中区分出来，也就很难确立。这也是现代社会从反面建构合法性的思想逻辑在政治领域与法律领域的体现。对于外行来说，法律系统几乎就是一个"黑箱"，其抽象性与合理性超出了他们的认知能力，人们在向法律求助后，可能得到的是意料之外的结果，利用法律可能是一件"冒险的事情"。[①] 法律系统存在着大量的不可信之处，而且在制度上很难避免。对不信任的制度化所能做的就是将秘密的不可信之处转化为公开的不可信之处，从而将不可控制的不确定性转化为可控制的不确定性。正如西美尔所说，秘密虽然并不与恶有直接的关系，恶却与秘密有着直接的关系，[②] 我们虽然看不见被掩饰的秘密是什么，却能看见"掩饰"这一行为本身，"掩饰"这一行为本身是不可掩饰的。这就足以导致信任的崩溃与不信任的爆发。

## 三 专门化的不信任处理

前文已经提到，制度化不信任本身就是一种重要的可信性符号。系统中制度化不信任机制的功能应当是专门化的，只有专门化才能形成公众易于识别的符号与标志，才能成为信任推断的信息基础。专门化要求法律系统内部的不信任的处理必须建立独立的功能与程序，由此才能形成比较简单、公众因此能够进行直觉判断的制度信息，进而才更容易形成对法律系统的不信任功能的信任。不信任处理的专门化也意味着"审判法官""审判执法者"的普遍可能性，对于执法机关与司法机关的任何

---

[①] 参见〔美〕萨利·安格尔·梅丽《诉讼的话语——生活在美国社会底层人的法律意识》，郭星华等译，北京大学出版社，2007，第 5 页。

[②] 参见〔德〕盖奥尔格·西美尔《社会学：关于社会化形式的研究》，林荣远译，华夏出版社，2002，第 260 页。

可能微不足道的不可信之处，都应当有专门的机构与程序进行调查与处理。信任推断的信息基础是符号与象征性的，这有利于防止微小的不信任信息长期的积累导致的对法律信任的根本性破坏。对中国法律系统来说，要形成对执法机关与司法机关的信任，需要专门化的法院、检察院与监察委，而法院、检察院与监察委又互为专门的制度化不信任。同时，在这些比较核心的制度化不信任机制之外，各执法机关与司法机关内部也应建立程序要求较低但比较便捷的制度化不信任机制，如日常性的投诉与处理机制，并应具有必要的独立性，从而能够快速地处理公民的各种不信任，消解不信任的情绪。① 我们不能完全依赖于那些核心的制度化不信任机制来吸收公众极为多样化而显得比较琐碎的不信任，执法机关在其内部也必须建立针对日常工作的专门化的不信任吸收与处理机制。不同的制度化不信任机制之间由此形成一种相互不信任的循环与连锁，从而形成对彼此可信性的相互担保，最终实现对法律的系统信任。而且，不同监督机构之间、监督机构与其内部的自我监督机构之间应保持制度空间上的距离，极力避免不必要的人事流动或日常性互动与沟通，防止形成人格信任。整体上来看，法院是法律系统可信性的终极担保，也是法律系统最重要的制度化不信任机制，没有对法院的信任，就没有对法律系统的信任。这需要建立高度专门化、有着高度可辨识性的司法制度，使人们相信在遭遇不可信时总是可以寻求法院进行辨别与处理。这需要赋予法院强大而又独立的地位，塑造法院廉洁公正的专业形象。但法院的可信性同样需要其他的制度化不信任机制的监督与保障，作为法律系统的核心组织，法院长期以来缺少能够对其不可信之处进行广泛排除的专门制度机构，检察院、监察委与人大都承担一定的监督法院的功能，但这种监督都太过于粗糙，而主要限于贪污受贿、枉法裁判之类较为严重的不可信行为，很难排除源自生活的丰富的道德常识的不可信行为。因此，有必要为法院建立一个广泛深入的制度化不信任机制，这需要赋

---

① 参见尹健《狗咬人事件不能止于道歉》，《中国纪检监察报》2021年11月22日，第2版。

予现有的法官惩戒委员会更广泛的职权。法官惩戒委员会目前只能处理《法官法》第46条规定的"故意违反法律法规办理案件"或者"因重大过失导致裁判结果错误并造成严重后果"的案件，职权范围还远远不够。因此，我们需要大大扩充法官惩戒委员会的职权范围，来全面覆盖法官的素质与行为，如法官是否具备基本的知识与素质、审判是否严谨认真、对待当事人与律师是否礼貌、其性格是否适合担任法官、某些庭外行为是否影响职业形象、法官在法庭上的某一句话是否带有导向性、法官的判决是否存在长期的偏颇、某天晚上外出就餐是否在和当事人接触，等等。基于道德的不信任是非常广泛的，也是非常敏感的，必须能够得到有效的排除。尽管短期来看，这会给现有的处理制度化不信任机制施加巨大的事务压力，但从长远来看，随着法律信任的建立，这些事务也会随之减少。另外，我国的监察制度对保障政府与法院的可信性都非常重要，却不够专门化。监察委可以被视为对作为最重要执法者也即政府的制度化不信任机制。过去的反腐败功能分散于纪委、检察院反贪局、监察行政机关、预防腐败局等不同的机构，这会模糊公众的制度认知，不利于公众判断法律制度处理不信任的制度能力。而设立监察制度以及纪委监察委合署办公，则有利于强化反腐败功能在公众与官员心理上的重要性，对于震慑官员腐败以及提升公众对政府廉洁性的信任有着重要的意义。不论纪委监察委在实践当中多么地严格执法，依附于地方党委与政府的事实都破坏了这一制度化不信任机制独立的符号功能，人们会假定裙带关系、人情关系等人格信任形式仍然可能滋生泛滥，政治权力在看不见的法律过程中仍然有可能干预反腐败执法。法律信任很多情况下只是一种"幻觉"，因为法律信任是基于有限的制度符号来推断法律结构与法律过程的深层次合理性，并假定风险已经得到解决，从而对法律系统代理人的动机与行为持一种积极正面的态度。在大多数人对法律很无知的情况下，我们可以通过有限的制度符号来引导这种"幻觉"的产生，是否名不副实却很难被察觉。但现有的一元化政治体制破坏了纪委监察委这一独立反腐机构的符号化效力，哪怕纪委监察委在实质上能够不受政治干预、铁面无私地反腐。也许在事实层面，中国官员确实比很多西方国家的政府官员都要廉洁，但在信任层面，其是否被公众相信是廉洁的，又是另外一回事。大多数公民不可能充分地掌握确切的关于官员腐败的信息，这使信任的建构只能是一个基于符号化信息进行推断的过程，要实现信任，首先必须在符号和象征层面确立法律的可信性，而独立严格的制度化不信任机制对此具有根本性的意义，其能够使人们假定腐败即使是不可避免的，也是可控的。纪委监察委的这种问题对于法院与检察院这两个制度化不信任机构都是类似的，尽管在外观上我们也建立了看似专门化的不信任处理机构，但一元化体制弱化了这些机构的符号与象征效果，也使人们很难基于这些机构建立对法律的系统信任。要改变这一点，我们应使法院、检察院、纪委监察委等比较重要的承担制度化不信任功能的专门机关直接受中央统管，脱离地方的可能干预，从而强化各种制度化不信任机构的独立性与专门性，使人们能够真正建立对法律系统制度化不信任功能的信任。

# 后　记

　　本书是我多年来思考的结果。在就读博士阶段，我就不自觉地对信任这个问题产生了浓厚的兴趣，多年来一直想系统澄清社会对法律的信任是如何形成的，并探究当下中国社会信任危机的制度根源。十年来，我对法律信任问题进行了不间断的思考，在此过程中写了一系列的论文，从而形成了今天的这本书。本书的写作是一个长期的过程，其最终成形是多年累积的结果，内容和结构在此过程中也经过了反复的修改。此中过程谈不上艰辛，更多的是思考的乐趣。本书也是对我过去十年来的法律信任研究的一个交代。

　　中国改革开放以来进行了大规模的法制建设，社会治理的有效性也得到了大幅度的提高。中国的很多法律制度从内容本身来看，似乎并无太大问题，但从社会的角度来看，这些法律制度被严重地不信任，制度本身的内在合理性无法以一种直观的方式传达给公民，而公民也无法根据自己既有的源于日常生活与道德常识的知识，来直观地观察制度本身的内在合理性。法律系统的自我描述与社会对法律的认知和观察往往是严重脱节的，或者说是存在冲突的。关于其中的原因，一方面可能在于，我国的法律制度大多源自西方，而且这些制度受到同样源自西方的法学理论的"顽固"支持，这使很多法律制度不能有效地回应社会的正义直觉与道德关怀，也不能让人信服地解决社会问题。当然，从制度变革成本的角度来看，大规模移植西方法律制度是非常必要的，因为人类生活与人类行为的内在逻辑很多情况下是相似的，大规模移植西方法律制度有利于降低制度试验成本，减少制度演化时间，而中国是一个经济与社会都在快速演变的国家，从上而下的制度建设必不可少，移植西方国家现成的制度与理论实属不得已，由此产生的脱节问题则需要时间去消化。制度在当下存在各种问题实为转型国家所不可避免。另一方面，法律制度不论是源于中国人自己的改革创造，还是移植自西方社会，都需要中国人在相当长时期内去慢慢学习、适应，我们也不能单方面地强调法律应适应社会，社会同样也需要适应法律，最终两者形成一种相互协调的状态：法律形成了自己独特的专业性与自治性，而社会也尊重法律的专业性与自治性，并对法律形成了系统性的信任。本书的任务就主要在于研究社会基于何种标准形成对法律的信任，而法律应当如何回应社会的这些标准。其中的关键是，法律信任的形成并不完全遵循专业与理性的逻辑，还受到外行知识与非理性情感的塑造。

　　本书的研究还有一个潜在的目的，就是力图纠正理性主义在法学研究中的主导地位。理性主义在法学研究中大行其道，法律被视为一套理性化的制度体系，人们对法律的态度也被视为一种理性态度。很多情况下，这是完全错误的。由于大多数人对法律不可避免的无知，为了评价法律，很多时候人们不得不用情感代替理性，用道德代替事实。法学理论也往往将自己的理论假定强加给法律实践，然后对公民提出一些不切实际的理性化要求。而本书则基于信任理论来解释公民对法律的认知与态度。法律信任既不等同于理性，也不等同于情感，而是一种特殊的社会现实，要从信任的角度去理解法律信任。本书除了借鉴卢曼、齐美尔和吉登斯等社会学家的理论外，还借鉴了符号学、情感心理学等多学科的理论，来解释法律信任的内在逻辑。与法律信任的特殊性相应的就是，法律信任建构的策略，也不仅仅都是务实的，也有务虚的，如法律信任要求法律有一定的形象条件，需要法条主义作为"欺骗性"的意识形态支撑。这些务虚的要求，目的都在于迎合公众对法律有限的认知能力。鉴于法律信任的特殊性，本书力图基于精细的理论框架来准确地解释人们对现代法律制度的认知模式与态度。

本书所涉及的信任理论很多源自卢曼的信任社会学。卢曼的《信任》一书对信任的深刻而又准确的分析，让我大为折服。卢曼渊博的学识，对多学科知识的广泛应用，极为系统、全面而又生动地展示了信任的基本原理。这也构成了本书系统研究法律信任的理论基础。当然，卢曼的社会系统理论在解释中国的问题上也不是没有缺陷，法律系统的自我生产以及法律功能的正常发挥，都依赖于社会对法律的系统信任。当下中国社会很明显正是缺乏这样一种系统信任。没有这种系统信任，法律系统的自我生产是否还有可能？法律对规范性期望的保证是否还有效？而卢曼也并没有去探讨对法律的系统信任是如何形成的。有鉴于此，本书从符号学与心理学的角度来探讨公众会基于何种信息符号形成对法律的系统信任。这些信息符号完全可能是肤浅、错误的，对法律系统内在可靠性的指示可能是不准确的。但法学理论必须正视这一点，应该思考如何通过务实和务虚并有效的机制来使外行公民建立对法律的信任。我国法学理论关于司法公信力、法律信任等的研究，更多的是一种专业圈子内部的自娱自乐，不足以有效地回应与理解社会对法律的信任与不信任。

本书写作完成之时，我正在美国加州大学伯克利分校法学院访学。对美国社会的亲身体会，让我认识到西方社会对法律与司法有着可能让中国人惊叹的高度信任，这种信任源于很多观察不到的细节与历史。西方法律制度对中国社会未必完全有效，但其背后的制度原理也许可以作为反思中国法律制度的参照，进而反过来也会形成对西方法律制度自身的反思与批判。对西方国家法律信任状况的观察，让我认识到，西方社会对法律与司法的不可思议的信任在一定程度上源于其独特的宗教传统与法律文化传统，这是中国难以学习的。我们必须基于中国世俗化的法律文化传统，思考法律信任建构的策略与机制。这也是本书讨论法律信任的制度原理的文化背景。

本书的理论分析重于经验研究，未来如果有可能，还需要在经验层面深化、验证本书的理论。但这不是本书所能够完成的。对于本书理论框架与理论分析的问题与不足，我也渴望学界的批评与指正。

本书的完成也需要特别感谢我的导师徐亚文教授对我的启发。我记得在我读研究生的阶段，徐老师让我们每个学生一周读一本书，然后在课堂上对其他同学进行解说。我很偶然地读到了德国法学家贡塔·托依布纳的《法律：一个自创生系统》。当时，这本书我还看得不大明白，却激起了我探索的欲望，由此将我引到了卢曼的作品那里。最后，我读到了让我感到妙不可言的卢曼的《信任》。最终我的博士论文题目定为《信任与法治》。我发现卢曼的信任理论极具解释力，不仅可以解释那些具体的人际关系中的信任现象，也可以解释人们对法律、货币、政治等抽象系统的信任。卢曼的信任理论相当精致，既揭示了信任在宏观上的运作特征，也揭示了信任在具体人际互动中所体现出来的微妙之处。卢曼的信任理论对于解释法律信任同样有效，这也正是本书所展示的内容。

另外，我也要非常感谢我的家人多年来对我的学术研究的支持。学术研究是一件清苦的事情，需要定力和耐心，需要淡忘俗务。而我的家人在精神与生活上给予了我莫大的支持，让我能够心无旁骛地从事研究。我那2013年出生的儿子，在蹦蹦跳跳、吵闹不已的同时，也给我带来了无尽的快乐。感谢他们！

图书在版编目（CIP）数据

法律信任的基本原理／伍德志著. —— 北京：社会
科学文献出版社，2023.5
ISBN 978 - 7 - 5228 - 1646 - 3

Ⅰ.①法… Ⅱ.①伍… Ⅲ.①法律 - 研究 Ⅳ.
①D9

中国国家版本馆 CIP 数据核字（2023）第 060687 号

## 法律信任的基本原理

著　　者／伍德志

出 版 人／王利民
组稿编辑／刘骁军
责任编辑／易　卉
文稿编辑／张　娇
责任印制／王京美

出　　版／社会科学文献出版社·集刊分社 （010）59367161
　　　　　地址：北京市北三环中路甲29号院华龙大厦　邮编：100029
　　　　　网址：www. ssap. com. cn
发　　行／社会科学文献出版社 （010）59367028
印　　装／三河市龙林印务有限公司

规　　格／开　本：787mm × 1092mm　1/16
　　　　　印　张：16　字　数：231千字
版　　次／2023 年 5 月第 1 版　2023 年 5 月第 1 次印刷
书　　号／ISBN 978 - 7 - 5228 - 1646 - 3
定　　价／98.00 元

读者服务电话：4008918866